To Rachel,
항상 고맙고 사랑하소
자기야.

오픽노잼 투

초판 1쇄 인쇄 2021년 12월 22일
초판 4쇄 발행 2024년 9월 30일

지 은 이 | 오픽노잼(Sam Park)
펴 낸 이 | 박경실
펴 낸 곳 | **PAGODA Books** 파고다북스
감 수 | 황예은, 방혜지
출판등록 | 2005년 5월 27일 제 300-2005-90호
주 소 | 06614 서울특별시 서초구 강남대로 419, 19층(서초동, 파고다타워)
전 화 | (02) 6940-4070
팩 스 | (02) 536-0660
홈페이지 | www.pagodabook.com

ISBN 978-89-6281-880-2 (13740)

파고다북스 www.pagodabook.com
파고다 어학원 www.pagoda21.com
파고다 인강 www.pagodastar.com
테스트 클리닉 www.testclinic.com

Ⅰ 낙장 및 파본은 구매처에서 교환해 드립니다.

PAGODA Books

PREFACE

먼저, 이 자리를 빌려 저의 첫 번째 책 '오픽노잼'을 구매해주신 모든 분께 진심으로 감사하다는 말씀을 드립니다. 여러분께서 주신 소중한 피드백 하나하나를 꼼꼼히 읽어보며 많은 것을 배우고 깨닫는 시간을 가졌답니다. 첫 번째 책은 유튜브 채널에 올라와 있는 무료 영상들을 기반으로 한 전략 위주의 책이었어요. 유튜브 채널에는 100개가 넘는 영상이 있는데, 너무 많아서 어떤 것부터 봐야 하는지 모르겠다는 댓글이 많았거든요. 구독자들의 니즈를 반영하고, 채널 영상들을 깔끔하게 정리하기 위해 첫 번째 책을 썼답니다. 이제는 첫 번째 책을 통해 오픽과 영어 회화 전략을 더욱더 쉽게 이해할 수 있을 거예요.

저의 두 번째 책은 첫 번째 책에는 없는 내용을 담았어요. 그래서 첫 번째 책의 대체품이라고는 말할 수 없습니다. 제가 실제로 오픽 시험을 본다고 생각하고 학생들에게 가르치는 전략을 저라면 어떻게 적용하는지 보여주는 것이 이번 책에 임하는 저의 목표였습니다. 그래서 아래 원칙을 따르며 최대한 제가 학생 입장이 되어보려고 노력했어요.

1. 먼저 각 질문에 대한 답변을 녹음했어요.
2. 사전에 준비를 전혀 하지 않았고, 딱 한 번만 녹음했습니다.

이 원칙들을 따르면서, 학생들이 실전에서 어떻게 느끼는지 직접 체험해 보려고 노력했어요. 물론 어떤 방법을 쓰더라도 실제 학생들의 느낌을 100% 똑같이 느낄 수는 없겠지만, 최대한 시험을 보는 '그 느낌'에 가깝게 하고 싶었습니다. 그리고 모든 녹음을 딱 한 번만 하다 보니 무의식적으로 여기저기에 실수도 많이 했더라고요. 약간의 문법적인 실수를 하기도 했고, 심지어는 전략을 잊어버리기도 했어요. 핑계로 들릴 수 있겠지만, 여러분도 한국말로 녹음해서 들어보시면 틀린 게 많을걸요?

그리고 최소한 답변을 더 좋게 만들려고 수정을 하거나 다시 녹음하는 일은 절대로 없었다는 것만은 알아주세요. 실수 없는 완벽한 답변이 이 책의 요점은 아닙니다. 저 같은 캐나다 교포도 준비하지 않고 바로 말하면 실수를 하기도 한다는 것을 숨김없이 드러내 보여주고 싶었어요. 그러니 너무 문법적으로 완벽하게 답변하려고 노력하지 않아도 됩니다. 이건 토익이 아니에요. 답변은 대부분 저의 실제 경험을 토대로 했지만, 재미를 위해 과장된 부분도 있고 약간의 거짓말도 섞여 있다는 점을 알려드립니다. 그러니 여러분이 너무 진지하게 받아들이지 않았으면 좋겠어요. 의문문이 아닌데 물음표를 넣은 문장도 있을 거예요. 의문문이 아니지만 끝을 올리는 억양이라는 것을 보여주기 위해 물음표를 넣었답니다. 녹음 파일을 들어보면 이해가 될 거예요!

오픽노잼스쿨(유튜브 유료 멤버십)을 시작하고 지금까지 오픽에서 좋은 성적을 받는 것은 물론이고 영어 실력을 키우는 데도 도움이 될 만한 질문들을 차곡차곡 모아 두었습니다. 더 많은 질문을 대비할수록 더 완벽해지겠지만, 안타깝게도 책에 담을 수 있는 내용에는 한계가 있었습니다. 그래서 아쉬운 마음을 뒤로하고 수많은 질문 중에서 학생들이 시험 보기 전에 꼭 마스터했으면 하는 질문, 시험에 자주 나오는 질문 66개를 엄선하는 데 심혈을 기울였습니다. 쉬운 질문부터 어려운 질문까지, 책에 있는 모든 질문에 자신 있게 답변할 수 있다면 다른 어떠한 질문도 어렵지 않게 답변할 수 있을 거예요.

이 책을 잘 활용하는 방법은 각 질문에 제가 어떤 전략을 사용했는지 한번 살펴보는 거예요. 읽어보고, 들어보고, 연습하고, 또 연습해보세요! 하지만, 여기서 꼭 기억해야 하는 건 절대로 제 스크립트를 외우면 안 된다는 것! 이건 스크립트 암기를 위한 책이 아닙니다. 저의 전략들에 대한 이해도를 높이기 위한 책이에요!

그리고 각 질문과 오픽노잼의 답변이 끝나면, 가장 중요하다고 생각하는 부분, 여러분이 꼭 알아두셨으면 하는 내용을 Important Lesson에 넣었어요. 더 많은 것을 알려드리고자 하는 마음과는 달리 이 책에 다 담지 못한 내용은 파고다 인강에서 만나 보실 수 있답니다. 이 미니 레슨을 통해 오픽 공부뿐만 아니라 영어 회화 실력까지 키울 수 있으면 좋겠어요. 정말 많은 아이디어를 담았으니, 꼭 여러분에게 유용하게 쓰였으면 합니다!

그리고 또 이 책에서는 특별히 'AL 학생이 직접 만든 예시' 시리즈를 보실 수 있어요. 제가 선택한 이 학생은 오픽노잼스쿨에 들어와서 IH를 받은 후, AL까지 받은 학생입니다. 이 학생을 선택한 이유는 영어권 국가 유학 경험이 없고, 특히 여러분이 지금 겪고 있는 어려움을 이 학생 또한 모두 겪어 봤기 때문이에요. 이 AL 학생에게 책 내용을 하나하나 꼼꼼하게 공부하고 나서, 배운 것을 활용해 직접 자기만의 예문을 만들어 보라고 했습니다. 만약 이 AL 학생이 레슨을 잘 활용하지 못한다면, 여러분도 그렇지 못할 확률이 아주 높으리라 생각해요. 실제로 이 학생이 제 레슨을 조금 이해하기 어렵다고 느낀 순간이 몇 번 있었습니다. 그때마다 레슨의 난이도를 조정했고, 결국 모든 질문에 대한 2개의 예시를 만들 수 있었어요. 여러분이 이 132개의 예시들을 참고하여 좋은 성적을 받고 마침내 OPIc을 쓰레기통에 던져 버릴 수 있으면 좋겠습니다.

I wish you all the best of luck!
영어의 영도 모르면 일로와~!

오픽노잼

책의 구성

해당 챕터에서 학습하게 될 질문 카테고리에 대한 설명과 답변 전략을 제시합니다. 답변을 구조화해서 각각의 스텝에 포함되어야 하는 내용을 상세하게 설명해줍니다.

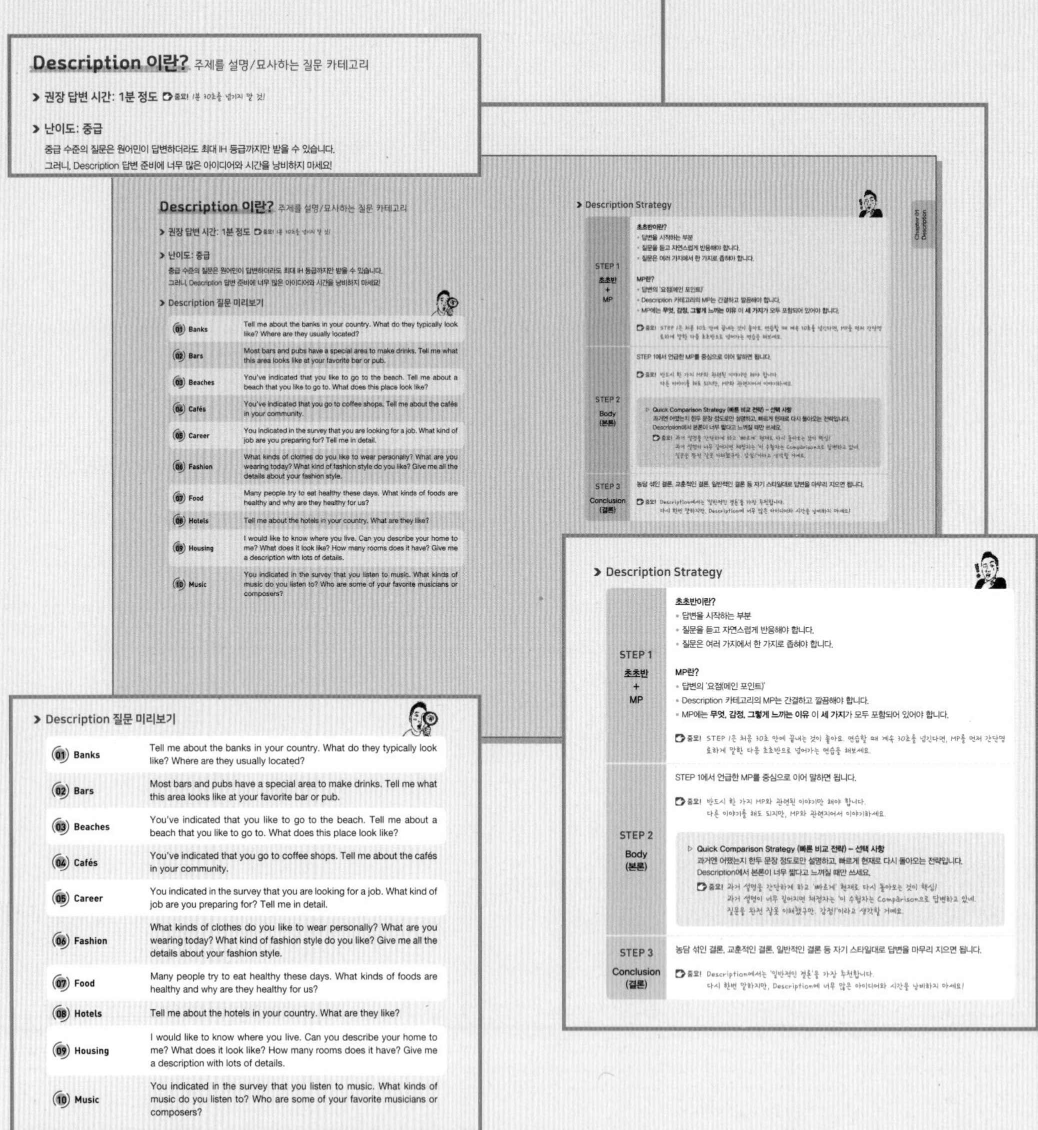

Description 이란? 주제를 설명/묘사하는 질문 카테고리

> 권장 답변 시간: 1분 정도 중요! 1분 30초를 넘기지 말 것!

> 난이도: 중급

중급 수준의 질문은 원어민이 답변하더라도 최대 IH 등급까지만 받을 수 있습니다.
그러니, Description 답변 준비에 너무 많은 아이디어와 시간을 낭비하지 마세요!

> Description Strategy

STEP 1 초초반 + MP	**초초반이란?** • 답변을 시작하는 부분 • 질문을 듣고 자연스럽게 반응해야 합니다. • 질문은 여러 가지에서 한 가지로 좁혀야 합니다. **MP란?** • 답변의 '요점(메인 포인트)' • Description 카테고리의 MP는 간결하고 깔끔해야 합니다. • MP에는 **무엇, 감정, 그렇게 느끼는 이유** 이 **세 가지**가 모두 포함되어 있어야 합니다. 중요! STEP 1은 처음 30초 안에 끝내는 것이 좋아요. 연습할 때 계속 30초를 넘긴다면, MP를 먼저 간단명료하게 말한 다음 초초반으로 넘어가는 연습을 해보세요.
STEP 2 Body (본론)	STEP 1에서 언급한 MP를 중심으로 이어 말하면 됩니다. 중요! 반드시 한 가지 MP와 관련된 이야기만 해야 합니다. 다른 이야기를 해도 되지만, MP와 관련지어서 이야기하세요. ▷ **Quick Comparison Strategy (빠른 비교 전략) – 선택 사항** 과거엔 어땠는지 한두 문장 정도로만 설명하고, 빠르게 현재로 다시 돌아오는 전략입니다. Description에서 본론이 너무 짧다고 느껴질 때만 쓰세요. 중요! 과거 설명을 간단하게 하고 '빠르게' 현재로 다시 돌아오는 것이 핵심! 과거 설명이 너무 길어지면 채점자는 '이 수험자는 Comparison으로 답변하고 있네. 질문을 완전 잘못 이해했구만. 감점!'이라고 생각할 거예요.
STEP 3 Conclusion (결론)	농담 섞인 결론, 교훈적인 결론, 일반적인 결론 등 자기 스타일대로 답변을 마무리 지으면 됩니다. 중요! Description에서는 '일반적인 결론'을 가장 추천합니다. 다시 한번 말하지만, Description에 너무 많은 아이디어와 시간을 낭비하지 마세요!

> Description 질문 미리보기

01 Banks	Tell me about the banks in your country. What do they typically look like? Where are they usually located?
02 Bars	Most bars and pubs have a special area to make drinks. Tell me what this area looks like at your favorite bar or pub.
03 Beaches	You've indicated that you like to go to the beach. Tell me about a beach that you like to go to. What does this place look like?
04 Cafés	You've indicated that you go to coffee shops. Tell me about the cafés in your community.
05 Career	You indicated in the survey that you are looking for a job. What kind of job are you preparing for? Tell me in detail.
06 Fashion	What kinds of clothes do you like to wear personally? What are you wearing today? What kind of fashion style do you like? Give me all the details about your fashion style.
07 Food	Many people try to eat healthy these days. What kinds of foods are healthy and why are they healthy for us?
08 Hotels	Tell me about the hotels in your country. What are they like?
09 Housing	I would like to know where you live. Can you describe your home to me? What does it look like? How many rooms does it have? Give me a description with lots of details.
10 Music	You indicated in the survey that you listen to music. What kinds of music do you listen to? Who are some of your favorite musicians or composers?

질문 미리보기 코너를 통해 해당 챕터에서 학습하게 될 질문을 미리 훑어보세요!

오픽 시험을 보기 전에 꼭 준비해야 하는 질문, 시험에 자주 나오는 질문 66개를 엄선했습니다. 각각의 질문에 오픽노잼이 어떤 전략을 적용했는지 확인해보세요! 스크립트 암기는 no! no! 전략을 이해해야 합니다.

MP3 파일 무료 다운로드: www.pagodabook.com (QR코드 스캔)

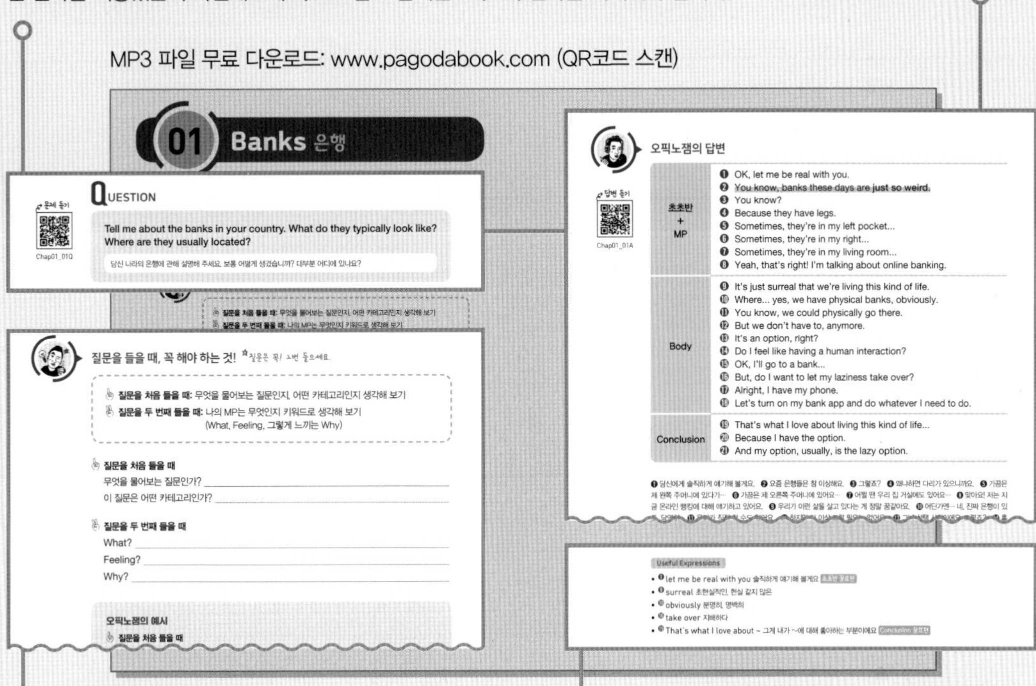

질문을 들을 때 꼭 해야 하는 것을 정리했어요. 스스로 먼저 브레인스토밍을 해보고, 오픽노잼은 어떻게 했는지 비교해보세요!

오픽노잼의 답변에서 사용된 기억해두면 좋을 유용한 표현들을 정리했습니다. 오픽 공부뿐만 아니라 영어 회화 실력까지 up! up!

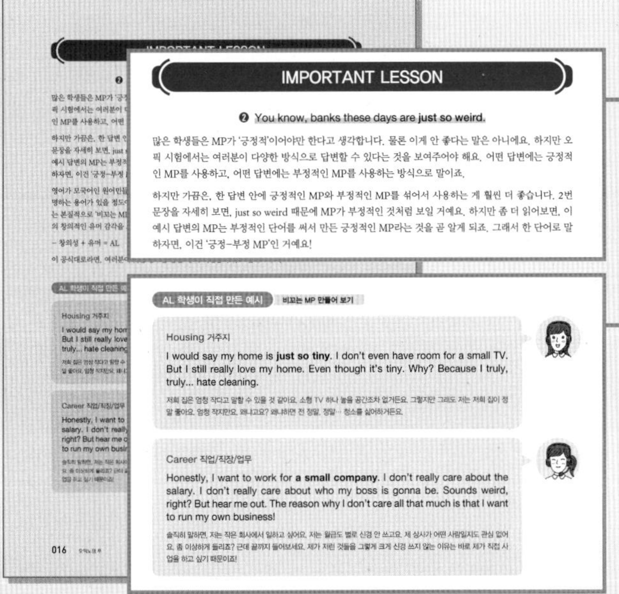

이것만은 기억하자! 오픽노잼의 답변을 통해 꼭 기억해야 하는 중요한 내용을 레슨에 담았어요!

오픽노잼의 전략을 하나도 빠짐없이 학습한 학생이 AL을 받기까지! 오픽노잼의 전략을 실제 답변에 어떻게 활용했는지 AL 학생이 직접 만든 예시를 통해 확인해보세요!

목차

CHAPTER 01 Description 설명, 묘사 ---------- 010

01 Banks 은행 • 014
02 Bars 술집/바 • 017
03 Beaches 해변 • 020
04 Cafés 카페 • 024
05 Career 직업/직장/업무 • 027
06 Fashion 패션 • 030
07 Food 음식 • 034
08 Hotels 호텔 • 037
09 Housing 거주지 • 041
10 Music 음악 • 044

CHAPTER 02 Habit 습관 ---------- 048

11 Appointments 예약 • 052
12 Banks 은행 • 055
13 Bars 술집/바 • 058
14 Beaches 해변 • 061
15 Cafés 카페 • 064
16 Housing 거주지 • 067
17 Music 음악 • 070
18 Recycling 재활용 • 073
19 Restaurants 식당 • 076
20 TV TV • 079

CHAPTER 03 Past Experience 과거 경험 ---------- 082

21 Appointments 예약 • 086
22 Banks 은행 • 089
23 Bars 술집/바 • 093
24 Fashion 패션 • 096
25 Free Time 여가 시간 • 099
26 Furniture 가구 • 102
27 Gatherings 모임 • 105
28 Housing 거주지 • 108
29 Music 음악 • 111
30 Recycling 재활용 • 114

CHAPTER 04 Comparison 비교 ---------- 118

31 Banks 은행 • 122
32 Bars 술집/바 • 125
33 Fashion 패션 • 128
34 Free Time 여가 시간 • 131
35 Games 게임 • 134
36 Geography 지형 • 137
37 Housing 거주지 • 140
38 Music 음악 • 143
39 Technology 기술 • 146
40 Weather 날씨 • 149

CHAPTER 05 RP 11 롤플레이 11 ---- 152
41 Car Rental 차 렌트 • 156
42 Gyms 헬스장 • 159
43 Hotels 호텔 • 163
44 Smartphones 스마트폰 • 166
45 Vacation 휴가 • 169

CHAPTER 06 RP 12 롤플레이 12 ---- 172
46 Clothes 옷 • 176
47 Hiking 하이킹 • 180
48 Hotels 호텔 • 183
49 Recycling 재활용 • 186
50 Restaurants 식당 • 189

CHAPTER 07 RP 13 롤플레이 13 ---- 192
51 Family & Friends 가족 & 친구 • 196
52 Food Stores 식품점 • 199
53 Product or Service 제품 또는 서비스 • 202
54 Trips 1 여행 1 • 205
55 Trips 2 여행 2 • 209

CHAPTER 08 IHU 14 (time) ---- 212
56 Bars 술집/바 • 216
57 Cafés 카페 • 219
58 Restaurants 식당 • 222

CHAPTER 09 IHU 14 (non-time) ---- 226
59 Housing 1 거주지 1 • 230
60 Housing 2 거주지 2 • 233
61 Parks 공원 • 236

CHAPTER 10 IHU 15 ---- 240
62 Bars 술집/바 • 244
63 Gatherings 모임 • 247
64 Industries 산업 • 250
65 Music 음악 • 253
66 Phones 전화기 • 256

Description

설명, 묘사

01 **Banks** 은행

02 **Bars** 술집/바

03 **Beaches** 해변

04 **Cafés** 카페

05 **Career** 직업/직장/업무

06 **Fashion** 패션

07 **Food** 음식

08 **Hotels** 호텔

09 **Housing** 거주지

10 **Music** 음악

Description 이란? 주제를 설명/묘사하는 질문 카테고리

› 권장 답변 시간: 1분 정도 중요! 1분 30초를 넘기지 말 것!

› 난이도: 중급

중급 수준의 질문은 원어민이 답변하더라도 최대 IH 등급까지만 받을 수 있습니다.
그러니, Description 답변 준비에 너무 많은 아이디어와 시간을 낭비하지 마세요!

› Description 질문 미리보기

01 Banks	Tell me about the banks in your country. What do they typically look like? Where are they usually located?
02 Bars	Most bars and pubs have a special area to make drinks. Tell me what this area looks like at your favorite bar or pub.
03 Beaches	You've indicated that you like to go to the beach. Tell me about a beach that you like to go to. What does this place look like?
04 Cafés	You've indicated that you go to coffee shops. Tell me about the cafés in your community.
05 Career	You indicated in the survey that you are looking for a job. What kind of job are you preparing for? Tell me in detail.
06 Fashion	What kinds of clothes do you like to wear personally? What are you wearing today? What kind of fashion style do you like? Give me all the details about your fashion style.
07 Food	Many people try to eat healthy these days. What kinds of foods are healthy and why are they healthy for us?
08 Hotels	Tell me about the hotels in your country. What are they like?
09 Housing	I would like to know where you live. Can you describe your home to me? What does it look like? How many rooms does it have? Give me a description with lots of details.
10 Music	You indicated in the survey that you listen to music. What kinds of music do you listen to? Who are some of your favorite musicians or composers?

Description Strategy

STEP 1 초초반 + MP	**초초반이란?** • 답변을 시작하는 부분 • 질문을 듣고 자연스럽게 반응해야 합니다. • 질문은 여러 가지에서 한 가지로 좁혀야 합니다. **MP란?** • 답변의 '요점(메인 포인트)' • Description 카테고리의 MP는 간결하고 깔끔해야 합니다. • MP에는 **무엇, 감정, 그렇게 느끼는 이유** 이 **세 가지**가 모두 포함되어 있어야 합니다. **중요!** STEP 1은 처음 30초 안에 끝내는 것이 좋아요. 연습할 때 계속 30초를 넘긴다면, MP를 먼저 간단명료하게 말한 다음 초초반으로 넘어가는 연습을 해보세요.
STEP 2 Body (본론)	STEP 1에서 언급한 MP를 중심으로 이어 말하면 됩니다. **중요!** 반드시 한 가지 MP와 관련된 이야기만 해야 합니다. 다른 이야기를 해도 되지만, MP와 관련지어서 이야기하세요. ▷ **Quick Comparison Strategy (빠른 비교 전략) – 선택 사항** 과거엔 어땠는지 한두 문장 정도로만 설명하고, 빠르게 현재로 다시 돌아오는 전략입니다. Description에서 본론이 너무 짧다고 느껴질 때만 쓰세요. **중요!** 과거 설명을 간단하게 하고 '빠르게' 현재로 다시 돌아오는 것이 핵심! 과거 설명이 너무 길어지면 채점자는 '이 수험자는 Comparison으로 답변하고 있네. 질문을 완전 잘못 이해했구먼. 감점!'이라고 생각할 거예요.
STEP 3 Conclusion (결론)	농담 섞인 결론, 교훈적인 결론, 일반적인 결론 등 자기 스타일대로 답변을 마무리 지으면 됩니다. **중요!** Description에서는 '일반적인 결론'을 가장 추천합니다. 다시 한번 말하지만, Description에 너무 많은 아이디어와 시간을 낭비하지 마세요!

01 Banks 은행

QUESTION

문제 듣기

Chap01_01Q

Tell me about the banks in your country. What do they typically look like? Where are they usually located?

당신 나라의 은행에 관해 설명해 주세요. 보통 어떻게 생겼습니까? 대부분 어디에 있나요?

질문을 들을 때, 꼭 해야 하는 것! ☆질문은 꼭! 2번 들으세요.

질문을 처음 들을 때: 무엇을 물어보는 질문인지, 어떤 카테고리인지 생각해 보기
질문을 두 번째 들을 때: 나의 MP는 무엇인지 키워드로 생각해 보기 (What, Feeling, 그렇게 느끼는 Why)

질문을 처음 들을 때

무엇을 물어보는 질문인가? ______

이 질문은 어떤 카테고리인가? ______

질문을 두 번째 들을 때

What? ______

Feeling? ______

Why? ______

오픽노잼의 예시

질문을 처음 들을 때

- 무엇을 물어보는 질문인가? *banks*
- 이 질문은 어떤 카테고리인가? *description*

질문을 두 번째 들을 때

- What? ❷ *banks*
- Feeling? ❷ *weird*
- Why? ❹ *they have legs,* ❽ *online banking*

오픽노잼의 답변

답변 듣기

Chap01_01A

초초반 + MP	❶ OK, let me be real with you. ❷ You know, banks these days are **just so weird.** ❸ You know? ❹ Because they have legs. ❺ Sometimes, they're in my left pocket... ❻ Sometimes, they're in my right... ❼ Sometimes, they're in my living room... ❽ Yeah, that's right! I'm talking about online banking.
Body	❾ It's just surreal that we're living this kind of life. ❿ Where... yes, we have physical banks, obviously. ⓫ You know, we could physically go there. ⓬ But we don't have to, anymore. ⓭ It's an option, right? ⓮ Do I feel like having a human interaction? ⓯ OK, I'll go to a bank. ⓰ But, do I want to let my laziness take over? ⓱ Alright, I have my phone. ⓲ Let's turn on my bank app and do whatever I need to do.
Conclusion	⓳ That's what I love about living this kind of life... ⓴ Because I have the option. ㉑ And my option, usually, is the lazy option.

❶ 당신에게 솔직하게 얘기해 볼게요. ❷ 요즘 은행들은 참 이상해요. ❸ 그렇죠? ❹ 왜냐하면 다리가 있으니까요. ❺ 가끔은 제 왼쪽 주머니에 있다가… ❻ 가끔은 제 오른쪽 주머니에 있어요… ❼ 어쩔 땐 우리 집 거실에도 있어요… ❽ 맞아요! 저는 지금 온라인 뱅킹에 대해 얘기하고 있어요. ❾ 우리가 이런 삶을 살고 있다는 게 정말 꿈같아요. ❿ 어딘가엔… 네, 진짜 은행이 있죠, 당연히. ⓫ 우리가 직접 갈 수도 있어요. ⓬ 하지만 더 이상 그럴 필요는 없어요. ⓭ 그냥 선택 사항이에요, 그렇죠? ⓮ 혹시 다른 사람들과의 인간적 교류를 가지고 싶다면? ⓯ 그럼, 은행에 갈 거예요. ⓰ 하지만 게으름이 제 몸을 지배하게 두고 싶다면요? ⓱ 그럼, 제겐 핸드폰이 있잖아요. ⓲ 은행 앱을 켜서 필요한 건 뭐든 하면 되죠. ⓳ 바로 그것이 제가 이런 삶을 사랑하는 이유죠… ⓴ 저에게 선택권이 있으니까요. ㉑ 그리고 저는 주로 게으름을 피울 수 있는 쪽을 선택하죠.

Useful Expressions

- ❶ let me be real with you 솔직하게 얘기해 볼게요 초초반 꿀표현
- ❾ surreal 초현실적인, 현실 같지 않은
- ❿ obviously 분명히, 명백히
- ⓰ take over 지배하다
- ⓳ That's what I love about ~ 그게 내가 ~에 대해 좋아하는 부분이에요 Conclusion 꿀표현

IMPORTANT LESSON

❷ You know, banks these days are just so weird.

많은 학생은 MP가 '긍정적'이어야만 한다고 생각합니다. 물론 이게 안 좋다는 말은 아니에요. 하지만 오픽 시험에서는 여러분이 다양한 방식으로 답변할 수 있다는 것을 보여주어야 해요. 어떤 답변에는 긍정적인 MP를 사용하고, 어떤 답변에는 부정적인 MP를 사용하는 방식으로 말이죠.

하지만 가끔은, 한 답변 안에 긍정적인 MP와 부정적인 MP를 섞어서 사용하는 것도 정말 좋습니다. 2번 문장을 자세히 보면, just so weird 때문에 MP가 부정적인 것처럼 보일 거예요. 하지만 좀 더 읽어보면, 이 예시 답변의 MP는 부정적인 단어를 써서 만든 긍정적인 MP라는 것을 곧 알게 되죠. 그래서 한 단어로 말하자면, 이건 '긍정-부정 MP'인 거예요!

영어가 모국어인 원어민들은 항상 이런 식으로 '말장난'을 하거든요. 얼마나 말장난을 많이 하는지 이걸 설명하는 용어가 있을 정도예요. 바로 '비꼬기(Sarcasm)'입니다. 그러니까, 이 예시 답변의 '긍정-부정 MP'는 본질적으로 '비꼬는 MP'인 거죠. 만약 비꼬는 MP를 자연스럽게 쓸 수 있다면, 여러분의 창의적인 유머 감각을 보여줄 수 있을 거예요.

– 창의성 + 유머 = AL

이 공식대로라면, 낮은 점수를 받는 게 더 어렵습니다. 도전해보세요!

AL 학생이 직접 만든 예시 | 비꼬는 MP 만들어 보기

Housing 거주지

I would say my home is **just so tiny**. I don't even have room for a small TV. But I still really love my home. Even though it's tiny. Why? Because I truly, truly... hate cleaning.

저희 집은 엄청 작다고 말할 수 있을 것 같아요. 소형 TV 하나 놓을 공간조차 없거든요. 그렇지만 그래도 저는 저희 집이 정말 좋아요. 엄청 작지만요. 왜냐고요? 왜냐하면 전 정말, 정말… 청소를 싫어하거든요.

Career 직업/직장/업무

Honestly, I want to work for **a small company**. I don't really care about the salary. I don't really care about who my boss is gonna be. Sounds weird, right? But hear me out. The reason why I don't care all that much is that I want to run my own business!

솔직히 말하면, 저는 작은 회사에서 일하고 싶어요. 저는 월급도 별로 신경 안 쓰고요. 제 상사가 어떤 사람일지도 관심 없어요. 좀 이상하게 들리죠? 근데 끝까지 들어보세요. 제가 저런 것들을 그렇게 크게 신경 쓰지 않는 이유는 바로 제가 직접 사업을 하고 싶기 때문이죠!

02 Bars 술집/바

QUESTION

문제 듣기

Chap01_02Q

Most bars and pubs have a special area to make drinks. Tell me what this area looks like at your favorite bar or pub.

대부분의 술집에는 술을 만드는 특별한 공간이 있습니다. 당신이 가장 좋아하는 술집에는 이 공간이 어떻게 생겼는지 설명해 주세요.

질문을 들을 때, 꼭 해야 하는 것! ☆질문은 꼭! 2번 들으세요.

질문을 처음 들을 때: 무엇을 물어보는 질문인지, 어떤 카테고리인지 생각해 보기

질문을 두 번째 들을 때: 나의 MP는 무엇인지 키워드로 생각해 보기 (What, Feeling, 그렇게 느끼는 Why)

질문을 처음 들을 때

무엇을 물어보는 질문인가? ______________________

이 질문은 어떤 카테고리인가? ______________________

질문을 두 번째 들을 때

What? ______________________

Feeling? ______________________

Why? ______________________

오픽노잼의 예시

질문을 처음 들을 때

- 무엇을 물어보는 질문인가? *bars*
- 이 질문은 어떤 카테고리인가? *description*

질문을 두 번째 들을 때

- What? ❶ *bar,* ❶ *Thursday Party*
- Feeling? ❷ *off the hook,* ❺ *love*
- Why? ❸ *bar area,* ❼ *people around it*

오픽노잼의 답변

답변 듣기

Chap01_02A

초초반 + MP	❶ Alright, there's this bar called "Thursday Party." ❷ And this place is off the hook... ❸ Because of their bar area. ❹ Now, it's nothing special. ❺ But I still love it. ❻ Why? ❼ Because of the people around it. ❽ OK, let me explain.
Body	❾ Basically, their bar area... ❿ The special area where they make drinks... ⓫ It's honestly just like any other bar. ⓬ It's just like a straight line... ⓭ You order something... ⓮ They make you your drink. ⓯ But why do I still love it? ⓰ Because... well, it's very simple. ⓱ They('ve) got really nice music in there... ⓲ And basically, the people around that bar area... ⓳ They're pretty much dancing as they're waiting for their drinks. ⓴ It's like a club/bar.
Conclusion	㉑ Now, that's my kind of bar, you know what I mean? ㉒ There's so much energy... ㉓ So much good vibes. → So "many" good vibes. 가 문법적으로 맞는 표현입니다. 이전 문장의 so "much" energy를 반복하는 전략에 너무 집중한 나머지 실수를 했네요. ㉔ Can't wait to go back.

❶ 좋아요, '썰스데이 파티'라는 바가 있는데요. ❷ 완전 멋진 곳이에요… ❸ 칵테일바 공간 때문이죠. ❹ 지금은, 그게 그렇게 특별하지는 않아요. ❺ 그런데도 저는 아직도 엄청 좋아해요. ❻ 왜냐고요? ❼ 바로 거기에 모인 사람들 때문이죠. ❽ 자, 설명드릴게요. ❾ 그러니까, 그 바 공간은 말이죠… ❿ 술을 만드는 특별한 곳이에요… ⓫ 솔직히 다른 바랑 별다를 것이 없어요. ⓬ 그냥 긴 바 테이블이거든요. ⓭ 손님이 주문하면… ⓮ 그 술을 만들어 주죠. ⓯ 그런데도(다른 바랑 별다른 것이 없는데도) 왜 아직도 좋아하냐고요? ⓰ 왜냐하면… 음, 그건 간단해요. ⓱ 좋은 음악이 흘러나오고… ⓲ 그리고 일단 그곳에 모인 사람들은… ⓳ 주문한 술을 기다리면서 많이들 춤추거든요. ⓴ 마치 클럽 바처럼요. ㉑ 자, 그게 제가 좋아하는 스타일의 바예요, 뭔지 아시겠죠? ㉒ 에너지가 넘치고… ㉓ 분위기가 좋은 그런 곳이요. ㉔ 또 갈 때만을 기다려요.

Useful Expressions

- ❷ off the hook 멋진
- ⓳ pretty much 거의
- ㉑ my kind of ~ 내 스타일의 ~, 내가 좋아하는 ~
- ㉓ good vibes 좋은 분위기
  *I like their vibe. (s 없음) '나는 거기 분위기가 좋아.' 보통은 이렇게 vibe에 s가 없지만, good vibes에서는 s를 항상 붙여 말합니다. 왜냐고 묻지 말고 그냥 받아들이소!
- ㉔ can't wait to ~ ~하길 손꼽아 기다리다

IMPORTANT LESSON

⑰ They('ve) got really nice music in there...

99%의 상황에서는, in there이라고 하면 안 돼요. 정말 어색하게 들리거든요. 그리고 대부분의 상황에서 문법적으로도 틀린 표현입니다. 'there를 꼭 써야겠다!' 싶으면 그냥 there이라고만 하세요. 다른 건 붙이지 말고요.

– to there / in there / at there = 모두 땡!

솔직히 저도 답변을 다시 들으면서 제가 in there이라고 말한 걸 발견했을 때 정말 깜짝 놀랐어요. '(술집) 안'이란 걸 강조하고 싶었거든요. 엄밀히 따지면, 틀린 건 아니지만 다시 녹음할 기회가 있다면, 아래 세 가지 예시 중 하나로 바꿔서 말할 것 같아요.

EXAMPLES:

- They have really nice music **inside**.
- They have really nice music **there**.
- They have really nice music.

아무튼, 저는 대부분의 학생들이 in there을 적절하지 않게 사용하고 있을 거라고 거의 장담할 수 있습니다. 그렇기 때문에 99%의 상황에선 in there을 사용하지 말라고 추천합니다!

AL 학생이 직접 만든 예시 there를 알맞게 사용해 보기

Beaches 해변

I went to Boracay Beach with my boyfriend. And I saw a bunch of hot guys **there**.

남자 친구와 함께 보라카이 해변에 간 적이 있어요. 그리고 거기서 섹시한 남자들을 정말 많이 봤죠.

Cafés 카페

Come on, everyone knows Starbucks, right? And I love how the people **there** are just so studious.

에이, 스타벅스는 다 알잖아요. 그렇죠? 그리고 저는 그곳에 있는 사람들이 공부를 정말 열심히 해서 좋아요.

03 Beaches 해변

QUESTION

문제 듣기

Chap01_03Q

You've indicated that you like to go to the beach. Tell me about a beach that you like to go to. What does this place look like?

당신은 해변에 가는 것을 좋아한다고 표시했습니다. 당신이 즐겨 가는 해변에 대해 말해주세요. 어떻게 생겼나요?

질문을 들을 때, 꼭 해야 하는 것! ☆질문은 꼭! 2번 들으세요.

질문을 처음 들을 때: 무엇을 물어보는 질문인지, 어떤 카테고리인지 생각해 보기

질문을 두 번째 들을 때: 나의 MP는 무엇인지 키워드로 생각해 보기 (What, Feeling, 그렇게 느끼는 Why)

질문을 처음 들을 때

무엇을 물어보는 질문인가? ______

이 질문은 어떤 카테고리인가? ______

질문을 두 번째 들을 때

What? ______

Feeling? ______

Why? ______

오픽노잼의 예시

질문을 처음 들을 때

- 무엇을 물어보는 질문인가? *beaches*
- 이 질문은 어떤 카테고리인가? *description*

질문을 두 번째 들을 때

- What? ❶ *beach*
- Feeling? ❶ *love,* ❷ *best beach in the world*
- Why? ❸ *fantastic view,* ❹ *very beautiful,* ❼ *the ladies*

오픽노잼의 답변

↪ 답변 듣기

Chap01_03A

초초반 + MP	❶ You know, there's this beach that I love going to. ❷ And, honestly, it's pretty much the best beach in the world... ❸ Because they('ve) got a fantastic view. ❹ Very, very beautiful. ❺ Now, please don't get me wrong. ❻ I'm not talking about the view of the ocean. ❼ I'm talking about the ladies, you know what I mean?
Body	❽ And this beach is called... ❾ OK, you know what? ❿ Who cares what it's called. ⓫ I'm gonna call it "The Bomb"... ⓬ Because this beach is simply the bomb! ⓭ It's just unbelievable how all these ladies are just so sexy, you know what I'm saying? ⓮ And so, my goodness, every time I go here, I always bring my sunglasses... ↪ 문맥상 I go there. 이 정확한 표현입니다. 녹음하는 동안 제가 정말 해변에 있다고 생각하는 바람에 here이라고 했나 봐요. ⓯ And become, ok, not gonna lie... ⓰ The biggest pervert in the world.
Conclusion	⓱ And please don't tell my wife! ⓲ Yes, I'm married and it is what it is.

❶ 제가 진짜 좋아하는 해변이 있어요. ❷ 솔직히 말해서, 그곳은 거의 세계 최고의 해변이에요… ❸ 전망이 정말 환상적이거든요. ❹ 진짜, 엄청나게 아름답습니다. ❺ 자, 오해하지 마세요. ❻ 저는 사실 해변의 전망에 대해 말하고 있는 것이 아니에요. ❼ 여자들을 이야기하고 있는 거예요, 아시겠죠? ❽ 그리고 이 해변 이름이… ❾ 아! 그런데 말이죠. ❿ 해변 이름이 뭐든 누가 신경이나 쓰겠어요. ⓫ 저는 그냥 '최고'라고 부를게요. ⓬ 이 해변은 그냥 최고니까요! ⓭ 어떻게 이렇게 모든 여자들이 섹시할 수 있는지 믿을 수가 없어요. ⓮ 그래서 전 매번 이곳에 갈 때마다 늘 선글라스를 가지고 가요… ⓯ 그리고, 솔직히 말하면… ⓰ 세계 최강 변태가 되는 거죠. ⓱ 아 근데 제 아내에게는 비밀이에요! ⓲ 네, 저 결혼했습니다, 근데 이건 또 별개의 문제니까요.

Useful Expressions

- ❺ Don't get me wrong. 오해하지 마세요.
- ❿ Who cares ~ ~를 누가 신경이나 쓰겠어요
- ⓫ I'm gonna I'm going to를 I'm gonna로 발음하면 자연스러움 up!
  *말하는 속도가 느리다면 그냥 I'm going to라고 하는 것을 추천합니다. I'm gonna만 빨리 말하면 어색하게 들릴 수 있어요.
- ⓫ The Bomb 아주 멋진 것(슬랭)
- ⓲ It is what it is. 어쩔 수 없죠., 그럴 수밖에 없죠., 그냥 그런 거예요.

IMPORTANT LESSON

❽ And this beach is called...
❾ OK, you know what?
❿ **Who cares what it's called.**
⓫ I'm gonna call it "The Bomb"...
⓬ Because this beach is simply the bomb!

정말 많은 학생들이 고유명사를 말할 때 한국어 이름을 그대로 씁니다. 예를 들면, 한우, 해운대, 삼계탕 등처럼 말이죠. 한국어로 된 이름이니까, 그냥 그대로 말하는 게 더 좋을까요? 아닙니다! 이것을 깔끔하게 설명하지 못한다면, 오픽 채점자는 정말 헷갈릴 거예요. 어떤 상황에서든, 채점자를 헷갈리게 하면 낮은 점수를 받습니다. 꼭 한국어 이름을 사용해야 한다면, 영어로 먼저 설명해 보세요.

또한, 여러분이 한국어를 사용할 때는 너무 한국어스럽게 들린다는 점도 주의할 필요가 있습니다. 원어민이 한국어를 말할 때는 누가 들어도 영어처럼 들리거든요. 예를 들면, '김치'를 '킴취이[kimchi]'라고 하는 것처럼요.

EXAMPLES:

- I often crave going to 한우 restaurants. ⊗ 저는 종종 한우 식당에 가고 싶어요.
  → I often crave going to Korean Barbeque restaurants.
  Especially locations that serve this special type of beef called 한우. ⊙
  저는 종종 한국식 바비큐 식당에 가고 싶어요. 특히 그곳은 한우라고 하는 특별한 소고기를 파는 곳이죠.
- I love going to 해운대. ⊗ 저는 해운대에 가는 게 좋아요.
  → I love this particular beach... It's called 해운대 Beach. ⊙
  저는 이 해변이 좋아요… 해운대라고 불리는 해변이요.

그리고 한 가지 더! 제 답변을 보시면, 저는 애초에 한국어를 사용하지도 않았습니다. 굳이 한국어를 쓰지 않아도 채점자들이 신경 쓰지 않을 것을 알고 있거든요. 그래서 그냥 간단히 "Who cares what it's called."라고만 했어요. 그 뒤에는 "The Bomb"처럼 이름을 지어내서 답변을 계속 이어갔죠! 채점자는 어떤 이름을 지어내든 전혀 신경 쓰지 않아요. 여러분이 설명하는 것에 관해 '어떻게 느끼는지'를 중점적으로 평가한답니다! 이렇게 하면 답변이 훨씬 독특해 보이고 보너스 점수까지 받을 수 있을 거예요.

AL 학생이 직접 만든 예시 한국어를 쓰지 않고 한국어 고유명사 설명해 보기

Food 음식

I bet you've heard of "Squid Game," right? And, you know, there's this episode where they use "sugar candy" for something. That sugar candy is called "달고나" in Korean. And you know what? I really love it!

'오징어 게임'이라고 들어봤을 거예요, 그렇죠? 그리고, sugar candy로 뭔가를 하는 에피소드가 있잖아요. 그 sugar candy를 한국말로 '달고나'라고 해요. 그리고 이거 알아요? 저는 그거 정말 좋아해요!

Cafés 카페

Let me tell you about one of my go-to cafés. It's called... uh... whatever. I'll just simply call it "THE café." Because their coffee is just THE best in the world. No joke.

*자음으로 시작하는 단어 앞의 The를 '디-[ði:]'라고 발음하면 강조하는 느낌을 줄 수 있어요!

제 단골 카페 중에 하나를 말해볼게요. 그 카페 이름이 뭐냐면… 어… 뭐가 됐든. 그냥 THE café라고 부를게요. 왜냐하면 거기 커피는 진짜 세계 최고거든요. 농담 아니고요.

Cafés 카페

QUESTION

You've indicated that you go to coffee shops. Tell me about the cafés in your community.

당신은 커피숍에 간다고 표시했습니다. 당신 동네에 있는 카페에 관해 말해 주세요.

질문을 들을 때, 꼭 해야 하는 것! *질문은 꼭! 2번 들으세요.

- **질문을 처음 들을 때:** 무엇을 물어보는 질문인지, 어떤 카테고리인지 생각해 보기
- **질문을 두 번째 들을 때:** 나의 MP는 무엇인지 키워드로 생각해 보기 (What, Feeling, 그렇게 느끼는 Why)

질문을 처음 들을 때

무엇을 물어보는 질문인가? ______________________

이 질문은 어떤 카테고리인가? ______________________

질문을 두 번째 들을 때

What? ______________________

Feeling? ______________________

Why? ______________________

오픽노잼의 예시

질문을 처음 들을 때
- 무엇을 물어보는 질문인가? *cafés*
- 이 질문은 어떤 카테고리인가? *description*

질문을 두 번째 들을 때
- What? ❷ *cafés*
- Feeling? ❷ *fantastic,* ❻ *just the way I like it*
- Why? ❸ *exactly like a library,* ❺ *loud library,* ❼ *I get a lot of work done*

오픽노잼의 답변

답변 듣기

Chap01_04A

초초반 + MP	❶ Let me put it this way... ❷ Cafés nearby my home are just so fantastic... ❸ Because they're exactly like a library. ❹ But not a quiet one. ❺ A loud library. ❻ Just the way I like it. ❼ And I get a lot of work done there. nearby가 아닌 near이 맞는 표현입니다. 사실 이건 저도 이 책을 쓰면서 배운 거예요. nearby와 near는 거의 모든 경우에 서로 대체가 가능한 것으로 알고 있었거든요. 하지만 제가 틀렸네요! 죄송하소! 무언가 '가깝다'는 것을 표현하고 싶을 때는 near를 쓰세요.
Body	❽ Let me tell you about this particular café. ❾ It's called "Twosome." ❿ I know, a really funny name, right? ⓫ But this place is so bomb... ⓬ Because they have a fantastic sitting area... ⓭ And with just one coffee, you could literally stay there for hours. ⓮ You can study... ⓯ You can get your work done... ⓰ And everyone else is pretty much doing what you're doing. ⓱ They're treating that café like their personal, loud library. ⓲ I think that's fantastic!
Conclusion	⓳ Yes, I'm loitering... ⓴ But the owner doesn't care. ㉑ Thank you very much!

❶ 이런 식으로 한번 설명해 보죠… ❷ 저희 집 근처 카페들은 정말 좋아요… ❸ 꼭 도서관 같거든요. ❹ 하지만 조용한 도서관 말고요. ❺ 엄청 시끄러운 도서관이요. ❻ 딱 제가 좋아하는 류의 도서관이죠. ❼ 그래서 저는 그곳에서 많은 일을 하는 편입니다. ❽ 제가 이 특별한 한 카페에 대해 말씀드릴게요. ❾ '투썸'이라는 카페예요. ❿ 알아요, 정말 웃긴 이름이죠? ⓫ 근데 여긴 진짜 최고예요… ⓬ 편한 좌석 공간이 구비되어 있기 때문이죠… ⓭ 그리고 단 한 잔의 커피로 정말 몇 시간이고 그곳에 머물 수 있어요. ⓮ 공부를 해도 되고… ⓯ 업무를 봐도 되죠… ⓰ 그리고 다른 사람들도 거의 비슷한 걸 하고 있어요. ⓱ 마치 이 카페를 개인의 시끄러운 도서관쯤으로 여기죠. ⓲ 그곳은 너무 좋은 것 같아요! ⓳ 맞아요, 제가 진상 짓을 하고 있죠… ⓴ 하지만 카페 사장은 전혀 신경 쓰지 않아요. ㉑ (사장님,) 정말 감사합니다!

Useful Expressions

- ❶ Let me put it this way. 이런 식으로 말해볼게요. 초초반 꿀표현
- ❻ Just the way I like it. 딱 제가 좋아하는 거예요.
- ❼ get ~ done ~을 끝내다
- ❿ funny 웃긴
  *학생들이 fun '재미있는'과 funny '웃긴'을 잘 구별하지 못하더라고요. fun과 funny를 구별해서 쓸 자신이 없다면, hilarious를 추천합니다!
- ⓱ treat A like B A를 B처럼 여기다
- ⓳ loiter 진상 짓을 하다
  *loiter는 분명한 목적 없이 공공장소에 오랜 시간 머무는 행위를 말합니다. 외국에서는 물건을 사지 않고 그냥 돌아다니는 것을 금지하는 쇼핑몰도 많습니다. 카페에서 음료를 주문하지 않거나 한 잔만 주문해서 몇 시간씩 앉아 있는 것도 loitering이라고 할 수 있어요. 그렇기 때문에 여기선 '진상 짓'이라고 자연스럽게 의역했어요.

IMPORTANT LESSON

⑩ I know, a really funny name, right?

"I know..., right?" 이 표현은 거의 모든 원어민들이 매우 자주 사용하는 표현입니다. 대화에서도 자주 사용하고, 메시지를 보낼 때도 많이 사용해요. 너무 자주 써서 줄임말이 있을 정도랍니다.

I know, right? = ikr

이제, 이 표현을 이용해서 오픽 채점자에게 깊은 인상을 줄 수 있는 더 정확한 표현으로 만들어봅시다. 저는 코멘트를 'Twosome'이라는 이름이 얼마나 웃긴지 '나도 알고 있다'라고 달았어요. 오픽은 물론 영어 회화에서도 본인이 방금 한 말에 이렇게 코멘트를 달 수 있다면, 그건 여러분이 훌륭한 커뮤니케이터라는 신호입니다! 물론, 오픽은 컴퓨터 앞에서 말하는 시험이지만, 이 '코멘트 달기' 전략을 사용하면 실제로 Ava와 대화하는 느낌을 줄 수 있을 거예요! 그리고 그중 하나인 '**ikr**' 표현을 사용해 보세요.

AL 학생이 직접 만든 예시 — 코멘트 달기 전략 사용해 보기

Bars 술집/바

They have this special area where the bartenders make drinks in a birthday suit. **I know...** it's ridiculous, **right**?

그 바에는 바텐더들이 술을 만드는 어떤 특별한 공간이 있는데요, 알몸으로 술을 만들어요. 네… 진짜 말도 안 되죠, 그렇죠?

Cafés 카페

There's literally no staff in this café. Like, you have to make your own coffee... and then you pay for it yourself. **I know...** it's so strange, **right**?

이 카페에는 직원이 단 한 명도 없어요. 말하자면, 손님이 커피를 직접 만들어야 하고… 계산까지 직접 해요. 네… 진짜 이상하죠, 그렇죠?

05 Career 직업/직장/업무

QUESTION

문제 듣기
Chap01_05Q

You indicated in the survey that you are looking for a job. What kind of job are you preparing for? Tell me in detail.

설문 조사에서 당신은 구직 중이라고 표시했습니다. 어떤 직종에 대해 준비하고 계신가요? 자세히 알려주세요.

질문을 들을 때, 꼭 해야 하는 것!

☆질문은 꼭! 2번 들으세요.

질문을 처음 들을 때: 무엇을 물어보는 질문인지, 어떤 카테고리인지 생각해 보기
질문을 두 번째 들을 때: 나의 MP는 무엇인지 키워드로 생각해 보기
(What, Feeling, 그렇게 느끼는 Why)

질문을 처음 들을 때

무엇을 물어보는 질문인가? ______

이 질문은 어떤 카테고리인가? ______

질문을 두 번째 들을 때

What? ______

Feeling? ______

Why? ______

오픽노잼의 예시

질문을 처음 들을 때

- 무엇을 물어보는 질문인가? *career*
- 이 질문은 어떤 카테고리인가? *description*

질문을 두 번째 들을 때

- What? ❷ *company*, ❸ *Samsung*
- Feeling? ❷ *I want*, ❷ *very nice, juicy salary*, ❺ *makes me smile*
- Why? ❹ *they pay pretty darn well*

오픽노잼의 답변

답변 듣기

Chap01_05A

초초반 + MP	❶ Let me get straight to the point. ❷ I want to work for a company that pays a very nice, juicy salary. ❸ And that is why I wanna work for Samsung. ❹ Because they pay pretty darn well. ❺ And that makes me **smile.**
Body	❻ Honestly, I am studying so hard. ❼ And I'm practicing day in and day out for the interview. ❽ A lot of people fail this interview so that really makes me nervous... ❾ But I'm doing my utmost best to land a job there. ❿ I don't care what department I get into. ⓫ I just want to be a Samsung employee. ⓬ And so, I'm gonna bust my ass to get this job.
Conclusion	⓭ No girlfriends until they say yes to me.

❶ 바로 본론으로 들어갈게요. ❷ 저는 돈을 아주 많이 주는 회사에 들어가고 싶어요. ❸ 그리고 그게 바로 제가 삼성에서 일하고 싶은 이유이죠. ❹ 왜냐하면 삼성 월급이 꽤 세거든요. ❺ (월급 통장) 그것만 생각하면 미소가 지어지죠. ❻ 사실, 저는 정말 열심히 공부하고 있어요. ❼ 매일같이 면접 연습도 하고 있답니다. ❽ 많은 사람들이 면접에서 떨어지는데, 그것 때문에 엄청 긴장돼요… ❾ 하지만 그곳에 취업하기 위해 최선을 다하고 있어요. ❿ 어느 부서로 들어가든 상관없습니다. ⓫ 전 그냥 삼성 직원이 되고 싶어요. ⓬ 그래서, 이 일자리를 얻기 위해 죽어라 노력할 거예요. ⓭ 삼성에 취업하기 전까지 제 사전에 여자 친구란 없습니다.

Useful Expressions

- ❶ Let me get straight to the point. 바로 본론으로 들어갈게요. 초초반 꿀표현
- ❷ a very nice, juicy salary 높은 연봉 *좋은, 높은 연봉을 표현할 때 nice뿐만 아니라 juicy도 쓸 수 있어요.
- ❹ darn damn의 완곡한 표현 *여기서는 연봉을 '아주 많이' 준다는 뜻으로 쓰였어요.
- ❼ day in and day out 매일같이, 밤낮으로
- ❾ do my utmost best 내가 할 수 있는 최선을 다하다 *그냥 do my best보다 더 강조된 느낌으로 보시면 됩니다.
- ⓬ bust my ass 죽어라 일하다, 뼈빠지게 일하다 *직역하면 '엉덩이가 부서져라 열심히 일하다'가 되겠죠.
- ⓭ say yes yes를 말하다(동의, 허락, 합격의 의미)

IMPORTANT LESSON

❺ And that makes me smile.

제가 학생들을 쭉 지켜본 바에 따르면, 많은 학생들이 make me happy를 자주 쓰더라고요. happy를 쓰는 게 나쁘다는 의미가 아니라, 너무 많이 쓰다 보니 거의 스크립트처럼 들려요. 의사소통 능력을 키우기 위해서는 여러 가지 표현을 섞어 쓰는 것을 추천합니다! 그중 한 가지 방법은 happy 대신 smile을 쓰는 거죠.

EXAMPLES:

- And that makes me **smile**.
- It puts a huge **smile** on my face.
- I'm **smiling** from ear to ear.
- I can't help but **smile**.
- It makes me so happy... just can't stop **smiling**, (you) know what I mean?!

AL 학생이 직접 만든 예시 smile 사용해 보기

Housing 거주지

My little brother is just so adorable. He always makes me **smile**. He's my pet cat, by the way. And I love him to death.

제 남동생은 정말 사랑스러워요. 걔는 항상 저를 웃게 만들어요. 참고로, 걔는 제 고양이입니다. 그리고 저는 제 고양이를 죽을 만큼 사랑해요.

Housing 거주지

I love how organized my desk is. Just looking at it, gosh, I can't stop **smiling**, you know?

저는 제 책상이 잘 정리되어 있어서 너무 좋아요. 그냥 보고만 있어도, 어휴, 웃음을 멈출 수가 없어요. 무슨 말인지 알겠죠?

Fashion 패션

QUESTION

Chap01_06Q

What kinds of clothes do you like to wear personally? What are you wearing today? What kind of fashion style do you like? Give me all the details about your fashion style.

개인적으로 어떤 옷을 즐겨 입나요? 오늘은 무엇을 입고 있죠? 어떤 패션 스타일을 좋아하나요? 당신의 패션 스타일에 대해 자세히 설명해 주세요.

질문을 들을 때, 꼭 해야 하는 것! ☆질문은 꼭! 2번 들으세요.

질문을 처음 들을 때: 무엇을 물어보는 질문인지, 어떤 카테고리인지 생각해 보기

질문을 두 번째 들을 때: 나의 MP는 무엇인지 키워드로 생각해 보기
(What, Feeling, 그렇게 느끼는 Why)

질문을 처음 들을 때

무엇을 물어보는 질문인가? ______________________

이 질문은 어떤 카테고리인가? ______________________

질문을 두 번째 들을 때

What? ______________________

Feeling? ______________________

Why? ______________________

오픽노잼의 예시

질문을 처음 들을 때

- 무엇을 물어보는 질문인가? *fashion*
- 이 질문은 어떤 카테고리인가? *description*

질문을 두 번째 들을 때

- What? ❶ *clothing,* ❸ *(an) oversized shirt and loose pants*
- Feeling? ❶ *I like,* ❸ *very nice*
- Why? ❹ *Just the way I like it.*

오픽노잼의 답변

답변 듣기

Chap01_06A

초초반 + MP	❶ OK, so, I like to wear comfortable, loose clothing. ❷ And that's exactly what I'm wearing now. ❸ A very nice oversized shirt and loose pants. ❹ Just the way I like it.
Body	❺ I kind of feel naked but I'm not. ❻ That's my style. ❼ "Naked but you're not," you know what I mean? ❽ And I don't like other types of clothing (that's) kind of tight... too formal... right? ↳ that are이 문법적으로 맞는 표현입니다. 빨리 말하다 보면 이러한 실수를 자주 한답니다. ❾ I don't know, I just can't breathe in them. ❿ No, no, no. ⓫ I like to be comfortable no matter where I go... what I'm doing. ⓬ It doesn't matter. Quick Comparison Strategy ⓭ **You see, in the past,** I always tried to make myself look good for other people. ⓮ **But these days,** I don't give a crap.
Conclusion	⓯ If I'm not comfortable, I'm not wearing it. ⓰ That's the bottom line.

❶ 음, 저는 편안하고 헐렁한 옷을 즐겨 입습니다. ❷ 그리고 지금 제가 입고 있는 옷도 바로 그런 것이죠. ❸ 아주 멋지고 약간 큰 사이즈의 셔츠와 헐렁한 바지. ❹ 딱 제가 좋아하는 스타일이죠. ❺ 약간 벌거벗은 느낌이 들지만 벗은 건 아니에요. ❻ 그게 제 스타일이에요. ❼ '벌거벗은 것 같지만, 사실 아닌', 무슨 느낌인지 아시죠? ❽ 저는 약간 꽉 끼거나… 너무 격식 있는… 스타일의 옷은 별로 안 좋아해요. ❾ 모르겠어요, 그런 걸 입으면 숨을 쉴 수가 없더라고요. ❿ 안 돼, 안 돼, 안 돼. ⓫ 어디를 가든지, 무엇을 하든지 편안한 게 좋아요. ⓬ 상관없어요. ⓭ 그런데 있잖아요, 예전에 전 항상 다른 사람들에게 잘 보이려고 노력했어요. ⓮ 하지만 요즘은, 1도 신경 안 써요. ⓯ 만약 옷이 불편하면, 그냥 그 옷을 안 입고 말아요. ⓰ 이게 핵심이에요.

Useful Expressions

- ❷ exactly 정확히, 틀림없이, 바로
- ❺ I kind of feel ~ 약간 ~한 느낌이 들어요
  *kind of는 '약간'이라는 뜻으로도 쓰입니다. kinda로 발음해 보세요! 자연스러움 up!
- ❾ I just can't breathe in them. 그런 옷을 입으면 숨을 쉴 수가 없어요.
  *대부분 학생들은 I just can't breathe when I'm wearing those types of clothing., I look good when I'm wearing jeans.라고 해요. 물론 이렇게 말하는 것도 좋지만, 이렇게 길게 말하면 문법 실수를 할 확률이 높아집니다. 그러니 간단하게 전치사 in '~을 착용한'을 이용하여 I just can't breathe in them., I look good in jeans.라고 말하는 것도 연습해 보세요.
- ⓬ It doesn't matter. 상관없어요.
- ⓭ you see 그런데 있잖아요
  *화제 전환할 때 쓰면 좋은 표현입니다. 한국말로 '그런데 있잖아요', '그런데 봐 봐요' 이런 느낌이에요.
- ⓮ I don't give a crap. 전혀 신경 쓰지 않아요.
  *비슷한 표현으로 I don't care., I don't give a shit., I don't give a hoot.가 있어요.
- ⓰ That's the bottom line. 그게 제가 말하고자 하는 핵심(요점)입니다. Conclusion 꿀표현

IMPORTANT LESSON

⑬ You see, in the past, I always tried to make myself look good for other people.
⑭ But these days, I don't give a crap.

Description과 Habit 질문은 1분 안에 답변을 끝내야 합니다. 이유는 간단해요. Description과 Habit은 그렇게 높은 난이도의 질문이 아닙니다. 즉, 원어민이 이 질문에 답변하더라도, 최대 IH 등급까지만 받을 수 있을 거라는 뜻이에요. 고급 수준의 Past Experience와 Comparison 질문이 훨씬 더 중요하다는 뜻이기도 하죠. 난이도가 높은 질문에 답변을 잘해야만 AL 등급을 받을 확률이 더 높아집니다. 한번 생각해 보세요. Description이나 Habit 질문에 굳이 길게 답변해야 할 이유가 있을까요? 물론, 길게 답변할 수는 있겠지만… 그건 그냥 에너지 낭비죠.

그리고 가끔은 Description 또는 Habit 질문에 답변할 때, '너무 짧은 거 아닌가?'라고 생각할 수도 있어요. 답변이 1분도 안 될 것 같을 때, **Quick Comparison Strategy '빠른 비교 전략'**을 강력히 추천합니다. 저는 "You see, in the past…"라고 하면서 과거에 대해 빠르게 말한 다음, "But these days…"라고 하면서 바로 다시 현재 내용으로 돌아왔어요. 이 전략은 과거와 현재를 아주 효과적으로 비교함으로써 여러분의 답변을 더 깊이 있게 만들어줄 거예요. 하지만 이것만은 꼭 기억하세요. 무조건 '빠르게' 해야 합니다. 비교하는 내용이 너무 길어지면, 그건 더 이상 Description 질문이 아닌, Comparison 질문에 대한 답변이 될 테니까요.

꿀팁!
목표가 AL 등급인 분들은 명심하세요. 만약 Description 또는 Habit 질문을 제대로 알아듣지 못했다면 그냥 스킵하세요! 제발 아무 말도 하지 마세요! 5초 정도 기다리면, NEXT 버튼이 생길 거예요. 이해하지 못한 질문에 아무 말이나 하는 건 점수를 깎아 먹는 행위입니다. 그러니 제발! 이런 식으로 돈 버리지 마세요! 제발! 부탁이야 학생아!

AL 학생이 직접 만든 예시 Quick Comparison Strategy 사용해 보기

Bars 술집/바

I don't really like popular bars these days. Simply because I easily get frustrated when I'm in a noisy place. That's why if they're too popular, I just simply don't go there. **In the past**, though, when I was a young, outgoing girl, I always tried to go to popular bars. **But these days**, I feel old and definitely not as outgoing. I don't know... maybe it's an age thing.

요즘은 인기 많은 술집들을 별로 안 좋아해요. 왜냐하면 시끄러운 곳에 가기만 해도 쉽게 지치고 짜증이 나더라고요. 그래서 저는 너무 인기가 많은 곳이면, 그냥 거기에 안 가요. 근데 예전에 저는 어리고, 외향적인 사람이었거든요. 그래서 항상 인기 많은 술집에 가려고 했어요. 하지만 요즘은, 나이를 먹기도 했고 확실히 예전만큼 외향적이지 않은 것 같아요. 모르겠어요… 나이 먹어서 그런가 봐요.

Food 음식

I'm now in my late 20s. And I'm starting to realize that I need to eat healthier. You see, in the past though, I didn't care about my health at all. **But these days**, gosh, I can feel I'm getting older. That's why I'm trying to eat healthier.

저는 지금 20대 후반입니다. 그리고 전 좀 더 건강하게 먹어야겠다는 것을 깨닫기 시작하는 중이에요. 그런데 있잖아요, 예전에는, 건강을 전혀 신경 쓰지 않았어요. 하지만 요즘은, 어휴, 점점 나이 드는 게 느껴져요. 이것이 제가 더 건강하게 먹으려고 노력하는 이유입니다.

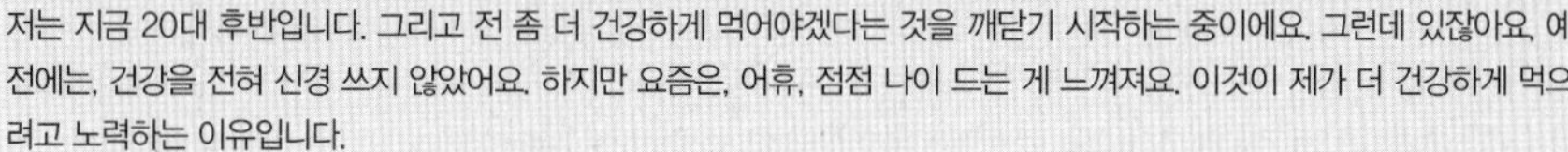

07 Food 음식

QUESTION

문제 듣기
Chap01_07Q

Many people try to eat healthy these days. What kinds of foods are healthy and why are they healthy for us?

요즘은 많은 사람들이 건강하게 먹으려고 노력합니다. 어떤 음식이 건강에 좋고 왜 우리 몸에 좋을까요?

질문을 들을 때, 꼭 해야 하는 것! ☆질문은 꼭! 2번 들으세요.

질문을 처음 들을 때: 무엇을 물어보는 질문인지, 어떤 카테고리인지 생각해 보기
질문을 두 번째 들을 때: 나의 MP는 무엇인지 키워드로 생각해 보기
(What, Feeling, 그렇게 느끼는 Why)

질문을 처음 들을 때

무엇을 물어보는 질문인가? ______

이 질문은 어떤 카테고리인가? ______

질문을 두 번째 들을 때

What? ______

Feeling? ______

Why? ______

오픽노잼의 예시

질문을 처음 들을 때

- 무엇을 물어보는 질문인가? *food*
- 이 질문은 어떤 카테고리인가? *description*

질문을 두 번째 들을 때

- What? ❶ *instant noodles*
- Feeling? ❶ *I believe,* ❶ *super healthy,* ❹ *super satisfying*
- Why? ❸ *reduce my stress levels to 0*

오픽노잼의 답변

답변 듣기

Chap01_07A

초초반 + MP	❶ OK, to be point-blank, I believe instant noodles are super healthy. ❷ Why? ❸ Because they reduce my stress levels to 0. ❹ And that part right there is super satisfying.
Body	❺ I know... a lot of people may disagree with me here, right? ❻ Instant noodles... they're lacking in nutrients. ❼ It's true. ❽ I kind of **admit** that. ❾ But still, they help improve other aspects of my life. ❿ Especially, when it comes to stress. ⓫ When I'm having a bad day at work? Instant noodles. Problem solved. ⓬ When I don't want to study? Alright, instant noodles. Bam, problem solved. (it surely doesn't do가 맞는 표현입니다.) ⓭ I mean, come on, salads... they don't do that for me. ⓮ Oatmeal... they surely don't do that for me. ⓯ But instant noodles... somehow, they make me happy... ⓰ They put a smile on my face...
Conclusion	⓱ And that, in my eyes, is healthy.

❶ 단도직입적으로 말씀드리자면, 전 라면이 정말 몸에 좋다고 생각해요. ❷ 왜냐고요? ❸ 제 스트레스 수치를 0으로 낮춰 주기 때문입니다. ❹ 그리고 저는 바로 그 부분이 정말 만족스러워요. ❺ 알아요… 많은 사람들이 이런 제 말에 동의하지 않을 거라는 걸, 그렇죠? ❻ 라면은… 영양분이 부족하잖아요. ❼ 맞아요. ❽ 저도 어느 정도 인정해요. ❾ 그래도 여전히, 제 삶의 다른 부분을(영양 외의) 개선하는 데 도움이 돼요. ❿ 특히, 스트레스에 관한 부분에 있어서는요. ⓫ 회사에서 안 좋은 일이 있다? 라면 한 그릇을 먹으면, 문제 해결입니다. ⓬ 공부하기 싫을 때? 라면 한 그릇이면! 짜잔! 문제 해결. ⓭ 아니, 제 말은, 샐러드… 그건 제게 전혀 도움이 안 돼요. ⓮ 오트밀… 그것도 당연히 큰 도움이 안 돼요. ⓯ 하지만 라면은요… 왜 그런지 모르겠는데, 저를 행복하게 해줘요. ⓰ 미소를 짓게 만들어요… ⓱ 그래서 제 눈에는 충분히 건강식으로 보입니다.

Useful Expressions

- ❶ to be point blank 단도직입적으로 말하면, 솔직히 말하면 초초반 꿀표현
- ❻ lacking in nutrients 영양분이 부족한
- ❾ but still 그래도, 그렇지만
- ❾ other aspects of my life 내 인생의 다른 부분들
- ❿ when it comes to ~에 관해서
- ⓯ somehow 왜 그런지는 모르겠지만, 왠지

IMPORTANT LESSON

❼ It's true.
❽ I kind of **admit** that.
❾ But still, they help improve other aspects of my life.

가끔 우리는 방금 한 말에 대해 '인정'할 때가 있잖아요. 이 '인정' 전략은 여러분의 답변을 더 세련되게 만들어줄 거예요. 한국말에도 "그건 맞지/그렇긴 하지/인정하지"와 같은 표현들이 있는데요. 우리는 무의식적으로 이런 표현들을 써요. 영어도 똑같습니다. 저의 답변을 보면, '라면이 건강에 그렇게 좋지 않다'는 사실을 '인정'하고 있어요. 하지만, 라면이 건강에 좋지 않다는 사실을 '다시 반박'하려고 하고 있습니다. 일단, '인정'하긴 했지만, 바로 뒤에 but을 사용해서 정말로 제가 하고 싶은 말을 이어갔습니다.

『admit + but』 전략을 빼더라도 여전히 말이 되기는 합니다. 하지만, 그러면 답변의 질이 떨어진다는 것을 꼭 알아두세요! 이 전략은 여러분의 답변을 '인간적으로' 만들고, 더 나아가 스크립트를 전혀 준비하지 않은 것처럼 보이게 할 거예요.

EXAMPLES:

- I kind of admit that ~
- Can't argue with that ~
- No doubt.
- Can't deny.
- It is what it is.

AL 학생이 직접 만든 예시 「admit + but」 전략 사용해 보기

Career 직업/직장/업무

I'm in my late 20s now. I "should" be more mature. **Can't deny (it)**. But I kind of feel like a 19-year-old little girl still.

저는 지금 20대 후반이에요. 더 어른스러워야 하죠. 인정해요. 근데 전 아직도 약간 19살짜리 애 같아요.

Career 직업/직장/업무

Money can buy everything. It's that simple. **It is what it is**. However, a part of me feels like, "But can it buy love?"

돈으로는 뭐든 살 수 있죠. 간단한 이치예요. 어쩌겠어요. 근데 한편으로는 이렇게 생각해요. '그런데 사랑도 살 수 있나?'

08 Hotels 호텔

QUESTION

Chap01_08Q

Tell me about the hotels in your country. What are they like?

당신 나라의 호텔에 대해 알려 주세요. 어떤가요?

질문을 들을 때, 꼭 해야 하는 것! ☆질문은 꼭! 2번 들으세요.

- **질문을 처음 들을 때:** 무엇을 물어보는 질문인지, 어떤 카테고리인지 생각해 보기
- **질문을 두 번째 들을 때:** 나의 MP는 무엇인지 키워드로 생각해 보기 (What, Feeling, 그렇게 느끼는 Why)

질문을 처음 들을 때

무엇을 물어보는 질문인가? ____________________

이 질문은 어떤 카테고리인가? ____________________

질문을 두 번째 들을 때

What? ____________________

Feeling? ____________________

Why? ____________________

오픽노잼의 예시

질문을 처음 들을 때

- 무엇을 물어보는 질문인가? *hotels*
- 이 질문은 어떤 카테고리인가? *description*

질문을 두 번째 들을 때

- What? ❷ *hotels*
- Feeling? ❸ *overly priced,* ❹ *just my opinion*
- Why? ❸ *for what you get*

오픽노잼의 답변

↪ 답변 듣기

Chap01_08A

초초반 + MP	❶ Well, I'll tell you this. ❷ I haven't been to enough hotels to be able to give you a precise description. ❸ But, basically, to me, hotels are overly priced for what you get. ❹ Just my opinion.
Body	❺ Yeah, you get a nice view... ❻ A nice bed... ❼ Nice service... ❽ Nice food... ❾ You get the whole package. ❿ That's true. ⓫ But... I mean, the price you pay for what you get... **in my eyes...** (it's) just not worth it. ⓬ But what's interesting is that... ⓭ Whenever my wife and I... sometimes we want to treat ourselves and we try to book a hotel... ⓮ They're usually all booked! ⓯ Like, how is that possible?
Conclusion	⓰ Am I that cheap? ⓱ Am I the only one thinking that hotels are way too expensive? ⓲ I don't know, but this is how I feel.

❶ 글쎄요, 이걸 말해줄게요. ❷ 제가 호텔에 대해 정확히 설명할 수 있을 만큼 그렇게 호텔에 많이 가보진 않았거든요. ❸ 근데, 개인적으로 호텔은 얻는 것에 비해 가격이 너무 비싸요. ❹ 그냥 제 개인적인 생각이에요. ❺ 그래요, (호텔에 가면) 멋진 전망도 볼 수 있고… ❻ 좋은 침대… ❼ 좋은 서비스… ❽ 고급 음식… ❾ 이 모든 걸 패키지로 즐길 수 있죠. ❿ 맞아요. ⓫ 그런데 제 말은, 제가 보기엔 얻는 것에 대해 지불한 금액만큼의 가치는 없는 것 같다는 말이에요. ⓬ 그런데 재밌는 건… ⓭ 저와 제 아내가 가끔 뭔가 좋은 걸 하고 싶어서 호텔을 예약하려고 할 때마다… ⓮ 보통 예약이 꽉 차 있는 거예요! ⓯ 아니, 어떻게 그게 가능하죠? ⓰ 제가 그렇게 짠돌이인가요? ⓱ 호텔이 말도 안 되게 비싸다고 생각하는 사람은 저뿐인가요? ⓲ 모르겠어요, 어쨌든 제 생각은 이래요.

Useful Expressions

- ❶ I'll tell you this. 뭐 하나 말할게요. 초초반 꿀표현
- ⓫ Just not worth it. 그만큼의 가치는 없습니다.
- ⓬ what's interesting is that ~ 흥미로운 건/재미있는 건 ~이다
- ⓯ How is that possible? (불가능할 것 같은데) 어떻게 그게 가능하죠?
- ⓰ cheap 짠돌이인, 구두쇠인 * 사람에게 cheap이라고 하면, 짠돌이/구두쇠라는 뜻으로 쓸 수 있습니다.
- ⓱ Am I the only one thinking that ~? ~라고 생각하는 사람은 나뿐이에요?

IMPORTANT LESSON

⓫ But... I mean, the price you pay for what you get... **in my eyes...** just not worth it.

여러분의 감정을 보여주는 것과 의견을 표현하는 것은 결국 같은 말입니다. 자신의 의견을 표현하는 방법은 아주 많아요. 그리고 어느 위치에나 넣을 수 있다는 것도 큰 장점입니다.

EXAMPLES:

- in my eyes
- in my opinion
- in my honest opinion
- to be honest
- to be brutally honest
- to be real
- without argument

- **In my eyes**... the price you pay for what you get... just not worth it. 처음
- The price you pay for what you get... **in my eyes**... just not worth it. 중간
- The price you pay for what you get... just not worth it **in my eyes**. 끝
- The price you pay for what you get... just not worth it. **In my eyes**, anyway. 다음 문장의 처음

AL 학생이 직접 만든 예시 자신의 감정/의견을 나타내는 표현 사용해 보기

Cafés 카페

- **In my opinion**, even though their caffè latte is relatively pricey compared to others... it's still not a waste of money. 처음
- Even though their caffè latte is relatively pricey compared to others... **in my opinion**, it's still not a waste of money. 중간
- Even though their caffè latte is relatively pricey compared to others... it's still not a waste of money **in my opinion.** 끝
- Even though their caffè latte is relatively pricey compared to others... it's still not a waste of money. **In my opinion**, they're just amazing. 다음 문장의 처음

– 제 생각에는요, 거기 카페라테가 비록 다른 카페에 비해서 비싸긴 해도… 그건 돈 낭비가 아니에요.
– 거기 카페라테가 비록 다른 카페에 비해서 비싸긴 해도… 제 생각에는요, 그건 돈 낭비가 아니에요.
– 거기 카페라테가 비록 다른 카페에 비해서 비싸긴 해도… 그건 돈 낭비가 아니에요, 제 생각에는요.
– 거기 카페라테가 비록 다른 카페에 비해서 비싸긴 해도… 그건 돈 낭비가 아니에요. 제 생각에는요, 거긴 진짜 최고예요.

Fashion 패션

- **In my eyes**, people here in Korea... they're trying to play it safe when it comes to fashion. 처음
- People here in Korea... **in my eyes**... they're trying to play it safe when it comes to fashion. 중간
- People here in Korea... they're trying to play it safe when it comes to fashion **in my eyes.** 끝
- People here in Korea... they're trying to play it safe when it comes to fashion. **In my eyes**, at least. 다음 문장의 처음

– 제가 보기엔, 한국 사람들은요… 패션에 관해서는 무난하게 가려고 하는 것 같아요.
– 한국 사람들은요… 제가 보기엔, 패션에 관해서는 무난하게 가려고 하는 것 같아요.
– 한국 사람들은요… 패션에 관해서는 무난하게 가려고 하는 것 같아요, 제가 보기에는요.
– 한국 사람들은요… 패션에 관해서는 무난하게 가려고 하는 것 같아요. 적어도 제가 보기엔 그래요.

09 Housing 거주지

QUESTION

문제 듣기

Chap01_09Q

I would like to know where you live. Can you describe your home to me? What does it look like? How many rooms does it have? Give me a description with lots of details.

당신이 어디에 사는지 알고 싶습니다. 지금 살고 있는 집에 대해 설명해 줄 수 있나요? 어떻게 생겼나요? 방은 몇 개인가요? 자세하게 설명해 주세요.

질문을 들을 때, 꼭 해야 하는 것! ☆질문은 꼭! 2번 들으세요.

질문을 처음 들을 때: 무엇을 물어보는 질문인지, 어떤 카테고리인지 생각해 보기

질문을 두 번째 들을 때: 나의 MP는 무엇인지 키워드로 생각해 보기 (What, Feeling, 그렇게 느끼는 Why)

질문을 처음 들을 때

무엇을 물어보는 질문인가? ____________________

이 질문은 어떤 카테고리인가? ____________________

질문을 두 번째 들을 때

What? ____________________

Feeling? ____________________

Why? ____________________

오픽노잼의 예시

질문을 처음 들을 때

- 무엇을 물어보는 질문인가? *housing*
- 이 질문은 어떤 카테고리인가? *description*

질문을 두 번째 들을 때

- What? ❸ *home,* ❺ *studio room*
- Feeling? ❺ *best part*
- Why? ❻ *I make money there.*

오픽노잼의 답변

↪답변 듣기

Chap01_09A

초초반 + MP	❶ Alright so, you know what? ❷ I don't wanna bore you to death. ❸ My home is very standard. ❹ Two bedrooms, a washroom, a kitchen... whatever, right? ❺ But the best part about my home, I would say, is my studio room. ❻ Simply because I make money there. ❼ That's right.
Body	❽ Basically, I work from home. ❾ And so, I invest most of my time on my computer just making money. ❿ Um, I'm a YouTuber by the way. ⓫ And so, you can imagine that I have all my equipment in this one room. ⓬ I mean, my washroom, my kitchen, my bedroom... **nothing to write home about.** ⓭ But my studio? ⓮ If you take a look? ⓯ Just by this studio room alone? ⓰ You'd want to buy my house.
Conclusion	⓱ That's how proud I am of this room. ⓲ Man, I wanna go back there and make more money, you know?

❶ 좋아요, 그거 알아요? ❷ 전 당신을 지루하게 하고 싶지는 않아요. ❸ 우리 집은 굉장히 평범해요. ❹ 침실 두 개, 화장실 한 개, 부엌… 등등 알겠죠? ❺ 하지만 우리 집에서 가장 멋있는 곳은 제 스튜디오 방이에요. ❻ 이유는 간단해요, 그곳에서 돈을 벌기 때문이죠. ❼ 맞아요. ❽ 기본적으로, 저는 재택근무를 하고 있어요. ❾ 그리고 돈을 벌기 위해 대부분의 시간을 컴퓨터에 쏟죠. ❿ 음, 참고로 저는 유튜버에요. ⓫ 그래서 이 방 하나에 제 모든 장비가 있다고 상상할 수 있을 거예요. ⓬ 말하자면, 화장실, 부엌, 침실은… 특별한 게 없는데요. ⓭ 제 스튜디오는 어떨까요? ⓮ 만약 한번 보시게 된다면? ⓯ 그냥 이 스튜디오 방 하나만 놓고 보잖아요? ⓰ 우리 집을 사고 싶어질 거예요. ⓱ 그만큼 전 이 방이 자랑스러워요. ⓲ 어우, 저 스튜디오 방으로 돌아가서 돈을 왕창 벌고 싶어요. 무슨 말인지 알죠?

Useful Expressions

- ❷ to bore ~ to death 누군가를 죽을 만큼 지루하게 하다
- ❺ I would say ~ ~라고 말할 수 있어요 *의견을 이야기할 때 사용하면 좋은 표현이에요.
- ❻ simply because ~ 이유는 간단해요, 그냥 ~이기 때문이에요
- ❻ make money 돈을 벌다
- ❽ work from home 재택근무를 하다 *줄여서 'WFH'이라고 쓰기도 합니다.
- ⓮ take a look 한번 보다
- ⓯ just by ~ alone ~ 하나만 놓고 봤을 때, 판단했을 때

IMPORTANT LESSON

⑫ I mean, my washroom, my kitchen, my bedroom... **nothing to write home about.**

Nothing to write home about, 저는 이 표현이 '시각적'이라서 굉장히 좋아해요. 여러분이 해외여행을 하고 있다고 상상해 보세요. 신기한 것들이 정말 많잖아요. 가족이나 친구들에게 편지를 써서 멋진 경험들을 공유하고 싶지 않나요? (물론, 요즘은 SNS를 이용할 수 있지만 이런 것들이 없었던 시절을 생각해 봅시다.) 여행이 생각했던 것보다 좋지 않다면, 굳이 비싼 돈을 써서 국제 우편을 보내고 싶진 않겠죠. '자랑할' 만한 경험이 없다면 말이에요. 이 표현은 딱 그런 상황에서 쓸 수 있는 표현입니다. 말 그대로 '별로 특별한 것이 없다, 별로 내세울 만한 것이 없다'라는 뜻입니다.

EXAMPLES:

- Nothing to write home about.
- Nothing major.
- Nothing special.
- It's not all that special.
- There's nothing to brag about.

AL 학생이 직접 만든 예시 "별로 특별한 것이 없다" 표현 사용해 보기

Beaches 해변

The ladies in bikinis, the kids making sand castles... **nothing to write home about**. It's just another ordinary beach. But there's one thing that I truly love about this beach.

비키니 입은 여자들, 모래성을 만드는 아이들… 별로 특별한 게 없어요. 그냥 다른 보통 해변들과 다를 바 없죠. 하지만 제가 이 해변에서 정말 좋아하는 게 딱 한 가지 있어요.

Music 음악

The lyrics, the melody... **nothing special**. It's just another typical love song. But I still really love this song. Why? It helps me to relax.

가사, 멜로디… 별로 특별한 것이 없어요. 그냥 전형적인 다른 사랑 노래들과 다를 바 없죠. 그렇긴 해도 저는 이 노래를 정말 좋아해요. 왜일까요? 저를 편안하게 해주거든요.

10 Music 음악

QUESTION

Chap01_10Q

You indicated in the survey that you listen to music. What kinds of music do you listen to? Who are some of your favorite musicians or composers?

당신은 설문 조사에서 음악을 듣는다고 표시했습니다. 어떤 음악을 들으시나요? 좋아하는 음악가나 작곡가는 누구인가요?

질문을 들을 때, 꼭 해야 하는 것!

☆질문은 꼭! 2번 들으세요.

- **질문을 처음 들을 때:** 무엇을 물어보는 질문인지, 어떤 카테고리인지 생각해 보기
- **질문을 두 번째 들을 때:** 나의 MP는 무엇인지 키워드로 생각해 보기 (What, Feeling, 그렇게 느끼는 Why)

질문을 처음 들을 때

무엇을 물어보는 질문인가? ______________________

이 질문은 어떤 카테고리인가? ______________________

질문을 두 번째 들을 때

What? ______________________

Feeling? ______________________

Why? ______________________

오픽노잼의 예시

질문을 처음 들을 때

- 무엇을 물어보는 질문인가? *music*
- 이 질문은 어떤 카테고리인가? *description*

질문을 두 번째 들을 때

- What? ❷ *type of music,* ❷ *K-pop*
- Feeling? ❹ *I love it,* ❹ *very adorable*
- Why? ❸ *my wife,* ❹ *the way she sings*

오픽노잼의 답변

답변 듣기

Chap01_10A

초초반 + MP	❶ Get ready for this, alright? ❷ Because the type of music I listen to is K-pop... ❸ Because that's what my wife usually sings and hums all the time. ❹ And I love it because I think the way she sings is very adorable.
Body	❺ OK, now, I know you might be getting goosebumps right now. ❻ You're not liking the way I'm answering this... ❼ Especially if you're single. ❽ OK, but it's true, you know? ❾ And the funniest part of all this... ❿ The craziest thing is that my wife is also tone-deaf. ⓫ I'm serious! ⓬ She's really tone-deaf. ⓭ She can't do... DO, RE, ME, FA... you know? ⓮ But I still love it because... ⓯ I don't know... the way she's so off beat and off tune, so to speak... ⓰ Just so cute.
Conclusion	⓱ And... so that's what I'm listening to these days. ⓲ Music that's not so good but very good for my ears.

❶ 들을 준비하세요, 알겠죠? ❷ 제가 듣는 음악은 케이팝이거든요… ❸ 왜냐하면 제 아내가 항상 부르고 흥얼거리는 게 케이팝이기 때문이에요. ❹ 그리고 전 그게 너무 좋아요. 제 아내가 노래하는 모습은 너무 사랑스러우니까요. ❺ 자, 지금쯤 닭살 돋고 있을지도 모른다는 거 알아요. ❻ 제가 대답하는 방식이 별로 마음에 안 들죠… ❼ 특히 당신이 싱글이면 (더 그렇겠죠). ❽ 네, 근데 이건 다 사실이에요, 알겠죠? ❾ 그리고 이 모든 것 중에서 제일 웃긴 부분은요… ❿ 제일 어이없는 것(미친 것)은 바로 제 아내가 음치라는 거예요. ⓫ 저 진지해요! ⓬ 제 아내는 엄청난 음치예요. ⓭ 도, 레, 미, 파도 못해요. 무슨 말인지 알겠죠? ⓮ 하지만 그래도 사랑해요, 왜냐하면… ⓯ 모르겠어요… 음정과 박자를 놓치는 모습이, 약간 이런 것… ⓰ 그냥 너무 귀여워요. ⓱ 그래서… 이게 제가 요즘 듣는 음악이에요. ⓲ 뛰어나지는 않지만, 제 귀에는 너무나 좋은 그런 음악이요.

Useful Expressions

- ❶ Get ready for this. (들을) 준비하세요. 초초반 꿀표현
- ❸ hum (노래를) 흥얼거리다
- ❸ all the time 항상
- ❺ get goosebumps 닭살 돋다, 소름 돋다 *느끼해서 닭살 돋을 때, 무서워서 소름 돋을 때 모두 사용 가능해요.
- ❿ tone-deaf 음치의
- ⓫ I'm serious. 저 진지해요., 거짓말이 아니에요.
- ⓯ be off beat and off tune 음정과 박자를 놓치다

IMPORTANT LESSON

⑮ I don't know... the way she's so off beat and off tune, so to speak...

so to speak, 이 표현은 if you will '말하자면'과 아주 비슷해요. 저도 무의식적으로 자주 쓰는 표현들 중 하나인데, 여러분이 꼭 연습했으면 좋겠습니다. 가끔은 무언가를 설명하고 싶은데 딱 뭐라고 설명하기 어려울 때가 있잖아요. 그래서 문장을 길게 늘여서 말하거나 새로운 단어를 만들어 내기도 하죠. 이렇게 장황한 설명을 하고 나서 so to speak을 붙이면, 굉장히 설명하기 어려운 애매한 무언가를 말하려고 한다는 걸 듣는 사람이 딱 알 수 있습니다. 한국말로 하면, "약간... 이런 느낌?"으로 해석돼요.

이 답변에서 저는 아내가 왜 이렇게 귀여운지 설명하려고 했어요. 따지고 보면, 음치인 사람 보고 '귀엽다'라고 하는 것은 말이 안 되잖아요? 하지만 노래를 잘하진 못해도 제 눈에는 귀여워 보인다는 걸 설명하고 싶었죠. 어떻게 보면, 2% 부족한 아내의 모습이 더 매력적으로 느껴지더라고요.

I love her perfect imperfections, **so to speak**. 말하자면, 전 그녀의 완벽한 단점을 사랑해요.

이러한 설명 방법은 사용하기 쉽지만은 않습니다. 하지만, 영어로 말할 때 설명하기 애매한 상황을 꽤 자주 접하게 될 거예요. 그럴 때마다, 문장 끝에 so to speak이나 if you will을 붙여보세요. 그럼 진짜 자연스럽게 들릴 거예요!

AL 학생이 직접 만든 예시 so to speak/if you will 사용해 보기

Hotels 호텔

You get a nice view... A nice bed... Nice service... Sometimes even a nice massage... It's better than "heaven," **if you will** and you should go there at least once before you die.

좋은 전망도 있고… 좋은 침대도 있죠… 서비스도 좋아요… 가끔은 고급 마사지까지… 약간, '천국'보다 더 좋다고 해야 할까요? 죽기 전에 한 번은 꼭 가봐야 하는 그런 곳이죠.

Music 음악

I love K-pop. Not because of the fact that I'm Korean, but because of their melody. There's something very addictive about it. I can't do without my daily dose. It's my kind of "caffeine," **so to speak**.

저는 케이팝을 정말 좋아해요. 제가 한국인이라서가 아니라, 멜로디가 너무 좋아서 그래요. 거기엔 중독적인 뭔가가 있어요. 하루 기준치를 안 채우면 견딜 수가 없어요. 저한테는 약간, '카페인' 같은 느낌이에요.

MEMO

Habit

습관

11 **Appointments** 예약

12 **Banks** 은행

13 **Bars** 술집/바

14 **Beaches** 해변

15 **Cafés** 카페

16 **Housing** 거주지

17 **Music** 음악

18 **Recycling** 재활용

19 **Restaurants** 식당

20 **TV** TV

Habit 이란? 주제에 관한 습관을 물어보는 질문 카테고리

› 권장 답변 시간: 1분 정도 중요! 1분 30초를 넘기지 말 것!

› 난이도: 중급

중급 수준의 질문은 원어민이 답변하더라도 최대 IH 등급까지만 받을 수 있습니다.
그러니, Habit 답변 준비에 너무 많은 아이디어와 시간을 낭비하지 마세요!

› Habit 질문 미리보기

11 **Appointments**	What kinds of things do you do when you make appointments? Tell me exactly what you do when you make these appointments?
12 **Banks**	What do you do from the moment you walk into the bank until you walk out? Tell me everything that goes on when you visit the bank.
13 **Bars**	What is a typical routine for a bartender? How do they start their day? What do they do while they work? How do they end their day?
14 **Beaches**	What kinds of things do you like to do when you go to the beach? Tell me about the activities you typically do when you go to the beach.
15 **Cafés**	What do you normally do when you go to coffee shops? Do you have meetings or gatherings there? Tell me what you like to do.
16 **Housing**	What is your normal routine at home? What things do you usually do on weekdays, and what kinds of things do you do on weekends?
17 **Music**	When and where do you usually go to listen to music? Do you listen to the radio? Do you go to concerts? Tell me about the different ways you enjoy music.
18 **Recycling**	I'd like to know how recycling is practiced in your country. What do people specifically do? Tell me how things are recycled.
19 **Restaurants**	Tell me what you usually do when you eat at a restaurant. What do you do first, second, etc.?
20 **TV**	Tell me what you usually do when you watch TV shows or movies. When do you watch them? Who do you watch them with? Where do you watch them? Tell me about your typical routine when you watch TV shows or movies.

› Habit Strategy

STEP 1 **초초반** **+** **General MP**	**초초반이란?** • 답변을 시작하는 부분 • 질문을 듣고 자연스럽게 반응해야 합니다. • 질문은 여러 가지에서 한 가지로 좁혀야 합니다. **General MP란?** • 일반적인 MP • Habit 카테고리의 MP에는 **무엇, 감정, 그렇게 느끼는 이유** 이 세 가지가 **모두** 포함되어 있지 **않아도** 됩니다. **중요!** Habit의 MP에는 '행동'이 들어가야 합니다. STEP 1은 처음 30초 안에 끝내는 것이 좋아요. 연습할 때 계속 30초를 넘긴다면, MP를 먼저 간단명료하게 말한 다음 초초반으로 넘어가는 연습을 해보세요.
STEP 2 **Body** **(본론)**	STEP 1에서 언급한 MP를 중심으로 이어말하면 됩니다. **중요!** 반드시 한 가지 MP와 관련된 이야기만 해야 합니다. 다른 이야기를 해도 되지만, MP와 관련지어서 이야기하세요. ▷ **Quick Comparison Strategy (빠른 비교 전략) – 선택 사항** 과거엔 어땠는지 한두 문장 정도로만 설명하고, 빠르게 현재로 다시 돌아오는 전략입니다. Habit에서 본론이 너무 짧다고 느껴질 때만 쓰세요. **중요!** 과거 설명을 간단하게 하고 '빠르게' 현재로 다시 돌아오는 것이 핵심! 과거 설명이 너무 길어지면 채점자는 '이 수험자는 Comparison으로 답변하고 있네. 질문을 완전 잘못 이해했구먼. 감점!'이라고 생각할 거예요.
STEP 3 **Conclusion** **(결론)**	농담 섞인 결론, 교훈적인 결론, 일반적인 결론 등 자기 스타일대로 답변을 마무리 지으면 됩니다. **중요!** Habit에서는 '일반적인 결론'을 가장 추천합니다. 다시 한번 말하지만, Habit에 너무 많은 아이디어와 시간을 낭비하지 마세요!

Appointments 예약

QUESTION

문제 듣기

Chap02_11Q

What kinds of things do you do when you make appointments? Tell me exactly what you do when you make these appointments?

예약을 할 때 어떤 행동을 하시나요? 이런 예약을 할 때 정확히 무엇을 하는지 말해 주세요.

질문을 들을 때, 꼭 해야 하는 것! ☆질문은 꼭! 2번 들으세요.

- **질문을 처음 들을 때:** 무엇을 물어보는 질문인지, 어떤 카테고리인지 생각해 보기
- **질문을 두 번째 들을 때:** 나의 General MP는 무엇인지 행동 단어 위주로 생각해 보기 (General MP, 행동 단어)

질문을 처음 들을 때

무엇을 물어보는 질문인가? ____________________

이 질문은 어떤 카테고리인가? ____________________

질문을 두 번째 들을 때

General MP? ____________________

행동 단어? ____________________

오픽노잼의 예시

질문을 처음 들을 때

- 무엇을 물어보는 질문인가? *appointments*
- 이 질문은 어떤 카테고리인가? *habit*

질문을 두 번째 들을 때

- General MP? ❷ *Whenever I need to **make** an appointment, I always just **tell** my personal secretary.*
- 행동 단어? *make, tell*

오픽노잼의 답변

답변 듣기

Chap02_11A

초초반 + General MP	❶ Alright, this one's pretty easy for me. ❷ Whenever I need to make an appointment, I always just tell my personal secretary. ❸ That's all. ❹ That simple.
Body	❺ Yeah so, basically, if I need a doctor's appointment? ❻ "Hey secretary, I need a doctor's appointment." ❼ If I have a toothache? ❽ "Hey secretary, I need a dentist appointment." ❾ What a perfect process... system... that we have here. ❿ She makes my life so easy and so good. ⓫ Because without her, my life would be in ruins. ⓬ I have a goldfish memory... ⓭ And so, any important appointment that I need to make... ⓮ I just simply tell my secretary. ⓯ And she reminds me whenever I need to be reminded.
Conclusion	⓰ Oh, **by the way**, my secretary... I'm also married to her. ⓱ Uh, please don't tell her that I'm calling her my "secretary." ⓲ You know what I mean.

❶ 아, 이건 저에게는 아주 쉬운 질문이네요. ❷ 저는 예약을 해야 할 때마다 항상 개인 비서에게 말합니다. ❸ 그게 다예요. ❹ 정말 간단하죠. ❺ 그러니까, 대개 만약 병원 예약이 필요하다면? ❻ "비서, 병원 예약 좀 해줘." ❼ 만약 치통이 있다면? ❽ "비서, 치과에 가야 될 것 같아."라고 하면 돼요. ❾ 이 얼마나 완벽한 예약 시스템입니까. ❿ 제 비서는 제 삶을 너무 쉽고 좋게 만들어줘요. ⓫ 만약 그녀가 없었다면, 제 인생은 엉망이 되었을 테니까요. ⓬ 제 기억력은 금붕어 기억력이거든요… ⓭ 그래서, 중요한 약속을 잡아야 한다면… ⓮ 그냥 간단히 비서에게 말해요. ⓯ 그리고 그녀는 제가 기억해내야 할 때가 되면 저한테 다시 말해줘요. ⓰ 아 그런데 말이죠, 제 비서는… 저와 결혼한 사람이에요. ⓱ 제가 아내를 '비서'라고 부른다고 그녀에게 얘기하면 안 돼요. ⓲ 제 말 무슨 말인지 알죠?

Useful Expressions

- ❶ This one's pretty easy for me. 이건 저에게 아주 쉬운 질문이네요. 초초반 꿀표현
- ❷ Whenever I ~ ~할 때 항상
- ❺ a doctor's appointment 병원 예약
  *많은 학생들은 한국어를 그대로 영어로 바꿔서 a hospital appointment, I need to go to a hospital.이라고 합니다. 하지만 영어에서는 a doctor's appointment, I need to go to see a doctor.이라고 하는 게 자연스럽습니다.
- ⓫ be in ruins 엉망이 되다
- ⓬ a goldfish memory 금붕어 기억력

CHAPTER 02 Habit

IMPORTANT LESSON

⑯ Oh, by the way, my secretary... I'm also married to her.

이 표현은 줄임말이 있을 정도로 매우 자주, 수시로 쓰입니다.

by the way = btw

특히, 중요한 말을 하고 있다는 것을 상대방에게 알릴 때, 혹은 화제를 전환할 때 사용하기 좋아요. 또한, 문장을 정리하는 역할을 함으로써 듣는 사람의 주의도 끌어낼 수 있습니다.

저는 답변을 독특하게 하려고 노력했어요. '개인 비서'가 있다고 했지만, 결국 그 비서는 제 아내였던 거죠! 채점자에게 이것이 농담이라는 힌트를 주기 위해 btw를 썼고, 농담이었다는 것을 분명하게 밝혔습니다. btw는 문장 끝부분에도 사용할 수 있어요.

EXAMPLES:

- My secretary... I'm also married to her, **btw**.

하지만 채점자에게 더 큰 임팩트를 주기 위해서는 btw를 문장 첫 부분에 사용하는 것을 추천합니다. 문장 끝에 사용하면 전달력이 떨어질 수도 있거든요. 물론 상황에 따라서 꼭 문장 끝부분에 써야 할 때도 있습니다. 전달하고자 하는 말이 무엇이냐에 따라 문장의 첫 부분에 쓰는 게 좋을 때도 있고, 끝부분에 쓰는 게 좋을 때도 있습니다.

AL 학생이 직접 만든 예시 btw 사용해 보기

Housing 거주지

My cute little brother is always lying on my sofa. And I always lie next to him so I can hug him all day long. Even though he loves to destroy my sofa by using his claws, I can't stop loving him. Oh, **by the way**, my little brother... he's my pet cat.

제 귀여운 남동생은 항상 소파에 누워 있어요. 그리고 저도 하루 종일 걔를 안고 있기 위해 늘 옆에 누워 있죠. 비록 제 남동생이 발톱으로 소파를 망가뜨리는 걸 좋아하긴 해도, 걔를 사랑하지 않을 수 없어요. 아, 참고로, 제 남동생은··· 고양이입니다.

Cafés 카페

I go to cafés on a daily basis. Yeah, I'm highly addicted to coffee. **By the way**, I drink five cups of Starbucks a day. Not even kidding! That's probably why I'm so broke these days...

저는 카페에 매일 가요. 네, 커피에 심하게 중독되었어요. 그런데 있잖아요, 전 하루에 스타벅스를 다섯 잔 마셔요. 농담이 아니에요! 그래서 요즘 빈털터리가 됐나 봐요···

12 Banks 은행

QUESTION

Chap02_12Q

What do you do from the moment you walk into the bank until you walk out? Tell me everything that goes on when you visit the bank.

당신은 은행에 들어가는 순간부터 나갈 때까지 무엇을 하나요? 은행에 방문할 때 무슨 일이 일어나는지 모두 말해 주세요.

질문을 들을 때, 꼭 해야 하는 것! ☆질문은 꼭! 2번 들으세요.

질문을 처음 들을 때: 무엇을 물어보는 질문인지, 어떤 카테고리인지 생각해 보기

질문을 두 번째 들을 때: 나의 General MP는 무엇인지 행동 단어 위주로 생각해 보기 (General MP, 행동 단어)

질문을 처음 들을 때

무엇을 물어보는 질문인가? ________________

이 질문은 어떤 카테고리인가? ________________

질문을 두 번째 들을 때

General MP? ________________

행동 단어? ________________

오픽노잼의 예시

질문을 처음 들을 때

- 무엇을 물어보는 질문인가? *banks*
- 이 질문은 어떤 카테고리인가? *habit*

질문을 두 번째 들을 때

- General MP? ❸ *But whenever I do go, I always **bring** my wife along.*
- 행동 단어? *bring*

오픽노잼의 답변

답변 듣기

Chap02_12A

초초반 + General MP	❶ Alright, I gotta admit it's quite rare that I actually go to a bank. ❷ Because I prefer online banking? ❸ But whenever I do go, I always bring my wife along. ❹ Because I'm kind of useless myself.
Body	Quick Comparison Strategy ❺ You see, in the past, whenever I tried to go to a bank myself to get important things done. ❻ I always messed up, somehow. ❼ And so, now, I learned my lesson. ❽ When something important needs to be done at a bank, my wife needs to also be there. (my wife also needs to be there이 더 정확합니다. 오류라고 보기는 어렵지만, my wife also가 더 부드럽고 자연스럽게 들려요. 한 번 더 녹음할 기회가 있었다면 my wife also needs to be there라고 했을 거예요.) ❾ It's that simple. ❿ And magically, things get done when my wife is involved. ⓫ They ask me a question... I look at my wife... **POOF!** It's done. ⓬ They need me to do something... I simply look at my wife. BOOM! It's done. ⓭ And so, she really makes my life so much easier.
Conclusion	⓮ Thank you, wifey.

❶ 좋아요, 사실 전 은행에 (직접) 가는 일이 거의 없어요. ❷ 온라인 뱅킹을 선호하기 때문이랄까요? ❸ 하지만 은행에 갈 때에는, 무조건 제 아내와 함께 갑니다. ❹ 왜냐하면 저는 혼자서는 할 줄 아는 게 아무것도 없는 사람이거든요. ❺ 그런데 있잖아요, 예전에는 은행에서 중요한 업무를 볼 때면 혼자 갔거든요. ❻ 왜 그런지 모르겠는데, 항상 일이 꼬이더라고요. ❼ 그래서 이제 전 교훈을 얻었죠. ❽ 은행에서 중요한 일을 할 때는, 꼭 아내와 같이 있어야 하는구나. ❾ 아주 간단해요. ❿ 또 신기하게도, 아내만 같이 있으면 일이 완벽하게 끝납니다. ⓫ 은행에서 뭔가 물어보면… 저는 제 아내를 쓱 봐요… 짠! 끝났어요. ⓬ 은행 직원이 저에게 뭔가를 하라고 주면… 그냥 아내를 쓱 봐요. 짠! 끝났어요. ⓭ 이렇게 해서, 제 아내는 정말로 저의 삶을 훨씬 더 쉽게 만들어 준답니다. ⓮ 고마워, 여봉.

Useful Expressions

- ❶ I gotta admit ~ ~를 인정해야 해요
  *(have) got to를 빨리 발음해서 gotta라고 많이 씁니다. 뜻은 have to와 비슷해요.
- ❻ mess up (일을) 망치다
- ❾ It's that simple. (그렇게) 간단해요.
- ⓫ It's done. (일이) 끝났어요.
- ⓮ wifey *wife를 귀엽게 부를 때 wifey라고 하기도 합니다. 한국말로 하면 '여봉' 느낌이에요.

IMPORTANT LESSON

⑩ And magically, things get done when my wife is involved.
⑪ They ask me a question... I look at my wife... **POOF**! It's done.

저는 이 단어의 '소리'가 너무 좋더라고요. 이런 종류의 단어를 뜻하는 용어도 있죠(의성어: onomatopoeia). 이 '의성어' 전략을 사용하면, 다른 평범한 답변과는 달리 여러분의 답변은 아주 돋보일 거예요. 믿어보세요! 이 전략의 좋은 예시 중 하나인 poof는 다양한 상황에서 사용할 수 있습니다. 저는 아내만 같이 있으면 '모든 일이 마법처럼 해결된다'는 것을 한 단어로 표현하고 있어요. "POOF! It's done."

poof를 빼놓고 보면, 문장의 임팩트가 줄어든다는 걸 알 수 있죠. 종종 이런 사운드 효과를 넣어보세요. 그럼 답변이 훨씬 재밌어질 거예요!

EXAMPLE:

- My wife was eating her steak, and next thing you know, **POOF**, it was gone! I couldn't believe it!
  아내가 스테이크를 먹고 있었어요. 그런데 어느 순간에, 휙, 스테이크가 없어졌어요! 믿을 수가 없었습니다!

AL 학생이 직접 만든 예시 POOF 사용해 보기

Music 음악

It doesn't matter where I am. When I put on my airpods... **POOF**! I'm at a live concert.

제가 어디에 있든 상관없어요. 에어팟을 끼면… 짠! 저는 라이브 콘서트에 와 있죠.

Appointments 예약

Well, I think whenever I need to make an appointment, I always use my smartphone. All I have to do is turn on my phone and... **POOF**! It's all done!

글쎄요, 제 생각에 저는 예약을 할 때마다, 늘 스마트폰을 이용하는 것 같아요. 그냥 휴대폰만 켜면… 짠! 모든 게 끝!

13 Bars 술집/바

QUESTION

문제 듣기

Chap02_13Q

What is a typical routine for a bartender? How do they start their day? What do they do while they work? How do they end their day?

바텐더의 보통의 일상은 어떤가요? 어떻게 하루를 시작하나요? 일하는 동안 무엇을 하나요? 하루를 어떻게 마무리하나요?

질문을 들을 때, 꼭 해야 하는 것! ☆질문은 꼭! 2번 들으세요.

질문을 처음 들을 때: 무엇을 물어보는 질문인지, 어떤 카테고리인지 생각해 보기

질문을 두 번째 들을 때: 나의 General MP는 무엇인지 행동 단어 위주로 생각해 보기 (General MP, 행동 단어)

질문을 처음 들을 때

무엇을 물어보는 질문인가? ______________________

이 질문은 어떤 카테고리인가? ______________________

질문을 두 번째 들을 때

General MP? ______________________

행동 단어? ______________________

오픽노잼의 예시

질문을 처음 들을 때

- 무엇을 물어보는 질문인가? *bars*
- 이 질문은 어떤 카테고리인가? *habit*

질문을 두 번째 들을 때

- General MP? ❸ *My best guess is that a bartender has to be **focused**...* ❹ *Right from the beginning till the end in **making** fast drinks.*
- 행동 단어? *focused, making*

오픽노잼의 답변

답변 듣기

Chap02_13A

초초반 + General MP	❶ Alright, I can surely tell you that I am no bartender. ❷ And so, I don't really know. ❸ My best guess is that a bartender has to be focused... ❹ Right from the beginning till the end in making fast drinks.
Body	❺ That's pretty much it. ❻ Because if you're slow with making your drinks... ❼ You're gonna get a very unsatisfied customer at the other side of the bar table. ❽ And you know what? ❾ That's a lose-lose situation. ❿ Why? ⓫ Because you're not gonna get tips. ⓬ And so, that is why no matter what you do... ⓭ From start to finish... ⓮ As soon as you enter the bar and as soon as you leave... ⓯ All the way through, you gotta be fast at what you do. ⓰ Then you're gonna put a smile in the customer's face. ⓱ Because "customer's king," **as they say.**
Conclusion	⓲ You're gonna get your tip... ⓳ And it's gonna be a win-win situation. ⓴ End of story.

❶ 좋아요. 일단 저는 바텐더가 아니라는 걸 분명히 말씀 드려요. ❷ 그래서 사실 잘 몰라요. ❸ 제가 최대한 추측해 보기로는 바텐더는 집중해야 하는 것 같아요… ❹ 처음부터 끝까지 빠르게 음료를 만드는 것에 말이죠. ❺ 아마 그 정도가 아닐까 싶어요. ❻ 바텐더가 음료를 천천히 만든다면… ❼ 손님이 불만이 가득한 채로 바 테이블 건너편에 앉아서 기다리겠죠. ❽ 그리고 그거 아세요? ❾ 그건 양쪽 모두가 손해 보는 상황이에요. ❿ 왜냐고요? ⓫ 그럼 팁을 받을 수 없기 때문이죠. ⓬ 그렇기 때문에 무슨 일이 있더라도… ⓭ 처음부터 끝까지… ⓮ 바에 들어가는 순간부터 나올 때까지… ⓯ 끝까지 쉴 새 없이 일을 빨리빨리 해야 합니다. ⓰ 그렇게 하면 손님들을 만족시킬 수 있을 거예요. ⓱ 왜냐하면 '손님이 왕'이라고 하잖아요. ⓲ 당신은 팁을 받을 거고… ⓳ 그럼 양쪽 모두에게 득이 되는 상황인 거죠. ⓴ 말 다 했죠.

Useful Expressions

- ❶ I am no ~. 나는 ~가 아니다. * 문법적으로는 틀렸지만, 슬랭으로 아주 많이 쓰는 표현입니다. I am not a/an ~과 같은 뜻입니다.
- ❸ my best guess (내가 생각하기에) 가장 설득력 있는 추측
- ❹ right from the beginning till the end 처음부터 끝까지
- ❺ That's pretty much it. 대충 그 정도예요., 대충 여기까지예요.
- ⓭ from start to finish 시작할 때부터 끝날 때까지

CHAPTER 02 Habit

IMPORTANT LESSON

⑰ Because "customer's king," **as they say.**

격언, 속설 등 사람들 사이에서 많이 쓰이는 말을 인용해야 할 때가 있습니다. "왜, 그런 말 있잖아", "다들 그러잖아"와 같은 표현을 이용하여 말하곤 하죠. 오픽도 똑같아요. 이 전략을 쓸 만한 상황이라면, 당연히 쓰는 게 좋습니다! 답변의 질이 확 좋아질 거예요. 저는 문장의 끝부분에 as they say를 사용했습니다. "손님은 왕이다"라는 말은 아주 오래전부터 사용되어서 모르는 사람이 없잖아요. 손님을 대하는 태도가 얼마나 중요한지를 반영하는 말이죠. as they say를 문장 끝부분에 사용함으로써 채점자의 공감을 이끌어 낼 수 있습니다. 문장 끝부분 말고 다른 곳에 사용하는 것도 가능해요.

EXAMPLES:

- Because "customer's king," **as they say**.
- Because, **as they say**, ... "customer's king."
- You know **what they say**... "customer's king."

AL 학생이 직접 만든 예시 as they say 사용해 보기

Bars 술집/바

I don't really know about them, honestly. But here's my theory. If you don't spend a lot of money, they'll treat you like any other customer. But if you splash out, then they'll treat you like royalty, you know what I mean? "Money can buy everything," **as they say**.

거기 바텐더들에 대해 사실은 잘 몰라요. 근데 제 이론은 이래요. 돈을 많이 쓰지 않은 손님들은 그냥 다른 손님들과 똑같이 대하겠죠. 근데 돈을 펑펑 쓰는 손님은 왕처럼 대접할 거예요. 무슨 말인지 알죠? '돈으로 다 살 수 있다' 이런 말 있잖아요.

Cafés 카페

Whenever I go to Starbucks, I always order through their app. I don't want to wait in a long line-up to order my coffee. You know **what they say**, "Time is money."

저는 스타벅스에 갈 때마다 항상 앱으로 주문을 해요. 커피를 주문하기 위해 줄 서서 오래 기다리고 싶지 않거든요. 사람들이 그러잖아요. "시간은 돈이다."

14 Beaches 해변

CHAPTER 02 Habit

QUESTION

문제 듣기

Chap02_14Q

What kinds of things do you like to do when you go to the beach? Tell me about the activities you typically do when you go to the beach.

당신은 해변에 가면 무엇을 하는 것을 좋아하나요? 해변에 갈 때 주로 하는 활동을 말해 주세요.

질문을 들을 때, 꼭 해야 하는 것! ☆질문은 꼭! 2번 들으세요.

- **질문을 처음 들을 때:** 무엇을 물어보는 질문인지, 어떤 카테고리인지 생각해 보기
- **질문을 두 번째 들을 때:** 나의 General MP는 무엇인지 행동 단어 위주로 생각해 보기 (General MP, 행동 단어)

질문을 처음 들을 때

무엇을 물어보는 질문인가? ______________________

이 질문은 어떤 카테고리인가? ______________________

질문을 두 번째 들을 때

General MP? ______________________

행동 단어? ______________________

오픽노잼의 예시

질문을 처음 들을 때

- 무엇을 물어보는 질문인가? *beaches*
- 이 질문은 어떤 카테고리인가? *habit*

질문을 두 번째 들을 때

- General MP? ❷ *The only thing that is important to me when I **go to** a beach is to **put on** my sunglasses.*
- 행동 단어? *go to, put on*

오픽노잼의 답변

답변 듣기

Chap02_14A

초초반 + General MP	❶ Let me tell you this. ❷ The only thing that is important to me when I go to a beach is to put on my sunglasses.
Body	❸ Because let's be real... ❹ Putting on your sunglasses entails a lot of things. ❺ Especially being able to view a lot of sexy ladies without being judged... ❻ And without feeling like a complete pervert. ❼ You're free to view whatever you want... ❽ And no one will say anything about it. ❾ Listen, **I don't care** about swimming or building sand castles. ❿ **I don't care** about any of that. ⓫ I'm a big boy now... ⓬ And I like to do big boy things with my sunglasses. ⓭ The thicker... the darker they are, the better.
Conclusion	⓮ And that's all I gotta say about this.

문맥상 entails가 아닌 helps with가 정확합니다. entail은 involve '수반하다'의 의미입니다. 무슨 이유에서인지, 녹음할 당시에는 involve가 들어가면 말이 된다고 생각했어요. 문맥상 helps with가 훨씬 부드럽습니다.

❶ 이 말을 꼭 하고 싶어요. ❷ 해변에 갈 때 저에게 가장 중요한 일은 선글라스를 쓰는 것밖에는 없습니다. ❸ 왜냐하면, 우리 솔직해져 봐요… ❹ 선글라스를 쓰는 것은 많은 것을 의미해요. ❺ 특히 주변에 많은 섹시한 여자들을 눈치 안 보고 구경할 수 있는 것이요… ❻ 그러면서도 순전히 변태처럼 느껴지지도 않고요. ❼ 원하는 것을 자유롭게 볼 수 있어요… ❽ 그리고 아무도 뭐라고 하지 않을 거예요. ❾ 잘 들어봐요, 저는 수영이나 모래성 쌓기 같은 건 전혀 관심이 없어요. ❿ 그 어떤 것도 다 필요 없어요. ⓫ 저는 이제 어린애가 아니잖아요… ⓬ 그냥 저는 선글라스나 끼고 다 큰 성인이 하는 일을 즐길래요. ⓭ 선글라스가 두꺼울수록… 어두울수록 더 좋아요. ⓮ 제가 하고 싶은 말은 여기까지입니다.

Useful Expressions

- ❷ The only thing that is important to me is ~ 나에게 중요한 것은 ~밖에 없다
- ❸ Let's be real. 솔직해져 봅시다.
- ❺ without being judged 남에게 평가받지 않고, 눈치 보지 않고
- ❻ without feeling like a complete pervert 순전히 변태처럼 느껴지지 않고
- ❼ be free to 자유롭게 ~하다
- ⓫ I'm a big boy now. 저는 이제 다 큰 어른이에요. (어린애가 아니에요.)

IMPORTANT LESSON

❾ **Listen, I don't care** about swimming or building sand castles.
❿ **I don't care** about any of that.

어떤 것 외에 다른 것은 관심이 없다는 걸 보여주면, 진짜로 관심 있어 하는 것(MP)이 무엇인지 강조할 수 있습니다. 저는 해변에 갈 때, 선글라스를 챙기는 게 얼마나 중요한지 이야기하고 있습니다. 이유는 간단해요. 선글라스를 쓰면 아무한테도 들키지 않고 섹시한 여자들을 구경할 수 있거든요. 선글라스를 가져가는 것 말고는 아무것도 관심 없다는 것을 언급함으로써, 자연스럽게 더 많은 이야기를 할 수 있게 되죠. '수영에도 관심 없고, 모래성에도 관심 없고, 여자 구경하는 것에만 관심이 있다.' 이렇게요.

보통 학생들은 여러 가지(선글라스, 수영, 모래성)를 나열합니다. 이렇게 하면 MP가 3개나 되는 것처럼 들려요. 하지만 이 전략을 사용하면, MP(선글라스)가 하나인 깔끔한 답변이 되는 동시에 디테일(수영, 모래성)을 추가함으로써 MP를 더 강조할 수 있습니다. 또한 '컨트롤' 능력도 보여줄 수 있어요. 디테일을 추가함으로써, 채점자가 "이 학생은 다른 것에 대해서 이야기할 능력도 있지만 어쨌든 다시 MP로 돌아와서 이야기하고 있네. 이 답변 깔끔하군."이라고 생각하게 하는 겁니다. 이 전략을 확실히 이해하고 I don't care를 사용한다면 확실히 플러스 점수를 받게 될 거예요!

AL 학생이 직접 만든 예시 I don't care 전략 사용해 보기

Housing 거주지

You see, no matter what day it is, all I do at home is sleep. **I don't care** about the dishes... **I don't care** about the cleaning... Home is all about sleeping, at least for me.

무슨 요일이든지 간에, 제가 집에서 하는 일이라고는 잠자는 것뿐이에요. 설거지도 신경 안 쓰고… 청소도 신경 안 쓰고… 저한테 집은 그냥 잠자는 곳이에요.

Cafés 카페

Personally, a café is not a café unless their coffee is prime. **I don't care** about their price... **I don't care** about their cakes... All I care about is their coffee. You know what I mean?

개인적으로, 카페의 커피가 고급이 아니면 카페도 아니라고 생각해요. 가격도 신경 안 쓰고… 케이크도 신경 안 써요… 전 오직 커피만 신경 써요. 무슨 말인지 알겠죠?

15 Cafés 카페

QUESTION

문제 듣기

Chap02_15Q

What do you normally do when you go to coffee shops? Do you have meetings or gatherings there? Tell me what you like to do.

당신은 카페에 가면 보통 무엇을 하나요? 그곳에서 회의나 모임을 갖나요? 뭘 하는 걸 좋아하는지 말해 주세요.

질문을 들을 때, 꼭 해야 하는 것! ☆질문은 꼭! 2번 들으세요.

질문을 처음 들을 때: 무엇을 물어보는 질문인지, 어떤 카테고리인지 생각해 보기

질문을 두 번째 들을 때: 나의 General MP는 무엇인지 행동 단어 위주로 생각해 보기 (General MP, 행동 단어)

질문을 처음 들을 때

무엇을 물어보는 질문인가? ____________________

이 질문은 어떤 카테고리인가? ____________________

질문을 두 번째 들을 때

General MP? ____________________

행동 단어? ____________________

오픽노잼의 예시

질문을 처음 들을 때

- 무엇을 물어보는 질문인가? *cafés*
- 이 질문은 어떤 카테고리인가? *habit*

질문을 두 번째 들을 때

- General MP? ❶ *You know, personally, I think a café is the best place to vent.*
- 행동 단어? *vent*

오픽노잼의 답변

답변 듣기

Chap02_15A

초초반 + General MP	❶ You know, personally, I think a café is the best place to vent.
Body	❷ You could bring your wife... ❸ You could bring a friend... ❹ Doesn't matter who. ❺ But as long as you're talking with someone. ❻ For some reason, at a café, you're more free to talk about anything and everything. ❼ You could be complaining about your boss... ❽ You could be complaining about life... ❾ Doesn't matter. ❿ You just voice your opinion... ⓫ You just let it all out... ⓬ And all of a sudden, your stress simply vanishes. ⓭ And you're doing all that with some coffee and cake, of course. ⓮ And that just makes the conversation a lot more pleasant. ⓯ At least that's how I feel, anyway.
Conclusion	⓰ If I go to a... a café myself, then that's a different story. ⓱ But I usually do bring someone along and we have a fantastic time.

❶ 개인적으로, 저는 카페가 기분 전환하기에 가장 좋은 곳이라고 생각합니다. ❷ 아내와 같이 갈 수도 있고요… ❸ 친구랑 같이 갈 수도 있어요… ❹ 누구랑 가는지는 중요하지 않아요. ❺ 누군가와 이야기를 나눌 수만 있다면 말이죠. ❻ 무슨 이유에서인지, 카페에서는 무엇이든 더 자유롭게 이야기할 수 있어요. ❼ 상사에 대한 불평을 할 수도 있고요… ❽ 삶에 대해 불평할 수도 있죠… ❾ 뭐든 상관없어요. ❿ 그냥 당신의 생각을 소리 내서 얘기하면 돼요… ⓫ 그냥 다 쏟아내면 돼요… ⓬ 그러면 어느 순간 갑자기, 스트레스가 사라질 거예요. ⓭ 그리고 물론, 그 모든 걸 커피와 케이크도 함께 하죠. ⓮ 그러면 대화가 훨씬 더 즐거워져요. ⓯ 어쨌든, 적어도 저는 그렇게 느껴요. ⓰ 만약 저 혼자서 카페에 간다면, 또 이야기가 달라지죠. ⓱ 하지만 보통은 누군가와 함께 가서 좋은 시간을 보냅니다.

Useful Expressions

- ❶ vent 통풍구, 감정을 터뜨리다 *여기서는 '기분 전환하다'라고 자연스럽게 의역했습니다.
- ❺ as long as ~하는 한
- ❻ for some reason 무슨 이유에서인지
- ⓫ let it all out 다 쏟아내다
- ⓬ vanish (갑자기) 사라지다, 없어지다
- ⓯ At least that's how I feel, anyway. 어쨌든, 적어도 저는 그렇게 느껴요.
- ⓱ bring someone along 누군가를 데려가다, 누군가와 함께 가다

IMPORTANT LESSON

❷ **You could** bring your wife...

❸ **You could** bring a friend...

실제로 일어나지는 않았지만 일어날 법했던 일을 설명하는 것은 커뮤니케이션 능력을 보여줄 수 있는 아주 좋은 전략입니다. 채점자가 상상하면서 들을 수 있죠. 이는 오픽에서 높은 점수를 받을 수 있는 강력한 무기입니다. 제 답변에서는 you could 표현을 사용해 이 전략을 적용해 봤어요. 조금만 연습해 보면, 너무 쉬워서 놀랄걸요? 이 전략을 마스터하면 답변이 훨씬 더 부드럽게 들릴 거예요. you can이라고도 할 수 있으니 함께 알아두세요.

EXAMPLES:

- **You could** bring your wife...
- **You** probably **could** bring your wife...
- It's likely that **you could** bring your wife...
- It's possible that **you could** bring your wife...
- Maybe **you could** bring your wife...

AL 학생이 직접 만든 예시 You can/could **표현 사용해 보기**

Housing 거주지

You could have lunch... **You could** watch some Netflix... **You could** even bring your boyfriend... I'll leave the rest to your imagination.

점심을 먹을 수도 있고… 넷플릭스를 볼 수도 있고… 남자 친구를 데려올 수도 있고… 나머지는 상상에 맡길게요.

Cafés 카페

I always bring my laptop whenever I go to cafés. It's perfect for whenever you want to watch something. **You can** watch YouTube... **You can** watch some Netflix... Heck, you can even do some online shopping. Why not!

저는 카페에 갈 때마다 항상 노트북을 챙겨 가요. 뭔가를 보고 싶을 때마다 볼 수 있으니까 정말 좋아요. 유튜브도 볼 수 있고… 넷플릭스도 볼 수 있고… 온라인 쇼핑도 할 수 있어요. 왜 안 되겠어요!

16 Housing 거주지

CHAPTER 02 Habit

QUESTION

문제 듣기
Chap02_16Q

What is your normal routine at home? What things do you usually do on weekdays, and what kinds of things do you do on weekends?

당신은 집에 있을 때 보통 일과가 어떤가요? 평일에는 주로 어떤 일을 하고, 주말에는 어떤 일을 하나요?

질문을 들을 때, 꼭 해야 하는 것! ☆질문은 꼭! 2번 들으세요.

- **질문을 처음 들을 때:** 무엇을 물어보는 질문인지, 어떤 카테고리인지 생각해 보기
- **질문을 두 번째 들을 때:** 나의 General MP는 무엇인지 행동 단어 위주로 생각해 보기 (General MP, 행동 단어)

질문을 처음 들을 때

무엇을 물어보는 질문인가? ____________________

이 질문은 어떤 카테고리인가? ____________________

질문을 두 번째 들을 때

General MP? ____________________

행동 단어? ____________________

오픽노잼의 예시

질문을 처음 들을 때

- 무엇을 물어보는 질문인가? *housing*
- 이 질문은 어떤 카테고리인가? *habit*

질문을 두 번째 들을 때

- General MP? ❸ *You see, during the week, **all I do** is eat, sleep, and work.*
  ❻ *Simply because I get **to study** cryptocurrencies.*
- 행동 단어? *all I do is, to study*

오픽노잼의 답변

답변 듣기

Chap02_16A

초초반 + General MP

❶ OK, this one's pretty easy.
❷ I got this.
❸ You see, during the week, all I do is eat, sleep, and work.
❹ That's it.
❺ But the weekend... that's where things get more interesting.
❻ Simply because I get to study cryptocurrencies.
❼ Love it!

Body

❽ Basically, I want to make money and **I'm sure you do as well.**
❾ And so, I'm constantly looking forward to the weekend so that I could study some more.
❿ I recently got into this because...

Quick Comparison Strategy

⓫ Back in the days, I always thought cryptocurrencies, like, you know, bitcoin and whatever...
⓬ Was a huge risk.

앞 문장의 cryptocurrencies가 복수형이기 때문에 was가 아닌 were이 맞습니다. 바로 다음에 bitcoin을 말해서 헷갈렸나 봐요. 저도 종종 이런 아주 작은 실수를 한답니다.

⓭ But these days, I'm starting to realize that it's the only way for normal people like us to make bank.
⓮ To get rich.
⓯ And so, I have this huge hope.
⓰ I'm studying some more, of course.
⓱ Trying to reduce the risk and be smart with all of this.

Conclusion

⓲ And so, I mean, hey.
⓳ Wish me luck!
⓴ We'll see what happens in the future.

❶ 자, 이번 질문은 꽤 쉽네요. ❷ 이건 정말 저를 위한 질문이에요. ❸ 있잖아요, 주중에 제가 하는 일은 먹고, 자고, 일하는 것뿐입니다. ❹ 그게 다예요. ❺ 하지만 주말에는… 얘기가 더 재미있어지죠. ❻ 왜냐하면 제가 암호 화폐를 공부하게 되었거든요. ❼ 너무 재밌어요! ❽ 기본적으로, 저는 돈을 벌고 싶어요, 그리고 당신도 그럴 거라고 확신해요. ❾ 그렇기 때문에, 계속 계속 주말이 기다려져요, 주말이 되어야 공부를 더 많이 할 수 있거든요. ❿ 최근에 이것에 빠진 이유는요… ⓫ 예전에는 비트코인, 기타 등등의 암호 화폐에 대해 생각했어요… ⓬ 너무 위험하다고요. ⓭ 하지만 요즘은, 암호 화폐가 저와 같은 평범한 사람들이 돈을 많이 벌 수 있는 유일한 방법이라는 걸 깨닫기 시작했어요. ⓮ 부자가 되려면 말이죠. ⓯ 그래서, 저는 이런 큰 바람을 가지고 있어요. ⓰ 물론, 더 많은 공부를 하고 있죠. ⓱ 위험을 줄이고 이 분야에 대해 현명해지려고 노력한답니다. ⓲ 그러니까 제 말은, 저기요. ⓳ 행운을 빌어주세요! ⓴ 앞으로 무슨 일이 일어날지 한번 두고 보자고요.

Useful Expressions

- ❷ I got this. 해결할 수 있어요., 해 볼게요.
- ❸ during the week 주중에
- ❹ That's it. 그게 다예요.
- ❿ I recently got into ~ 최근에 ~에 빠졌어요
- ⓳ Wish me luck! 행운을 빌어주세요!
- ⓴ We'll see ~ (어떻게 될지) 한번 두고 봅시다

IMPORTANT LESSON

❽ Basically, I want to make money and **I'm sure you do as well.**

많은 학생들이 Ava에게 말을 거는 것을 좋아해요. 이게 안 좋다는 건 전혀 아닙니다. 오히려 강력하게 추천해요! 하지만 대부분 "Ava, 너 돈 좋아해?" 이렇게 직접적으로 질문을 합니다. 이런 식의 질문은 Ava가 반드시 대답해야 하는 질문이에요. 하지만 우리는 대답을 듣지 못할 거라는 걸 다 알고 있잖아요! 그렇기 때문에 Ava에게 '직접적으로' 질문을 하는 것은 절대 추천하지 않습니다. Ava의 이름을 부르지도 마세요. 이 전략을 잘못 사용하면, 정말 스크립트처럼 들릴 거예요!

저는 돈에 대해 이야기하면서 Ava에게 "당신도 그럴 거라고 확신해요."라고 했습니다. Ava의 대답을 요구한 말이 아니었죠. Ava가 동의할 것이라는 걸 이미 알고 있으니까요. 예시를 몇 개 더 보여줄게요.

EXAMPLES:

- I'm sure you do as well.
- I'm pretty sure you do as well.
- I'm pretty darn sure you do as well.
- I'm confident you do as well.
- I'm positive you do as well.

AL 학생이 직접 만든 예시 Ava에게 말 걸기 전략 알맞게 사용해 보기

Beaches 해변

The only thing that is important to me when I go to a beach is to put on some sunscreen. **I'm pretty sure you feel the same way.** I mean, who likes to get sunburned, right?

해변에 갈 때 제가 중요하게 생각하는 딱 한 가지는 선크림 바르기예요. 당신도 똑같이 생각할 거라고 꽤 확신합니다. 제 말은, 새까맣게 타고 싶은 사람이 어디 있겠어요, 그렇죠?

Banks 은행

Oh, come on, what kind of question is this? Who would actually go to a bank in this day and age? Most of us prefer online banking. **I'm confident you do as well.**

헐, 에이, 무슨 질문이 이래요? 요즘 누가 직접 은행에 가나요? 대부분은 온라인 뱅킹을 더 좋아하죠. 당신도 그럴 거라고 확신해요.

17 Music 음악

QUESTION

문제 듣기

Chap02_17Q

When and where do you usually go to listen to music? Do you listen to the radio? Do you go to concerts? Tell me about the different ways you enjoy music.

보통 언제, 어디로 음악을 들으러 가나요? 라디오를 듣나요? 콘서트에 가나요? 당신이 음악을 듣는(즐기는) 다양한 방법에 대해 말해 주세요.

질문을 들을 때, 꼭 해야 하는 것! ☆질문은 꼭! 2번 들으세요.

질문을 처음 들을 때: 무엇을 물어보는 질문인지, 어떤 카테고리인지 생각해 보기
질문을 두 번째 들을 때: 나의 General MP는 무엇인지 행동 단어 위주로 생각해 보기 (General MP, 행동 단어)

질문을 처음 들을 때

무엇을 물어보는 질문인가? ______

이 질문은 어떤 카테고리인가? ______

질문을 두 번째 들을 때

General MP? ______

행동 단어? ______

오픽노잼의 예시

질문을 처음 들을 때

- 무엇을 물어보는 질문인가? *music*
- 이 질문은 어떤 카테고리인가? *habit*

질문을 두 번째 들을 때

- General MP? ❸ *YouTube.*
- 행동 단어? X

이 답변은 특이한 경우로 MP에 General MP를 말하지 않고 '한 단어 전략'을 사용했습니다. 그래서 General MP에 행동 단어가 없어요. 이 전략을 쓰고 싶다면, 최대 1번만 사용하세요.

오픽노잼의 답변

답변 듣기

Chap02_17A

초초반 + General MP	❶ Well, okay! ❷ I can answer this question with just one word. ❸ YouTube.
Body	❹ That's right! ❺ It doesn't matter what I'm doing. ❻ I could be driving... I turn on YouTube. ❼ I could be cleaning... I turn on YouTube. ❽ I could even be studying... I turn on YouTube. ❾ And I always have my smartphone with me at all times. ❿ No matter what I'm doing... ⓫ No matter where I am... ⓬ So, I think it's just so wonderful that I have this YouTube app. ⓭ Ready for me to turn on and play whatever music I'm feeling and I'm wanting to listen to. ⓮ So, I think that's pretty cool. Quick Comparison Strategy ⓯ Um, back in the days, it wasn't always like this, of course. ⓰ Um, actually, I hardly ever used YouTube. ⓱ I always had like an MP3 player or a CD player like really long time ago. ⓲ But, these days, everything has changed.
Conclusion	⓳ The way I listen to music is using my smartphone by turning on the YouTube app. ⓴ Super easy... ㉑ Super wonderful... ㉒ Thank you, YouTube!

❶ 자, 네! ❷ 저는 이 질문에 딱 한 단어로 대답할 수 있습니다. ❸ 유튜브요. ❹ 맞아요! ❺ 제가 무엇을 하고 있는지는 중요하지 않아요. ❻ 운전을 하면서도… 유튜브를 켜고. ❼ 청소를 하면서도… 유튜브를 켜요. ❽ 심지어 공부를 하고 있을 때도… 유튜브를 켜요. ❾ 그래서 저는 항상 제 스마트폰을 가지고 다닙니다. ❿ 제가 무슨 일을 하고 있든… ⓫ 제가 어디에 있든 상관없어요… ⓬ 그래서, 저는 이 유튜브 앱을 가지고 있다는 게 너무 멋진 일인 것 같아요. ⓭ 언제나 제가 듣고 싶은 음악을 틀 준비가 되어 있으니까요. ⓮ 그렇기 때문에, 저는 이게 진짜 멋지다고 생각해요. ⓯ 음, 당연히 예전에는, 늘 이렇진 않았죠. ⓰ 사실, 저는 유튜브를 거의 이용하지 않았어요. ⓱ 늘 MP3 플레이어나 CD 플레이어를 가지고 있었죠. 그러니까 아주 오래전에 말이에요. ⓲ 하지만 요즘은, 모든 것이 바뀌었죠. ⓳ 제가 음악을 듣는 방법은 바로 스마트폰에 있는 유튜브 앱을 사용하는 거예요. ⓴ 엄청 쉽고… ㉑ 정말 멋지죠… ㉒ 고마워요, 유튜브!

Useful Expressions

- ❷ with just one word 딱 한 단어로
- ❿ No matter what I'm doing. 제가 무슨 일을 하고 있든 상관없어요.
- ⓫ No matter where I am. 제가 어디에 있든 상관없어요.
- ⓮ pretty cool 꽤 멋진
- ⓯ It wasn't always like this. (예전에는) 늘 이렇지(지금 같지) 않았어요.
- ⓰ I hardly ever used ~ ~을 거의 이용하지 않았어요
- ⓲ Everything has changed. 모든 것이 바뀌었어요.

IMPORTANT LESSON

❷ I can answer this question with just one word.
❸ YouTube.

오픽은 문장의 길이에 따라 점수를 매기는 방식의 시험이 아닙니다. 또, 사용한 어휘의 수준에 따라 점수를 매기지도 않습니다. 오픽은 커뮤니케이션 능력을 보는 시험입니다. 솔직히 우리는 감사해야 해요. 짧은 문장? 문제없습니다! 쉬운 어휘? 전혀 문제없어요!

그럼, 커뮤니케이션 능력을 어떻게 보여주면 될까요? 답은 '깔끔함'입니다. 전달하고자 하는 내용의 핵심이 명확한지, 상대방이 이해하기 쉬운 내용인지, 또 처음부터 깔끔하게 이야기를 전개하는지와 같은 것들이 핵심이에요. 제 답변에서 저는 딱 한 단어를 사용해서 깔끔함의 끝을 보여주고 있습니다. 바로 YouTube로 말이죠!

게다가, 채점자에게 "저는 이 질문에 딱 한 단어로 대답할 수 있습니다."라고 미리 언급함으로써 자연스럽게 그 단어에 집중하도록 만들고, 또 나머지 답변도 그 단어에 대한 부연 설명이라는 것을 아주 분명하게 만들어줍니다.

분명함 = 깔끔함
깔끔함 = 높은 점수

이 '한 단어' 전략은 특히 Habit 카테고리 질문 답변 시에 사용하면 좋아요. Habit 질문에 대해서는 full MP가 아닌 general MP만 있으면 되기 때문입니다. 물론 모든 Habit 질문에 이 전략을 사용할 수 있는 것은 아니지만, 연습하다 보면 어떤 질문에 이 전략이 적합한지 자연스럽게 알게 될 거예요. 너무 자주 사용하면 안 좋다는 것만 기억하세요. 한 시험에서 최대 한 번만 사용하는 것을 추천합니다. 더 많이 쓰면 스크립트처럼 들릴 수 있거든요.

AL 학생이 직접 만든 예시 '한 단어' 전략 사용해 보기

Beaches 해변

Let me be clear right from the get-go: **Sunscreen.**

시작부터 깔끔하게 갈게요: 선크림.

Cafés 카페

Let me just start by saying this: **Starbucks.**

이 말로 시작할게요: 스타벅스.

18 Recycling 재활용

QUESTION

문제 듣기

Chap02_18Q

I'd like to know how recycling is practiced in your country. What do people specifically do? Tell me how things are recycled.

당신 나라에서는 재활용이 어떻게 이루어지는지 알고 싶습니다. 사람들은 구체적으로 무엇을 하나요? 어떻게 물건들이 재활용되는지 알려 주세요.

- **질문을 처음 들을 때:** 무엇을 물어보는 질문인지, 어떤 카테고리인지 생각해 보기
- **질문을 두 번째 들을 때:** 나의 General MP는 무엇인지 행동 단어 위주로 생각해 보기 (General MP, 행동 단어)

질문을 처음 들을 때

무엇을 물어보는 질문인가? ______

이 질문은 어떤 카테고리인가? ______

질문을 두 번째 들을 때

General MP? ______

행동 단어? ______

오픽노잼의 예시

질문을 처음 들을 때

- 무엇을 물어보는 질문인가? *recycling*
- 이 질문은 어떤 카테고리인가? *habit*

질문을 두 번째 들을 때

- General MP? ❸ *I mean, I guess a lot of **people recycle** the way they're supposed to.*
  ❹ *And as for me, **I recycle** a whole lot of boxes.*
- 행동 단어? *people recycle, I recycle*

오픽노잼의 답변

답변 듣기

Chap02_18A

초초반 + General MP	❶ OK, I gotta admit, this is probably a question I thought I'd never be asked. ❷ Alright, recycling... ❸ I mean, I guess **a lot of people recycle** the way they're supposed to. ❹ And **as for me, I recycle a whole lot of boxes.**
Body	❺ That's right because my wife loves to shop. ❻ She's an online shopping freak. ❼ And she does that almost on a daily basis. ❽ For real. ❾ Um, but no complaints, of course... ❿ Because... you know what they say. ⓫ "A happy wife is a happy life." ⓬ And so, of course, I recycle a lot of other things as well. ⓭ Glass, paper, cans... whatever. ⓮ And I bring them all down and recycle. ⓯ In the recycling area. ⓰ But I'd say 99% of what we recycle are big smelly boxes.
Conclusion	⓱ Thanks wifey, but I don't mind the job, alright? ⓲ I really don't.

❶ 네, 사실 이 질문은 제가 전혀 예상하지 못한 질문인 것 같아요. ❷ 글쎄요, 재활용이라… ❸ 그러니까, 많은 사람들이 규칙에 따라 재활용을 하고 있는 것 같아요. ❹ 저로 말씀드리자면, 저는 상자를 아주 많이 재활용하고 있습니다. ❺ 네 맞아요, 왜냐하면 제 아내가 쇼핑을 정말 좋아하거든요. ❻ 온라인 쇼핑에 완전 푹 빠졌어요. ❼ 거의 매일 하는 수준이에요. ❽ 진짜로요. ❾ 뭐, 하지만 불만은 없습니다, 당연히… ❿ 왜냐하면… 이런 말이 있잖아요. ⓫ "아내가 행복하면, 삶이 행복해지는 법이다." ⓬ 그리고 물론, 다른 물건도 많이 재활용을 하고 있죠. ⓭ 유리류, 종이류, 캔… 뭐 이런 것들이요. ⓮ 다 가지고 내려가서 재활용 쓰레기를 버리죠. ⓯ 재활용 분리수거를 하는 곳에요. ⓰ 근데 우리가 버리는 재활용 쓰레기 중에서 99%는 크고 냄새나는 (택배) 상자더라고요. ⓱ 고마워 여봉, 나는 하나도 불만 없어, 알지? ⓲ 진짜 괜찮아.

Useful Expressions

- ❶ This is probably a question I thought I'd never be asked.
  이건 제가 (질문받을 거라고) 전혀 예상하지 못한 질문인 것 같아요. 초초반 꿀표현
- ❸ the way they're supposed to 그들이 지켜야 하는 방식대로
- ❻ a shopping freak 쇼핑 중독자
- ❼ on a daily basis 매일
- ❾ no complaints 불만은 없어요
- ⓱ I don't mind ~ ~를 기꺼이 (불만 없이) 할 거예요

IMPORTANT LESSON

❸ I mean, I guess **a lot of people recycle** the way they're supposed to.
❹ And **as for me, I recycle a whole lot of boxes.**
⓰ But I'd say 99% of what we recycle are big smelly boxes.

많은 학생들이 재활용 질문을 싫어하더라고요. 그럴 만하죠. 제가 생각해도 진짜 어이없는 질문이에요! 하지만 저의 전략을 사용하면 아마 재활용 질문이 좋아질 거예요. 다른 학생들처럼 재미없고 평범하게 답변하지 마세요. 대부분의 학생들은 이렇게 말합니다.

– I recycle paper, plastics, glass, cans, etc.

아이고 얼마나 지루합니까! 그럼, 우리는 어떻게 해야 할까요? 일상적인 습관을 답변에 녹여보세요. 예를 들어, 요즘 맥주를 많이 마신다? 그럼 요즘 맥주를 많이 마셔서 맥주 캔을 많이 재활용한다고 해보세요! 저는 아내가 온라인에서 얼마나 많은 물건을 사는지 이야기하고 있습니다. 그래서 택배 박스를 많이 재활용한다는 내용으로 자연스럽게 흘러가고 있죠. 재활용하는 것들 중의 99%가 택배 박스라고도 언급하고 있어요. 이 부분이 아주 중요합니다. 다른 것들도 물론 재활용하긴 하지만, 아내 때문에 재활용하는 것들 중 대부분이 박스라는 것을 보여주기 때문이에요.

기억하소! 무슨 일이 있어도 채점자를 지루하게 하면 안 됩니다. 질문은 지루할 수 있지만, 여러분은 그럴 필요가 없어요. 다른 평범한 답변들 사이에서 튀어야 합니다!

AL 학생이 직접 만든 예시 재활용 질문에 지루하지 않게 답변해 보기

Recycling 재활용

I always have my coffee to go because of this darn coronavirus. And because of that, I'd say 99% of what I recycle these days are plastic coffee cups.

저는 이 망할 놈의 코로나바이러스 때문에 항상 커피를 테이크아웃 해와요. 그리고 그것 때문에, 제가 요즘 재활용하는 것들 중 99%가 플라스틱 커피 컵이라고 말할 수 있겠네요.

Recycling 재활용

Honestly, I don't really know what people do out there. But as for me, I take recycling quite seriously. And so, before I recycle, I always make sure to rinse out the plastic bottles. This helps make the recycling process more effective, apparently.

솔직히, 다른 사람들은 어떻게 하는지 잘 몰라요. 근데 일단 저는, 재활용을 꽤 진지하게 생각하거든요. 그래서, 재활용하기 전에, 항상 플라스틱병들을 꼭 씻어요. 제가 듣기론, 이렇게 하면 재활용 과정을 좀 더 효과적으로 만드는 데 도움이 된대요.

19 Restaurants 식당

QUESTION

문제 듣기

Chap02_19Q

Tell me what you usually do when you eat at a restaurant. What do you do first, second, etc.?

레스토랑에서 식사할 때 주로 무엇을 하는지 말해 주세요. 먼저 무엇을 하고, 다음 그리고 그 다음으로는 무엇을 하나요?

질문을 들을 때, 꼭 해야 하는 것! *질문은 꼭! 2번 들으세요.

질문을 처음 들을 때: 무엇을 물어보는 질문인지, 어떤 카테고리인지 생각해 보기

질문을 두 번째 들을 때: 나의 General MP는 무엇인지 행동 단어 위주로 생각해 보기 (General MP, 행동 단어)

질문을 처음 들을 때

무엇을 물어보는 질문인가? ______

이 질문은 어떤 카테고리인가? ______

질문을 두 번째 들을 때

General MP? ______

행동 단어? ______

오픽노잼의 예시

질문을 처음 들을 때

- 무엇을 물어보는 질문인가? *restaurants*
- 이 질문은 어떤 카테고리인가? *habit*

질문을 두 번째 들을 때

- General MP? ❸ *But generally, I always **make sure** that the tables are clean.*
- 행동 단어? *make sure*

오픽노잼의 답변

답변 듣기
Chap02_19A

초초반 + General MP	❶ Alright, well, I'll tell you what... ❷ It does all depend on who I'm going with. ❸ But generally, I always make sure that the tables are clean.
Body	❹ That part right there is super important to me. ❺ Because I guess you could call me a little bit of a germaphobe... if you will. ❻ So, as soon as I enter the restaurant... ❼ The first thing I do... clean the table. ❽ It doesn't matter if it's already clean. ❾ I have to make sure that I do it myself. ❿ So that I could be assured that this table, that I'm gonna eat off of, is spotless. (that the table이 정확한 표현입니다. that that table이라고 사용할 수도 있어요. 제가 종종 답변에 너무 심취한 나머지 말하고 있는 상황이 눈 앞에 있다고 착각할 때가 있는데요, 이 답변에서도 테이블이 제 눈 앞에 있다고 착각하고 this table이라고 했나 봐요.) Quick Comparison Strategy ⓫ You see, in the past, I didn't have to do any of that. ⓬ Because my parents did everything for me. ⓭ But these days, I'm married now. ⓮ And so, **I gotta do what my parents did for me to my wife.** ⓯ It is what it is. ⓰ Of course, I do other things. ⓱ I make sure that I have, uh, good dining etiquette... ⓲ I make sure to tip well. ⓳ As long as the service is good. ⓴ But generally, the table has to be clean or I am not eating there.
Conclusion	㉑ Period.

❶ 음, 글쎄요, 제가 뭐 하나 말해드릴게요… ❷ 이건 누구랑 같이 가는지에 따라 다를 것 같아요. ❸ 하지만 보통은, 전 항상 테이블이 깨끗한지 꼭 확인해요. ❹ 이 부분이 저에게는 정말 중요하거든요. ❺ 말하자면, 약간 결벽증인 것 같다고 할 수도 있을 것 같아요. ❻ 아무튼, 저는 식당에 들어가자마자… ❼ 가장 먼저… 테이블을 청소합니다. ❽ 이미 깨끗하다 해도 상관없어요. ❾ 전 꼭 제가 직접 해야 직성이 풀려요. ❿ 그래야 제가 음식을 먹는 테이블이 먼지 하나 없다는 걸 확인할 수 있거든요. ⓫ 그런데 말이죠, 예전에는, 사실 이럴 필요가 없었어요. ⓬ 왜냐하면 부모님이 다 해주셨거든요. ⓭ 하지만 지금, 저는 결혼을 했어요. ⓮ 그래서, 부모님이 저를 위해 해주셨던 것을 아내를 위해서 해야 해요. ⓯ 이건 해야 하는 일이니까요. ⓰ 물론, 다른 것도 하죠. ⓱ 식사 예절을 잘 지키려고 하고… ⓲ 팁을 잘 주려고 하죠. ⓳ 서비스가 좋다면요. ⓴ 하지만 보통은, 테이블이 꼭 깨끗해야 합니다. 그렇지 않으면 거기에 식사하러 안 갈 거예요. ㉑ 끝.

Useful Expressions

- ❶ I'll tell you what 뭐 하나 말해드릴게요
- ❷ It does depend on ~ / It depends on ~ ~에 따라 다르다
- ❺ a germaphobe 결벽증 있는 사람
- ❿ I could be assured that ~ ~를 (눈으로 직접) 확인할 수 있다
- ❿ spotless 먼지 하나 없는
- ⓱ dining etiquette 식사 예절

IMPORTANT LESSON

⓮ And so, **I gotta do what my parents did for me to my wife.**

사실, 여기서 실수를 했는데 찾을 수 있나요? 답은 to my wife에서 to입니다. 원래는 for my wife가 맞아요. 사실 녹음하는 도중에 이 실수를 했다는 걸 알았어요. 그래도 굳이 답변 중에 고치지는 않았습니다. 전체적인 흐름을 방해할 것 같았거든요.

많은 학생들은 답변 중에 무심코 한 아주 작은 실수도 전부 다 고치려고 해요. 하지만 실수를 할 때마다 매번 고치는 것은 오히려 감점 요인이 될 수 있습니다. 만약 나도 모르게 완전히 다른 단어를 말해버렸다면, 원래 말하고자 했던 단어로 고치는 데 시간을 쓸 가치가 있죠. 하지만 아주 사소한 실수를 했고, 이만하면 말하고자 하는 내용을 채점자가 완전히 이해할 거라고 생각한다면 실수를 고치지 말고 그냥 계속 진행하세요! 그게 훨씬 좋을 거예요. 오픽 채점자는 여러분이 생각하는 것보다 훨씬 관대하거든요. 오픽에서 낮은 점수를 받았다? 저는 그게 문법 실수 때문이 아니라고 장담할 수 있습니다!

AL 학생이 직접 만든 예시 사소한 실수를 해도 그냥 넘어가기

Housing 거주지

실수했다! to 빼야 하는데… 그냥 넘어가자!

Every time I come back to home... I always hug my cat first.

저는 집에 돌아올 때마다… 항상 제 고양이를 먼저 안아줘요.

Beaches 해변

at 빼야 하는데… 그냥 넘어가자!

Whenever I go to the beach, I always bring my boyfriend at there. The reason's simple... I hate going by myself!

저는 해변에 갈 때마다, 항상 제 남자 친구를 데려가요. 이유는 간단해요… 혼자 가는 건 싫거든요!

QUESTION

문제 듣기
Chap02_20Q

Tell me what you usually do when you watch TV shows or movies. When do you watch them? Who do you watch them with? Where do you watch them? Tell me about your typical routine when you watch TV shows or movies.

평소에 TV 쇼나 영화를 볼 때 무엇을 하는지 말해 주세요. 언제 보나요? 누구와 함께 보나요? 어디서 보나요? TV 쇼나 영화를 볼 때 특유의 반복하는 일에 대해 이야기해 주세요.

질문을 처음 들을 때: 무엇을 물어보는 질문인지, 어떤 카테고리인지 생각해 보기
질문을 두 번째 들을 때: 나의 General MP는 무엇인지 행동 단어 위주로 생각해 보기 (General MP, 행동 단어)

질문을 처음 들을 때

무엇을 물어보는 질문인가? ______________________

이 질문은 어떤 카테고리인가? ______________________

질문을 두 번째 들을 때

General MP? ______________________

행동 단어? ______________________

오픽노잼의 예시

질문을 처음 들을 때

- 무엇을 물어보는 질문인가? *TV*
- 이 질문은 어떤 카테고리인가? *habit*

질문을 두 번째 들을 때

- General MP? ❸ *However, if you're **watching** TV shows **as you're doing something else** at the same time...*
- 행동 단어? *watching, as you're doing something else*

오픽노잼의 답변

답변 듣기

Chap02_20A

초초반 + General MP	❶ Alright, here's the thing. ❷ Personally, I think watching TV shows is just a huge waste of time. ❸ However, if you're watching TV shows as you're doing something else at the same time... ❹ Then I think that's a huge plus. ❺ Alright, here's what I mean.
Body	❻ Imagine that I'm taking a dump. ❼ I know, that's probably something you don't wanna do. ❽ But hear me out. ❾ I have a point to this. ❿ **If** I'm taking a dump, then I can't really do anything else. ⓫ That in itself is a waste of time, isn't it? ⓬ **But if** I'm watching something as I'm taking a dump... ⓭ Then, arguably, I am being very smart with my time. Quick Comparison Strategy ⓮ You see, back in the days, I would watch random TV shows just for the heck of it. ⓯ And I wasted a lot of time. ⓰ But these days, I watch TV shows specifically to be more productive with my time. ⓱ As I'm taking a dump... ⓲ As I'm doing the dishes... ⓳ What have you.
Conclusion	⓴ That's right, I am now a smarter me.

❶ 자, 이런 거예요. ❷ 개인적으로, 저는 TV 쇼 보는 것이 엄청난 시간 낭비라고 생각해요. ❸ 하지만, 다른 일을 하면서 동시에 TV 쇼를 본다면… ❹ 그러면 그건 큰 이득인 셈이지요. ❺ 그러니까, 제 얘기는요. ❻ 제가 똥을 누고 있다고 상상해 보세요. ❼ 알아요, 아마 상상하고 싶지 않은 일일 거예요. ❽ 하지만 끝까지 들어보세요. ❾ 여기서 중요한 사실이 하나 있어요. ❿ 만약 제가 똥을 누고 있다면 딱히 다른 일을 할 수 없잖아요. ⓫ 그것 자체로는 시간 낭비이죠, 안 그래요? ⓬ 하지만 만약에 제가 똥을 누면서 뭔가를 보고 있다면요… ⓭ 그렇다면 거의 틀림없이, 저는 시간을 알차게 쓰고 있죠. ⓮ 사실 예전에는, 별 이유 없이 그냥 아무 TV 쇼나 보곤 했어요. ⓯ 시간을 엄청 낭비했죠. ⓰ 하지만 요즘에는, 엄밀히 말하면, 시간을 좀 더 생산적으로 사용하려고 TV 쇼를 봐요. ⓱ 똥을 누면서 본다던가… ⓲ 설거지를 하면서 본다던가… ⓳ 등등. ⓴ 맞아요, 이제 머리를 쓰는 거지요.

Useful Expressions

- ❶ here's the thing 이런 거예요, 그런데 말입니다
- ❷ a huge waste of time 엄청난 시간 낭비
- ❸ at the same time 동시에
- ❺ here's what I mean 제 얘기는 이래요
- ❻ take a dump 똥을 누다
- ❽ hear me out (해명할 테니 끝까지) 들어보세요
- ❾ I have a point to this. 여기에 중요한 사실이 하나 있어요.
- ⓭ arguably 거의 틀림없이
- ⓮ just for the heck of it 그냥 재미로, 별 이유 없이

IMPORTANT LESSON

⑩ **If** I'm taking a dump, then I can't really do anything else.
⑪ That in itself is a waste of time, isn't it?
⑫ **But if** I'm watching something as I'm taking a dump...
⑬ Then, arguably, I am being very smart with my time.

If... But if... 이런 패턴을 사용해 보세요. 강력 추천합니다! 사실, 학생들이 if를 그렇게 많이 사용하지는 않습니다. 하지만 if를 사용하면 여러분은 더 창의적인 커뮤니케이터가 될 거예요. 왜일까요? 실제로 일어나지 않은 일을 상상하게 만들거든요. 정말로 높은 점수가 필요하다면, 무의식적으로 자연스럽게 튀어나올 정도로 if를 사용하는 연습을 해야 합니다. 툭 치면 if를 사용한 문장을 만들 수 있을 정도로요!

그리고 여러분이 무조건 알아야 할 이 전략의 진짜 핵심은 if를 '두 번' 사용하는 거예요! 저의 답변에서 첫 번째 if 문장은 어떤 특정한 문제를 보여주고 있어요. (똥 누면서 아무것도 안 하는 것 = 시간 낭비) 그리고 두 번째 if 문장에서는 but if를 사용해서 해결책을 보여줍니다. (어떤 것을 보면서 똥 누는 것 = 현명한 시간 소비) 이 패턴은 여러분의 답변을 버터처럼 부드럽게 만들어 줄 거예요! 이 패턴을 사용하지 않으면 시험비를 버리는 거나 다름없습니다. 그러니 마스터하기 전까지 그냥 시험 보지 마세요!

AL 학생이 직접 만든 예시 If 두 번 쓰기 전략 사용해 보기

Beaches 해변

If I'm at a beach and do nothing but swim... I'm kind of wasting my time, right? **But if** I balance out my time by swimming and checking out hot guys... Then I'm sure you can agree I'm making good use of my time!

만약 제가 해변에 왔는데 수영 말고 아무것도 안 한다면… 전 약간 시간을 낭비하는 거잖아요. 그렇죠? 하지만 시간을 좀 분배해서 수영도 하면서 섹시한 남자를 구경도 한다면… 그럼 확실히 당신도 제가 시간 활용을 잘 하고 있다고 생각하겠죠!

Housing 거주지

If I buy a nice, pricey bed and only use it to sleep... Then that's kind of a waste of money. **But if** I use my bed to sleep, eat, and watch Netflix... Then my money is well spent!

만약 정말 좋고 비싼 침대를 사놓고 그걸 잠잘 때만 사용한다면… 그건 약간 돈 낭비인 것 같아요. 하지만 침대를 잠잘 때, 먹을 때, 또 넷플릭스 볼 때도 사용한다면… 그럼 저는 현명한 소비를 한 거죠!

Past Experience
과거 경험

21 **Appointments** 예약

22 **Banks** 은행

23 **Bars** 술집/바

24 **Fashion** 패션

25 **Free Time** 여가 시간

26 **Furniture** 가구

27 **Gatherings** 모임

28 **Housing** 거주지

29 **Music** 음악

30 **Recycling** 재활용

Past Experience 란? 주제와 관련된 과거의 경험을 물어보는 질문 카테고리

› 권장 답변 시간: 1분 30초 정도 중요! 2분을 넘기지 말 것!

› 난이도: 고급

고급 수준의 질문에 답변을 잘하면 AL 등급을 받을 수 있는 확률이 높아집니다. 그렇기 때문에 고급 수준의 질문에 대한 답변을 연습하는 데 많은 시간을 투자해야 합니다. Past Experience에서 가장 중요한 핵심은 '**과거 시제 문법 틀리지 않기**'입니다.

› Past Experience 질문 미리보기

21 Appointments	Talk about an appointment you had as a child. What was the appointment for? Was it for a doctor, a dentist, or a new school? What did you actually do and what happened when you got to your appointment?
22 Banks	Sometimes problems can arise when you are at the bank. Tell me in detail about a problem you had that involved your bank. Maybe the bank was closed, or perhaps the bank might have made some kind of mistake. Tell me about how you solved the problem.
23 Bars	Tell me about the first bar you remember going to. What did it look like? Give me as many details as you can.
24 Fashion	Tell me about the last time you bought a new piece of clothing. What did you need and where did you find it? Were there any challenges or problems? Give me all the details of the story.
25 Free Time	Can you tell me about the last time you had some free time? When was it? What did you do? Did you spend the time with someone in particular?
26 Furniture	Tell me about a time when you had problems with your furniture. Perhaps it got damaged for some reason. Tell me exactly what happened and how you solved the problem.
27 Gatherings	What did you do at your last gathering or celebration? What was the occasion? Give me all the details about the gathering or the celebration you had.
28 Housing	Sometimes we want to change something in our home. Maybe get new furniture or do some painting or decorating. Tell me about one change that you made in your home. Tell me why you decided to make that change and everything you had to do to make that change happen.

Music

Could you think back to a particularly memorable time when you heard live music? Describe that experience in detail. When was it? Where were you? Who were you with? What happened that made that performance so memorable or special?

Recycling

Tell me what recycling was like when you were a child. Was there a particular place where you took out the recyclables? Describe in detail what it was like and what you did.

CHAPTER 03 Past Experience

Past Experience Strategy

STEP 1
초초반 + MP

초초반이란?
- 답변을 시작하는 부분
- 질문을 듣고 자연스럽게 반응해야 합니다.
- 질문은 여러 가지에서 한 가지로 좁혀야 합니다.

MP
- 이야기의 **클라이맥스 부분**을 MP로 할 것
- 클라이맥스를 먼저 이야기하는 것이 훨씬 전달력이 좋고 채점자의 관심을 쉽게 끌어낼 수 있습니다.

중요! STEP 1은 처음 30초 안에 끝내는 것이 좋아요. 연습할 때 계속 30초를 넘긴다면, MP를 먼저 간단명료하게 말한 다음 초초반으로 넘어가는 연습을 해보세요.

STEP 2
Body (본론)

STEP 1에서 언급한 MP가 어떻게 일어나게 된 일인지 이야기합니다.

중요! 반드시 한 가지 MP와 관련된 이야기만 해야 합니다.

▷ **Direct Quotation '직접 화법'**
이야기의 등장인물이나 자신이 했던 말을 그대로 인용함으로써 답변에 현장감을 더해줄 수 있습니다.
답변 퀄리티 up! Direct Quotation을 무조건 넣어야 하는 것은 아니지만 연습할 때는 꼭 해보세요.

중요! 큰따옴표(" ") 안의 대사는 현재 시제로 합니다.
짧게 하는 연습을 하세요. 길게 하면 실수할 확률이 높아집니다.

STEP 3
Conclusion (결론)

농담 섞인 결론, 교훈적인 결론, 일반적인 결론 등 자기 스타일대로 답변을 마무리 지으면 됩니다.

중요! 답변을 끝내고 That's it./That's all./Thank you.와 같은 말은 하지 마세요. 자연스럽게 마무리 짓는 것이 중요합니다. 고급 수준의 질문에서는 독특하고 재밌는 결론을 연습해 보는 것을 추천합니다.

21 Appointments 예약

QUESTION

문제 듣기

Chap03_21Q

Talk about an appointment you had as a child. What was the appointment for? Was it for a doctor, a dentist, or a new school? What did you actually do and what happened when you got to your appointment?

어렸을 때 했던 예약을 이야기해 주세요. 어떤 예약이었나요? 병원 예약, 치과 예약 또는 새로운 학교 예약이었나요? (예약하기 위해) 실제로 무엇을 했고 예약 장소에 도착했을 때 무슨 일이 있었나요?

질문을 들을 때, 꼭 해야 하는 것! ☆질문은 꼭! 2번 들으세요.

- **질문을 처음 들을 때:** 무엇을 물어보는 질문인지, 어떤 카테고리인지 생각해 보기
- **질문을 두 번째 들을 때:** 나의 MP는 무엇인지 키워드로 생각해 보기 (What, Feeling, 그렇게 느끼는 Why)

질문을 처음 들을 때

무엇을 물어보는 질문인가? ______________________

이 질문은 어떤 카테고리인가? ______________________

질문을 두 번째 들을 때

What? ______________________

Feeling? ______________________

Why? ______________________

오픽노잼의 예시

질문을 처음 들을 때

- 무엇을 물어보는 질문인가? *appointments*
- 이 질문은 어떤 카테고리인가? *past experience*

질문을 두 번째 들을 때

- What? ❷ *a doctor's appointment*
- Feeling? ❸ *hating*
- Why? ❹ *that's when I learned I hate needles*

오픽노잼의 답변

답변 듣기

Chap03_21A

<table>
<tr><td>초초반
+
MP</td><td>❶ Interesting question.
❷ OK, so... um, there's a time when my mom made a doctor's appointment for me when I was a child...
❸ And I remember absolutely hating the experience.
❹ Because that's when I learned I hate needles.
❺ OK, here's exactly what happened.</td></tr>
<tr><td>Body</td><td>❻ I went to the doctor, and he showed me a needle that looked like a drill.
❼ It was huge.
❽ And this is when I learned that, oh my goodness, I think I have a little bit of a needle phobia.
❾ I was in full panic mode.
❿ I wanted to flee the scene, if you will.
⓫ And I didn't know what to do...
⓬ But my mom, being my mom, you know, a professional negotiator...
Direct Quotation
⓭ She was like, "Sam, if you go through with this, I'm gonna buy you a new toy."
⓮ Wow, let me tell you, that gave me power.
⓯ That gave me strength.
⓰ And in the end, I went through with it.</td></tr>
<tr><td>Conclusion</td><td>⓱ Let me tell you this.
⓲ Yes, it was worth it, but I still hate needles till this day...
⓳ And if I were to get a needle shot now, my wife needs to reward me with something.
⓴ That's the truth.</td></tr>
</table>

❶ 재밌는 질문이네요. ❷ 네, 그러니까… 음, 어릴 때 엄마가 저를 대신해서 병원 예약을 해주셨던 적이 있었죠… ❸ 그리고 그게 엄청 끔찍한 경험이었다는 것도 기억이 나요. ❹ 왜냐하면 제가 주삿바늘이라면 질색한다는 걸 알게 된 게 바로 그때였거든요. ❺ 자, 정확히 무슨 일이 있었는지 설명할게요. ❻ 한번은 병원에 갔더니, 의사 선생님이 드릴처럼 생긴 커다란 바늘을 보여주는 거예요. ❼ 엄청 컸어요. ❽ 그리고 이런, 이때 제가 약간의 바늘 공포증이 있다는 걸 알게 되었죠. ❾ 완전 패닉 상태가 돼 버렸어요. ❿ 말하자면, 그 자리에서 도망쳐 버리고 싶었어요. ⓫ 그리고 어쩔 줄을 모르겠더라고요… ⓬ 하지만 저희 엄마는 협상 전문가예요… ⓭ 엄마가 저에게 말씀하셨어요. "샘, 이것을 하면(주사 잘 참고 맞으면), 새 장난감 사 줄게." ⓮ 와, 있잖아요, 그 말이 저에게 힘을 주었어요. ⓯ 용기를 주더라고요. ⓰ 그리고 결국, 해내버렸죠. ⓱ 제가 하고 싶은 말은요, ⓲ 네, 그것은(주사 맞는 것은) 꽤 가치가 있었어요. 하지만 그래도 아직까지 주삿바늘이라면 질색이에요… ⓳ 그리고 만약 지금 제가 주사 맞을 일이 생긴다면, 제 아내가 뭔가로 보상을 해줘야 해요. ⓴ 그게 진실이죠.

Useful Expressions

- ❷ there's a time when ~ ~했던 적이 있어요
- ❺ Here's exactly what happened. 정확히 어떻게 된 일인지 말해 줄게요.
- ❽ a needle phobia 바늘(주사) 공포증
- ❾ be in full panic mode 패닉 상태가 되다, 겁에 질리다
- ❿ flee the scene 그 자리에서 도망치다
- ⓫ I didn't know what to do. 저는 어쩔 줄을 몰랐어요.
- ⓬ negotiator 협상가
- ⓭ go through with ~을 잘 참고 이겨내다, 해내다
- ⓳ get a needle shot 주사를 맞다

CHAPTER 03 Past Experience

IMPORTANT LESSON

❽ **And this is when I learned that**, oh my goodness, **I think I have a little bit of a needle phobia.**

우리는 살면서 종종 가치 있는 교훈을 배웁니다. 때론, 그것이 자기 자신을 더 잘 이해하게 만드는 교훈이기도 해요. Past Experience 질문에 대해 답변할 때, 가치 있는 교훈을 배웠다는 것을 보여줄 수 있다면 주저하지 마세요! And this is when I learned that ~ 이외에도 다르게 말하는 방법이 있습니다.

EXAMPLES:

- And this is when I learned that...
- And this is when I realized...
- And this is when it hit me...

Past Experience 및 Comparision 질문은 오픽 시험에서 가장 중요한 질문입니다. 답변을 건너뛰지 않으려고 최선을 다해야 하는 질문이죠. 그렇기 때문에 Past Experience 질문에 답변할 때, 내가 무언가를 배웠거나 발견했다는 것을 채점자에게 보여줄 수 있다면, 그 답변은 훨씬 더 깊이 있어질 거예요. 질문을 듣고 정확히 이해하지 못한다면, 터무니없는 답변을 하는 것보다 스킵 하는 게 더 좋습니다.

AL 학생이 직접 만든 예시 | 살면서 배운 교훈 보여주기

Furniture 가구

I bought this pricey, fancy sofa. And when it arrived, my pet cat fell in love with it, like, immediately. He loved scratching it. And he treated it like it was a big toy. **And this is when I realized**, damn, I shouldn't have bought an expensive one.

제가 어떤 비싸고, 고급스러운 소파를 샀거든요. 그리고 배송을 받자마자, 제 고양이는 그 소파와 사랑에 빠졌어요. 긁는 것도 엄청 좋아했고요. 소파를 막 큰 장난감처럼 다루더라고요. 그리고 이때 전 깨달았죠. 망했다, 비싼 거 사는 게 아니었는데.

Fashion 패션

I'm an online shopping freak. Sometimes, I don't even check the price, the refund policy, or anything of that nature. But **there was a time when I learned that** I have to check those things very carefully before pulling the trigger!

전 온라인 쇼핑 중독자예요. 가끔은, 가격이나 환불 정책, 그러한 종류의 것들도 확인을 안 해요. 근데 한번은 제가 어떤 물건을 구입할 때 저런 것들(가격, 환불 정책 등)을 아주 꼼꼼하게 확인해야 한다는 사실을 배웠던 때가 있었어요.

22 Banks 은행

QUESTION

문제 듣기
Chap03_22Q

Sometimes problems can arise when you are at the bank. Tell me in detail about a problem you had that involved your bank. Maybe the bank was closed, or perhaps the bank might have made some kind of mistake. Tell me about how you solved the problem.

때때로 은행 업무를 보는 도중 문제가 생기기도 합니다. 은행과 관련하여 당신이 겪은 문제에 대해 말해 주세요. 어쩌면 은행이 문을 닫았거나, 은행에서 어떤 실수를 했을 수도 있습니다. 그 문제를 어떻게 해결했는지 말해 주세요.

CHAPTER 03
Past Experience

질문을 들을 때, 꼭 해야 하는 것! ☆질문은 꼭! 2번 들으세요.

질문을 처음 들을 때: 무엇을 물어보는 질문인지, 어떤 카테고리인지 생각해 보기
질문을 두 번째 들을 때: 나의 MP는 무엇인지 키워드로 생각해 보기
(What, Feeling, 그렇게 느끼는 Why)

질문을 처음 들을 때

무엇을 물어보는 질문인가? ______________________

이 질문은 어떤 카테고리인가? ______________________

질문을 두 번째 들을 때

What? ______________________

Feeling? ______________________

Why? ______________________

오픽노잼의 예시

질문을 처음 들을 때

- 무엇을 물어보는 질문인가? *banks*
- 이 질문은 어떤 카테고리인가? *past experience*

질문을 두 번째 들을 때

- What? ❸ *bank,* ❸ *bank teller*
- Feeling? ❸ *huge problem*
- Why? ❺ *too smoking hot*

오픽노잼의 답변

답변 듣기

Chap03_22A

초초반 + MP	❶ Oh okay, I have the perfect story to tell you. ❷ Let me just get on with it. ❸ I once went to the bank, and I had a huge problem with a bank teller there. ❹ Why? ❺ Because she was just way too smoking hot.
Body	❻ I know, you're a little bit confused. ❼ How is that a problem? ❽ Well, the problem was that my wife was right next to me. ❾ And I just couldn't believe how gorgeous this bank teller was. ❿ It's like they hired some sort of supermodel. ⓫ It was difficult not to keep staring at her. ⓬ You know, I gave her second looks... third looks... ⓭ And I'm trying to do this, you know, discreetly. ⓮ Because my wife was right there. ⓯ You know what I mean? Direct Quotation ⓰ Now, right after we were done, my wife was like, "Man, isn't that bank teller so beautiful?" ⓱ "She's so pretty, right?" ⓲ And, of course, I'm experienced enough to know that that was a trap. Direct Quotation ⓳ So, I was like, "I didn't even notice, bee." ⓴ "Didn't notice at all." ㉑ "I think you're more beautiful."
Conclusion	㉒ And whoo... we had a great night afterwards.

❶ 오 좋아요, 들려줄 만한 완벽한 이야기가 있어요. ❷ 바로 말씀드릴게요. ❸ 한번은 제가 은행에 갔었는데, 거기 직원과 큰 문제가 있었어요. ❹ 왜였을까요? ❺ 그분이 말도 안 되게 예뻤거든요. ❻ 지금 약간 혼란스러울 거 알아요. ❼ 그게 왜 문제냐고 생각하시겠죠? ❽ 문제는 바로 옆에 제 아내가 있었다는 거예요. ❾ 그리고 저는 그 직원이 어떻게 이렇게 예쁜지 믿을 수가 없었어요. ❿ 꼭 슈퍼모델을 고용한 것 같았어요. ⓫ 계속 쳐다볼 수밖에 없었어요. ⓬ 있잖아요, 한 번 보고, 두 번 보고… 또 보고… ⓭ 조심스럽게 보려고 노력했어요. ⓮ 제 아내가 바로 그곳에 있었으니까요. ⓯ 무슨 말인지 알겠죠? ⓰ 볼 일을 다 끝마치고 나오자마자 아내가 말하더라고요, "오빠, 그 직원 되게 예쁘지 않아?" ⓱ "진짜 예쁘더라, 그렇지?" ⓲ 그리고 당연히 이런 걸 한두 번 겪어본 것이 아니기 때문에 저는 그게 함정이라는 것을 알았죠. ⓳ 그래서, 저는 이렇게 대답했어요, "난 못 봤어, 자기야." ⓴ "전혀 못 봤는데." ㉑ "네가 더 예쁜 것 같아." ㉒ 그리고 하하… 그날 밤, 저희는 멋진 시간을 보냈답니다.

Useful Expressions

- ❶ I have the perfect story to tell you. 들려줄 만한 완벽한 이야기가 있어요.
- ❷ Let me just get on with it. (이야기로) 바로 넘어갈게요., 바로 말할게요.
- ❺ smoking hot 너무 예쁜
- ⓭ discreetly 신중하게, 조심스럽게
- ⓲ I'm experienced enough to know that ~ (그동안) 이런 일을 많이 겪어와서 ~라는 것을 충분히 알 수 있다
- ㉒ afterwards 나중에, 그 뒤에

IMPORTANT LESSON

❻ I know, you're a little bit confused.
❼ How is that a problem?
❽ Well, the problem was that my wife was right next to me.

뛰어난 의사소통 능력을 보여주는 좋은 방법은 여러분의 이야기에 대해 일종의 '미스터리'를 불러일으키는 것입니다. 즉, 놀라움이나 혼란스러움, 궁금증을 유발한다면 이미 채점자의 관심을 끈 거예요. 그렇게 관심을 이끌어 냈다면, 여러분은 보너스 점수를 받을 것입니다!

자, 이 답변에서 채점자의 관심을 이끌어 낸 후, 제가 Ava에게 어떻게 물어봤는지 보세요. 이름을 거론하지도 않고 직접적인 질문도 하지 않았습니다. 대부분의 학생들은 "Are you confused, Ava? 당신 지금 혼란스럽죠, Ava?"라고 말할 거예요. 하지만 이건 너무 스크립트처럼 들립니다. Ava에게 직접 질문하는 대신에, 저는 Ava가 혼란스러워하고 있다고 예상하고 그것을 간단히 언급합니다. "지금 약간 혼란스러울 거 알아요."

이것이 오픽 시험에서 Ava와 대화하는 가장 좋은 방법이에요. 때로는 문장 끝에 right를 넣어 수사적 질문으로 만들 수도 있습니다. 수사적 질문이란, 대답을 굳이 안 들어도 되면서 상대방도 그 대답을 이미 알고 있는 질문을 말합니다. 수사적 질문을 사용하면 Ava도 대화에 참여하도록 기회를 주어, 보다 자연스럽게 대화하는 듯한 모습을 보여줄 수 있고 그냥 말하는 것보다 더 강한 효과를 얻을 수 있습니다. 이렇게 말이죠. "I know, you're a little bit confused, right?" right?를 넣고 안 넣고는 취향에 따라 선택해서 사용하면 돼요.

그다음, 채점자가 놀라움이나 혼란스러움, 궁금증을 느꼈을 만한 부분을 언급하는 것이 좋습니다. 저는 이렇게 물었어요. "How is that a problem?" 그러고 나서 바로 대답합니다. "Well, the problem was..." 이것은 특정 상황을 설명하는 매우 독특한 방법이에요.

AL 학생이 직접 만든 예시 채점자가 놀라움이나 혼란스러움, 궁금증을 느꼈을 만한 부분을 언급하고 바로 대답하기

Fashion 패션

I once went to a mall to buy a jacket, and I had a huge problem with the manager there. Why? Because he was the husband of one of my friends. **I know, you're a little bit confused right now. How is that a problem? Well, the problem was that he was also my ex.** Let me tell you, it was the most awkward situation of my entire life.

제가 한번은 재킷을 사러 쇼핑몰에 갔었는데, 그곳 매니저랑 큰 문제가 있었어요. 왜냐고요? 왜냐면 그 사람은 제 친구 중 한 명의 남편이었거든요. 지금 약간 혼란스러울 거라는 거 알아요. 그게 왜 문제냐고요? 음 네, 문제는 그 사람이 제 전 남자 친구이기도 했다는 사실이었어요. 진짜 와, 그건 제 인생에서 제일 어색한 상황이었어요.

Music 음악

I once went to an indie music concert. And I was completely freaked out. Why? Because one of the singers was my ex. **I know, you're a little bit confused, right? You're probably like, "Is that really a big deal?" Well, the problem was that I went there with my current boyfriend.** And the singer... I mean, my ex... actually noticed that I was there!

제가 인디 음악 콘서트에 간 적이 있거든요. 그리고 전 정말 놀랐어요. 왜냐고요? 왜냐면 그 콘서트 가수들 중에 한 명이 제 전 남자 친구였거든요. 지금 약간 혼란스러울 거란 거 알아요, 그렇죠? 아마 지금, "그게 뭐 대수인가?"라고 하시겠죠? 글쎄요, 문제는 제가 거기에 지금의 남자 친구와 같이 갔었거든요. 그리고 그 가수… 아니 그러니까, 제 전 남자 친구가… 제가 거기 있다는 사실을 알아차렸다는 거예요!

23 Bars 술집/바

QUESTION

문제 듣기

Chap03_23Q

Tell me about the first bar you remember going to. What did it look like? Give me as many details as you can.

당신이 처음으로 갔던 바에 대해 말해 주세요. 어떻게 생겼나요? 최대한 자세히 설명해 주세요.

CHAPTER 03 Past Experience

질문을 들을 때, 꼭 해야 하는 것! ☆질문은 꼭! 2번 들으세요.

질문을 처음 들을 때: 무엇을 물어보는 질문인지, 어떤 카테고리인지 생각해 보기

질문을 두 번째 들을 때: 나의 MP는 무엇인지 키워드로 생각해 보기
(What, Feeling, 그렇게 느끼는 Why)

질문을 처음 들을 때

무엇을 물어보는 질문인가? ______

이 질문은 어떤 카테고리인가? ______

질문을 두 번째 들을 때

What? ______

Feeling? ______

Why? ______

오픽노잼의 예시

질문을 처음 들을 때

- 무엇을 물어보는 질문인가? *bars*
- 이 질문은 어떤 카테고리인가? *past experience*

질문을 두 번째 들을 때

- What? ❶ *first bar experience*
- Feeling? ❷ *confusing*
- Why? ❸ *so many girls were buying me drinks*

오픽노잼의 답변

답변 듣기

Chap03_23A

초초반 + MP	❶ I think, maybe, my first bar experience was when I was in university. ❷ And it was a bit of a confusing experience, let me tell you... ❸ Because so many girls were buying me drinks.
Body	❹ Now, you might be wondering... why is that confusing? ❺ I should just be feeling good, right? ❻ Well, here's the thing, I kind of lied a little bit. ❼ They were not girls. ❽ They were gay guys. ❾ Yes, I went to a gay bar, and I went with my gay friends. ❿ I was completely straight. ⓫ I am still straight now. ⓬ But I had gay friends and, uh, they wanted to show me a good time at a gay bar. Direct Quotation ⓭ And I thought, okay, this was gonna be a very interesting and new experience, "Why not." ⓮ And my goodness, so many guys were into me. ⓯ That was plainly obvious. ⓰ And they were buying me drinks left, right, and center. ⓱ I was confused. ⓲ But I was honored and flattered at the same time. ⓳ And yes, I accepted the drinks. ⓴ Because I cannot say no to "free."
Conclusion	㉑ Would I ever go back? ㉒ Probably. ㉓ Because like I said, I can't say no to free things. ㉔ That's just who I am.

❶ 제 생각에 제가 바에 처음 간 건 아마 대학생 때였던 것 같아요. ❷ 와, 말하자면 약간 혼란스러운 경험이었어요… ❸ 왜냐면 엄청 많은 여자들이 저에게 술을 사줬거든요. ❹ 지금 궁금해하실 것 같아요… 그게 왜 혼란스러운 거지? ❺ 오히려 기분이 좋아야 하는 건데, 안 그래요? ❻ 음, 있잖아요, 제가 약간 거짓말을 했어요. ❼ 저에게 술을 사준 건 여자가 아니었어요. ❽ 게이들이었어요. ❾ 네 맞아요, 저는 게이 친구들과 게이 바에 갔었어요. ❿ 저는 게이가 아니었어요. ⓫ 당연히 지금도 게이가 아니고요. ⓬ 하지만 그냥 게이 친구들이 있었고, 게이 바에서 저랑 같이 놀고 싶어 했던 거예요. ⓭ 그리고 저도 이건 아주 재밌고 새로운 경험이 될 거라고 생각했어요, '안 될 거 없지 뭐.' ⓮ 근데 세상에, 너무 많은 남자들이 저한테 관심이 있는 거예요. ⓯ 딱 봐도 확실했어요. ⓰ 그리고 계속 술을 사주는 거예요. ⓱ 혼란스러웠죠. ⓲ 하지만 동시에 고맙기도 하고 우쭐하기도 했어요. ⓳ 그리고 네, 그 술을 그냥 받았죠. ⓴ 어떻게 '공짜 술'을 거절하겠어요. ㉑ 거기 다시 가볼까요? ㉒ 그래도 되겠죠. ㉓ 왜냐면, 아까도 말했듯이, 저는 공짜를 좋아하거든요. ㉔ 그게 제 모습인 걸 어떡해요.

Useful Expressions

- ❶ when I was in university 대학생 때
  *보통 when I was a(an) university/high school/elementary student(이)라고 씁니다. 문법적으로 틀린 부분은 없지만, when I was in university 또는 when I was in my university days라고 써보세요! 자연스러움 up!
- ❹ you might be wondering 궁금해할 것 같아요
- ❿ straight 이성애자
- ⓭ why not 안될 거 없지, 못할 거 없지
- ⓮ be into ~ ~에 관심 있다, ~에 푹 빠졌다
- ⓯ plainly obvious 분명히 확실한, 딱 봐도 확실한, 누가 봐도 확실한
- ⓰ left, right, and center 여기저기서 끊임없이, 계속
  *constantly와 everywhere의 두 가지 뜻이 있습니다. 여기서는 constantly의 의미로 쓰였습니다.
- ⓲ be flattered (칭찬을 받아서) 우쭐하다, 기뻐하다

IMPORTANT LESSON

❶ I think, maybe, my first bar experience was when I was in university.

이 질문은 처음으로 술집에 갔던 경험에 대해 묻는 질문이에요. 하지만 솔직히 처음 가봤던 술집을 기억하는 사람이 있을까요? 오픽에는 이런 질문이 많이 출제됩니다. 처음 가본 술집, 카페, 여행 등에 대해서요. 만약 여러분의 실제 첫 경험을 생각하려고 한다면, 당황스러울 거예요. 실제 첫 경험 대신, 아무 경험이나 생각해 보고 그것이 '첫 경험인 척'하는 것을 추천합니다. 네, 알아요. 약간 선의의 거짓말이죠. 하지만 약간의 거짓말을 하면 이런 질문에 답변하는 것이 훨씬 쉬울 것이라고 장담합니다.

여기서는 I think라는 표현을 사용해서 답변을 시작합니다. 이 표현은 학생들이 더 자주 사용해야 하는 중요한 표현이에요. 그러고 나서 maybe라고 말했습니다. 이 단어는 어떤 기억이 정확한지, 정확하지 않은지 잘 모를 때 쓰는 중요한 단어입니다. 그리고 여기서 꿀팁! maybe를 문장 중간에 쓰면, 답변이 더 자연스럽게 들리고 스크립트가 없다는 것을 보여줄 수 있습니다.

AL 학생이 직접 만든 예시 첫 경험인 척 I think 표현 사용해 보기

Music 음악

Well, **I think, maybe, my first** live music experience was when I was during my high school days.

글쎄요, 제 생각엔, 아마도, 제 첫 라이브 공연 경험은 고등학생 때였던 것 같아요.

Banks 은행

My first bank experience... Alright, **I think** it was maybe 20 years ago when I was really young.

제 첫 은행 경험이요… 음 네, 제 생각에 아마 한 20년 전에 제가 정말 어렸을 때였던 것 같아요.

24 Fashion 패션

QUESTION

문제 듣기

Chap03_24Q

Tell me about the last time you bought a new piece of clothing. What did you need and where did you find it? Were there any challenges or problems? Give me all the details of the story.

마지막으로 새 옷을 샀을 때에 대해 이야기해 주세요. 어떤 옷이 필요했고 어디서 그 옷을 찾았나요? (옷을 사는 데) 어려움이나 문제가 있었나요? 자세하게 말해 주세요.

질문을 들을 때, 꼭 해야 하는 것! ☆질문은 꼭! 2번 들으세요.

질문을 처음 들을 때: 무엇을 물어보는 질문인지, 어떤 카테고리인지 생각해 보기

질문을 두 번째 들을 때: 나의 MP는 무엇인지 키워드로 생각해 보기 (What, Feeling, 그렇게 느끼는 Why)

질문을 처음 들을 때

무엇을 물어보는 질문인가? ______________________

이 질문은 어떤 카테고리인가? ______________________

질문을 두 번째 들을 때

What? ______________________

Feeling? ______________________

Why? ______________________

오픽노잼의 예시

질문을 처음 들을 때

- 무엇을 물어보는 질문인가? *fashion*
- 이 질문은 어떤 카테고리인가? *past experience*

질문을 두 번째 들을 때

- What? ❸ *went to the mall,* ❹ *at Lacoste*
- Feeling? ❺ *wow,* ❺ *happy but sad at the same time*
- Why? ❹ *massive sale*

오픽노잼의 답변

답변 듣기

Chap03_24A

초초반 + MP	❶ OK, let me start off with this. ❷ I am a bit of a bargain hunter. ❸ And there was a time when I went to the mall along with my wife. ❹ And there was this huge, massive sale at Lacoste. ❺ And wow, I was so happy but sad at the same time. ❻ Let me tell you why.
Body	❼ So basically, when we got to the mall, there was this huge sale... ❽ Like 50%, 70%, 90% off everything. ❾ It was crazy... at Lacoste. ❿ And usually, I don't buy a lot of things there. ⓫ Because they're just way too pricey for my liking. ⓬ But with those prices, my goodness, I was ready to take out my wallet. ⓭ I was ready to spend money. ⓮ I was ready to take out my credit card and swipe all day long. ⓯ But even though I was beaming, I was very, very disappointed at the same time. ⓰ **Why?** ⓱ Because they did not have my size. ⓲ Not a single shirt... ⓳ Not a single sweater... ⓴ Not a single pair of pants. ㉑ Nothing was in my size. ㉒ How frustrating that was. Direct Quotation ㉓ I was like, "Wife, let's go." ㉔ And my goodness, I was just super sad.
Conclusion	㉕ The end.

❶ 이거 먼저 말씀드리고 시작할게요. ❷ 저는 세일하는 곳을 찾아다니는 것을 좋아해요. ❸ 한번은 아내와 함께 쇼핑몰에 간 적이 있어요. ❹ 근데 거기 라코스테에서 엄청 크게 세일을 하더라고요. ❺ 와, 정말 기뻤지만, 한편으로는 슬펐어요. ❻ 이제 그 이유를 말해줄게요. ❼ 그러니까, 저희가 쇼핑몰에 갔을 때, 할인을 엄청 하고 있었어요··· ❽ 전부 50%, 70%, 90% 할인이었어요. ❾ 진짜 미쳤죠··· 라코스테에서요. ❿ 평소에는, 거기서 옷을 자주 사는 편이 아니에요. ⓫ 왜냐면 거기 옷은 제가 느끼기엔 너무 비싸거든요. ⓬ 근데 그 가격들에, 세상에, 지갑을 꺼낼 준비가 되더라고요. ⓭ 돈 쓸 준비가 됐었죠. ⓮ 카드를 꺼내서 하루 종일 긁을 준비가 됐었어요. ⓯ 그런데 그렇게 기대를 했으면서도, 동시에 너무너무 실망하고 말았어요. ⓰ 왜냐고요? ⓱ 제 사이즈가 하나도 없었거든요. ⓲ 셔츠 한 벌도 없고··· ⓳ 스웨터 한 벌도 없고··· ⓴ 바지 한 벌조차도 없더라고요. ㉑ 저한테 맞는 사이즈가 하나도 없었어요. ㉒ 얼마나 좌절스럽던지. ㉓ 저는 말했죠, "자기야, 그냥 가자." ㉔ 세상에, 저 너무 슬펐어요. ㉕ 더 할 말이 없네요.

Useful Expressions

- ❶ Let me start off with this. 이거 먼저 말씀드리고 시작할게요. 초초반 꿀표현
- ❷ a bit of 약간, 조금
- ❸ along with ~와 함께, 같이
- ❹ massive 엄청나게 큰
- ❺ at the same time 동시에
- ⓫ for my liking 내가 느끼기엔, 내 취향에는
- ⓮ swipe (신용카드를) 긁다
- ⓮ all day long 하루 종일
- ⓯ beam 활짝 웃다
- ㉒ how frustrating 얼마나 좌절스러운지

CHAPTER 03 Past Experience

IMPORTANT LESSON

⑮ But even though I was beaming, I was very, very disappointed at the same time.
⑯ **Why?**
⑰ Because they did not have my size.

Why? 이것은 채점자의 관심을 끌 수 있는 또 다른 좋은 방법입니다. 저는 Why?라고 말하고 잠시 쉬면서 채점자에게 좀 더 주의 깊게 들으라는 신호를 보내요. 물론, Why?를 빼더라도 답변은 자연스럽습니다. 하지만, Why?를 말함으로써 그 흐름이 훨씬 더 부드러워지고 효과적이게 된 거죠. 이 문장이 한 단어로 된 문장이라는 점도 매우 좋습니다. Why?를 더 긴 문장으로도 사용할 수 있어요. "Why you may ask?" 여러분이 가장 좋아하는 스타일을 고르세요.

AL 학생이 직접 만든 예시 Why? 사용해 보기

Recycling 재활용

I really enjoyed recycling when I was a child. **Why?** Because I made money whenever I did it. Let me tell you more.

저는 어릴 때 재활용을 정말 즐기면서 했어요. 왜냐고요? 왜냐하면 재활용을 할 때마다 돈을 벌었거든요. 더 설명할게요.

Free Time 여가 시간

I decided to binge-watch a random Netflix series. And let me tell you... wow, it was so tough to stop. **Why?** Because it was way too addictive.

저는 넷플릭스 시리즈를 그냥 되는대로 골라서 정주행하기로 했어요. 근데 진짜… 와, 멈추기가 정말 힘들었어요. 왜냐고요? 왜냐면 그게 정말 중독성이 있었거든요.

25 Free Time 여가 시간

QUESTION

Chap03_25Q

Can you tell me about the last time you had some free time? When was it? What did you do? Did you spend the time with someone in particular?

마지막으로 여가 시간을 가졌던 때에 대해 말해 주세요. 언제였나요? 무엇을 했나요? 특별한 누군가와 함께 시간을 보냈나요?

CHAPTER 03 Past Experience

질문을 들을 때, 꼭 해야 하는 것! ☆질문은 꼭! 2번 들으세요.

- **질문을 처음 들을 때:** 무엇을 물어보는 질문인지, 어떤 카테고리인지 생각해 보기
- **질문을 두 번째 들을 때:** 나의 MP는 무엇인지 키워드로 생각해 보기 (What, Feeling, 그렇게 느끼는 Why)

질문을 처음 들을 때

무엇을 물어보는 질문인가? ______________________

이 질문은 어떤 카테고리인가? ______________________

질문을 두 번째 들을 때

What? ______________________

Feeling? ______________________

Why? ______________________

오픽노잼의 예시

질문을 처음 들을 때

- 무엇을 물어보는 질문인가? *free time*
- 이 질문은 어떤 카테고리인가? *past experience*

질문을 두 번째 들을 때

- What? ❷ *work out with my personal trainer*
- Feeling? ❸ *tough,* ❹ *but it was still satisfying*
- Why? ❺ *bang for the buck*

오픽노잼의 답변

답변 듣기

Chap03_25A

초초반 + MP	❶ Well, alright, just yesterday, I had some free time. ❷ And so, I decided to work out with my personal trainer. ❸ And whoo... let me tell you, it was so tough. ❹ But it was still satisfying, you know? ❺ Bang for the buck, right?
Body	❻ But yeah, it was shoulder day. ❼ And he decided to just push me harder than usual. ❽ I wasn't complaining, of course. ❾ But my goodness, I wanted to pass out. ❿ I wanted to collapse. ⓫ And at some point, I wanted to **punch** him, you know? ⓬ It was just so crazy hard. ⓭ But right after the workout, I felt so awesome. ⓮ Yes, I wanted to just sleep... ⓯ But I felt energized at the same time. Direct Quotation ⓰ And as soon as I arrived home, my wife was like, "Dang Sam, you looking good!" ⓱ And let me tell you, that made me feel like I was on top of the world.
Conclusion	⓲ And so, yeah, that's pretty much what I did yesterday. ⓳ I worked out at the gym, and um, I worked out at home with my wife during the night. ⓴ You know what I mean.

❶ 글쎄요, 아, 바로 어제, 여가 시간이 약간 있었어요. ❷ 그래서, 제 개인 트레이너와 함께 운동을 하기로 했죠. ❸ 그리고 와… 정말 힘들었어요. ❹ 그래도 만족스러웠어요. ❺ 돈이 아깝지 않았죠. ❻ (어제는) 어깨 운동을 하는 날이었거든요. ❼ 그래서 트레이너가 평소보다 좀 더 세게 시키기로 했나 봐요. ❽ 물론, 저는 불평하지 않았죠. ❾ 근데 세상에, 저는 기절하는 줄 알았어요. ❿ 쓰러질 뻔했다니까요. ⓫ 어느 순간에는, 트레이너를 한 대 치고 싶었어요, 무슨 느낌인지 알죠? ⓬ 미치도록 힘들었어요. ⓭ 그런데 운동이 끝나니까, 기분이 너무 좋았어요. ⓮ 네, 그냥 좀 자고 싶기도 했어요… ⓯ 하지만 동시에 활력을 느꼈습니다. ⓰ 집에 도착하니까 아내가, "이야, 샘! 엄청 멋있는데!"라고 하더라고요. ⓱ 그리고 그 말을 들으니 세상을 다 가진 느낌이었답니다. 진짜로요. ⓲ 네, 대충 이게 제가 어제 했던 일들이에요. ⓳ (낮에는) 헬스장에서 운동했고요, 그리고, 음, 밤에는 집에서 아내와 운동을 했죠. ⓴ 무슨 말인지 알겠죠.

Useful Expressions

- ❶ just yesterday 바로 어제
- ❺ bang for the buck 돈을 낸 만큼의 가치, 가성비 *bang은 '가치'를 의미하고 buck은 dollar의 슬랭입니다.
- ❻ shoulder day 어깨 운동하는 날
- ❾ pass out 기절하다
- ❿ collapse 쓰러지다
- ⓫ at some point 어느 순간에는
- ⓭ right after ~ ~직후에
- ⓰ you looking good! 좋아 보인다!, 멋있어 보인다!
  *문법적으로는 you are looking good!이 맞지만, 말할 때는 are를 빼고 you looking good!이라고 하기도 합니다. 일종의 슬랭이라고 할 수 있어요.
- ⓱ on top of the world 세상의 위에 있는, 세상을 다 가진 듯한

IMPORTANT LESSON

⑪ And at some point, I wanted to punch him, you know?

누군가를 주먹으로 때리고 싶을 정도로 화가 난 적이 있나요? 물론 진짜 때리지는 않았겠지만, 가끔 그러고 싶을 때가 있었을 거예요. 영어로 대화할 때 그런 감정을 표현하는 것은 듣는 사람이 여러분의 진심을 이해하는 데 정말 큰 도움이 됩니다. 물론, 나를 화나게 한 사람을 때리고 싶다고 말함으로써, 그 순간의 기분을 채점자에게 확실하게 전달할 뿐만 아니라 답변을 훨씬 더 자연스럽게 만들어 줄 수도 있어요.

제 답변을 보시면, 트레이너와 어떻게 운동했는지 말하고 있습니다. 트레이너는 저를 한계까지 밀어붙이고 있었어요. 물론 화가 나지는 않았지만, 쉬운 일은 아니었어요. 트레이너를 때리고 싶었다고 말함으로써, 운동이 얼마나 힘들었는지 잘 보여주는 거죠. 물론 여러분이 실제로 화가 났을 때도 punch를 사용할 수 있지만, '힘듦'을 겪고 있을 때도 한번 사용해 보세요! 일단 감을 잡고 나면, 훨씬 더 재밌는 답변이 될 거예요!

AL 학생이 직접 만든 예시 실제로 화가 나지 않은 상황에서 punch 사용해 보기

Bars 술집/바

We drank like a fish. Because the bartender kept serving us free cocktails. One, two... and then I lost count! I wanted to **punch** him cause we were getting so wasted. But I also wanted to hug him cause they were free!

우리는 술고래처럼 술을 마셨어요. 왜냐하면 바텐더가 공짜 칵테일을 계속 줬거든요. 한 잔, 두 잔… 어디까지 셌는지 까먹었어요! 너무너무 취해서 그 바텐더를 한 대 치고 싶었어요. 하지만 안아주고 싶기도 했습니다. 칵테일이 다 공짜였으니까요!

Fashion 패션

My boyfriend wanted me to try on a whole bunch of different pants. He was like, "I'll buy whatever you want! We have ten more to try! Come on!" And at some point, I wanted to **punch** him cause I was literally out of energy. But I was also happy cause they were all crazy expensive!

남자 친구는 저한테 수백 가지의 다른 바지를 입어보게 했어요. 남자 친구는 막 이랬죠. "네가 원하는 거 다 사줄게! 10벌 더 입어봐야 해! 빨리 움직여!" 어떤 순간에는, 그를 한 대 치고 싶었어요. 전 완전히 에너지를 다 써버렸거든요. 하지만 좋기도 했어요. 왜냐면 그 바지들은 다 엄청나게 비쌌거든요!

26 Furniture 가구

QUESTION

↪ 문제 듣기

QR
Chap03_26Q

Tell me about a time when you had problems with your furniture. Perhaps it got damaged for some reason. Tell me exactly what happened and how you solved the problem.

가구에 문제가 있었을 때에 대해 말해 주세요. 어떤 이유로 손상되었을 수도 있습니다. 정확히 어떤 일이 있었고 어떻게 그 문제를 해결했는지 말해 주세요.

질문을 들을 때, 꼭 해야 하는 것! ☆질문은 꼭! 2번 들으세요.

질문을 처음 들을 때: 무엇을 물어보는 질문인지, 어떤 카테고리인지 생각해 보기

질문을 두 번째 들을 때: 나의 MP는 무엇인지 키워드로 생각해 보기
(What, Feeling, 그렇게 느끼는 Why)

질문을 처음 들을 때

무엇을 물어보는 질문인가? ______________________________

이 질문은 어떤 카테고리인가? ______________________________

질문을 두 번째 들을 때

What? ______________________________

Feeling? ______________________________

Why? ______________________________

오픽노잼의 예시

질문을 처음 들을 때

- 무엇을 물어보는 질문인가? *furniture*
- 이 질문은 어떤 카테고리인가? *past experience*

질문을 두 번째 들을 때

- What? ❷ *height adjustable desks*
- Feeling? ❸ *fantastic,* ❸ *huge problem,* ❺ *annoying*
- Why? ❹ *too small*

오픽노잼의 답변

답변 듣기

Chap03_26A

초초반 + MP	❶ Ah OK, well, not too long ago, I decided to get one of those, um, what do you call it... ❷ Height adjustable desks? ❸ And even though it was a fantastic desk, **there was a huge problem.** ❹ **The problem was...** it was too small. ❺ And that part, there, was so annoying.
Body	❻ Yeah, it was just so frustrating that I didn't measure my room before getting this desk. ❼ My wife, of course, was looking at me like I was the dumbest person in the world. Direct Quotation ❽ And she was like, "Sam, why didn't you measure your room?" ❾ And, ugh, I couldn't say anything. ❿ Because she was right. ⓫ And so, I had to go back to Ikea and get this thing replaced with a bigger desk. ⓬ It was such a simple thing that I could've done to avoid this whole mess. ⓭ But, of course, sometimes... like my wife says all the time... I'm dumb.
Conclusion	⓮ Hopefully, I'll learn my lesson that I will be more prudent. ⓯ But we'll see. ⓰ I can be still very stupid at times.

❶ 아, 네, 그렇게 오래전은 아니고요, 뭔가를 하나 사기로 했어요, 그걸 뭐라고 부르죠… ❷ 높이 조절 가능한 책상이던가? ❸ 엄청 멋진 책상이긴 했지만, 큰 문제가 하나 있었어요. ❹ 문제는 바로… 너무 작았던 거죠. ❺ 그 부분이 너무 짜증 났어요. ❻ 네, 이 책상을 사기 전에 방 면적을 재 보지 않은 것이 너무 속상했어요. ❼ 물론, 아내는 저를 세상에서 가장 멍청한 사람인 것처럼 보고 있었어요. ❽ 그리고 이렇게 말했죠, "샘, 왜 방 면적을 안 쟀어?" ❾ 아오, 할 말이 없더라고요. ❿ 아내 말이 맞았기 때문이죠. ⓫ 결국, 저는 이케아에 다시 가서 더 큰 책상으로 교환해야 했습니다. ⓬ 너무나 간단한 일(방 면적 측정)로 이 모든 난리를 피할 수 있었는데 말이죠. ⓭ 하지만, 물론, 가끔… 아내가 늘 말하듯이… 저는 멍청이에요. ⓮ (이번 일을 통해) 저는 제가 좀 더 신중해져야 한다는 것을 배웠길 바랍니다. ⓯ 하지만 한번 두고 봅시다. ⓰ 여전히 한 번씩 아주 멍청한 짓을 할 수도 있어요.

Useful Expressions

- ❶ what do you call it 그걸 뭐라고 부르더라
  *단어가 생각나지 않을 때, what do you call it 또는 what's the word라고 해보세요! 자연스러움 up!
- ❼ the dumbest person in the world 세상에서 가장 멍청한 사람
- ❾ I couldn't say anything. 아무것도 말하지 못했어요., 할 말이 없었어요.
- ⓬ whole mess 모든 난리, 소동, 난장판
- ⓭ I'm dumb. 저는 멍청이입니다., 저는 바보입니다.
- ⓮ prudent 신중한
- ⓰ at times 가끔씩, 한 번씩

IMPORTANT LESSON

❸ And even though it was a fantastic desk, **there was a huge problem.**
❹ **The problem was...** it was too small.

종종, Past Experience나 RP 13 질문에 답변할 때, 어떤 특정한 '문제'가 있었는지 설명해야 하는 경우가 있습니다. 이 답변에서 저는 어떤 것에 문제가 있었는지 언급한 다음, 그것의 문제점이 무엇이었는지 자세히 설명하고 있어요. 이것을 차례대로 두 문장으로 말합니다. 이건 채점자에게 진짜 문제가 무엇이었는지를 보여줄 수 있는 강력한 방법이에요. 하지만 대부분의 학생들은 이렇게 두 문장으로 나누지 않고 한 문장으로 말합니다.

"But the problem was that it was too small. 하지만 문제는 그것이 너무 작다는 것이었습니다."

물론, 이 문장에는 아무런 문제가 없습니다. 하지만, 가끔 '그 문제가 정말 심각했다'는 것을 보여주려고 할 때, 두 문장으로 나누어 말하는 전략을 사용하면 답변의 요점을 분명히 전달할 수 있을 거예요.

AL 학생이 직접 만든 예시 **문제가 있었던 경험을 두 문장으로 나눠서 설명해 보기**

Banks 은행

When I arrived at the bank, **there was a huge problem. The problem was...** I forgot to bring my ID. And you know what? There was an even bigger problem. My home was two hours away from the bank.

은행에 도착했을 때, 정말 큰 문제가 있었어요. 문제가 뭐였냐면… 제가 신분증을 가져오지 않았다는 거였어요. 그리고 그거 아세요? 훨씬 더 큰 문제가 또 있었어요. 저희 집이 은행에서 두 시간 걸린다는 거였죠.

Trips (RP 13) 여행

I was traveling to the Philippines last year. And right on the last day of my trip... **there was a severe problem. The problem was...** I got an e-mail that informed me (that) my flight was canceled. Yeah, it was because of the COVID-19 outbreak.

작년에 저는 필리핀 여행 중이었어요. 그리고 바로 여행 마지막 날에… 심각한 문제가 있었어요. 문제가 뭐였냐면… 이메일을 하나 받았는데, 제 비행기가 취소됐다는 내용이었어요. 네, 코로나바이러스 발병 때문이었죠.

Gatherings 모임

QUESTION

문제 듣기

Chap03_27Q

What did you do at your last gathering or celebration? What was the occasion? Give me all the details about the gathering or the celebration you had.

마지막 모임이나 축하 행사에서 무엇을 했나요? 무슨 이유였나요? 당신이 참석했던 모임이나 축하 행사에 대해 자세히 설명해 주세요.

CHAPTER 03 Past Experience

질문을 들을 때, 꼭 해야 하는 것! ☆질문은 꼭! 2번 들으세요.

- **질문을 처음 들을 때:** 무엇을 물어보는 질문인지, 어떤 카테고리인지 생각해 보기
- **질문을 두 번째 들을 때:** 나의 MP는 무엇인지 키워드로 생각해 보기 (What, Feeling, 그렇게 느끼는 Why)

질문을 처음 들을 때

무엇을 물어보는 질문인가? ______________________

이 질문은 어떤 카테고리인가? ______________________

질문을 두 번째 들을 때

What? ______________________

Feeling? ______________________

Why? ______________________

오픽노잼의 예시

질문을 처음 들을 때

- 무엇을 물어보는 질문인가? *gatherings*
- 이 질문은 어떤 카테고리인가? *past experience*

질문을 두 번째 들을 때

- What? ❷ *whiskey night*
- Feeling? ❺ *satisfied*
- Why? ❸ *drunk mess,* ❹ *the whole point of the get-together*

오픽노잼의 답변

답변 듣기

Chap03_27A

초초반 + MP	❶ Well, OK, let's see. ❷ A couple of months ago, my wife and I invited two of our friends for whiskey night. ❸ And you can probably **imagine**, we were a drunk mess. ❹ But heck, that was the whole point of the get-together. ❺ So, we were just very satisfied.
Body	❻ The thing is, we have these meetups from time to time. ❼ Um, why? ❽ Well, why not... is my response. ❾ And the thing is, we got some expensive whiskey. ❿ Because we really like them. ⓫ They are also a married couple just like us. ⓬ They have no kids just like us. ⓭ And so, there are a lot of similarities between us. ⓮ And so, we thought that it was a great time to try some expensive whiskey together. ⓯ Vent a little... ⓰ Play some PS5... ⓱ Whatever, right? ⓲ Just chill. ⓳ And yeah, it was a very chilling experience. ⓴ Even though we were crazy hammered afterwards. ㉑ But I think it was all worth it, and we can't wait for the next meetup.
Conclusion	㉒ I wonder what whiskey we're gonna drink next.

❶ 글쎄요, 한번 생각해 볼게요. ❷ 몇 달 전에, 아내와 저는 위스키 한잔하러 친구 두 명을 초대했어요. ❸ 상상이 되시죠, 술에 취해 엉망진창이 된 저희의 모습을요. ❹ 근데 뭐 어때요, 그게 바로 모임의 포인트죠. ❺ 그랬기에, 저희는 아주 즐거운 시간을 보냈답니다. ❻ 사실, 저희는 종종 이런 모임을 해요. ❼ 음, 왜냐고요? ❽ 글쎄요, 안 그럴 이유가 없으니까요… 이게 제 대답이에요. ❾ 그리고 있잖아요, (이번 모임에) 저희 부부는 비싼 위스키를 준비했어요. ❿ 왜냐면 저희는 그 친구들을 정말 좋아하거든요. ⓫ 그 친구들도 저희 같은 부부예요. ⓬ 또 저희처럼 아이도 없고요. ⓭ 그리고, 그 외에도 많은 공통점이 있어요. ⓮ 또, 저희는 같이 값비싼 위스키를 마시기 좋은 시간이라고 생각했죠. ⓯ 어디서 못한 이야기들도 좀 하고… ⓰ PS5 게임도 좀 하고… ⓱ 뭐 그런 것들이요. ⓲ 그저 느긋한 시간을 보냈죠. ⓳ 맞아요, 그냥 재밌게 즐기는 시간이었어요. ⓴ 나중에는 완전히 취하긴 했지만요. ㉑ 그래도 그만한 가치가 있었다고 생각하고, 다음 모임이 너무 기다려져요. ㉒ 다음번에는 어떤 위스키를 마실지 궁금하네요.

Useful Expressions

- ❶ Let's see. 한번 생각해 볼게요.
- ❷ a couple of months ago 몇 달 전에, 두어 달 전에
- ❸ a drunk mess 술에 취해 엉망진창이 된 모습
- ❹ but heck 근데 에이 뭐 *여기서 쓰인 heck은 비속어가 아니라, '에이 뭐'와 같은 의미입니다.
- ❻ from time to time 가끔씩
- ⓲ just chill 느긋한 시간을 보내다 *chill은 아무것도 하지 않고 느긋하고 편안하게 쉬는 것을 의미해요.
- ⓴ hammered 술에 아주 많이 취한

IMPORTANT LESSON

❸ And you can probably **imagine**, we were a drunk mess.

채점자가 여러분이 말하는 것을 상상하게 할 수 있다면, 한번 해보세요! 이것은 여러분이 실제로 Ava와 대화하고 있다는 것을 보여주는 좋은 방법입니다. 제 답변에서는 "And you can probably imagine, ~"라고 말했어요.

그냥 간단히 imagine이라는 단어를 사용함으로써 채점자가 상상할 수 있도록 하는 거예요. 이것은 또한 채점자가 비슷한 경험을 했거나 혹은 비슷한 경험을 했던 누군가를 알고 있을 가능성이 있다는 것을 의미하죠. 따라서, 이 imagine 전략은 채점자가 여러분의 말에 공감하도록 만드는 거예요. 그러면 여러분의 이야기는 훨씬 더 이해하기 쉬워집니다. '이해하기 쉽다 = 보너스 포인트'. 간단하죠!

AL 학생이 직접 만든 예시 imagine 전략 사용해 보기

Furniture 가구

I bought a fabric sofa for a change. And believe you me, it was quite pricey. But you know, my cat simply didn't care about how expensive it was. And so, you can probably **imagine** what he did to it. Yup, it's all scratched up.

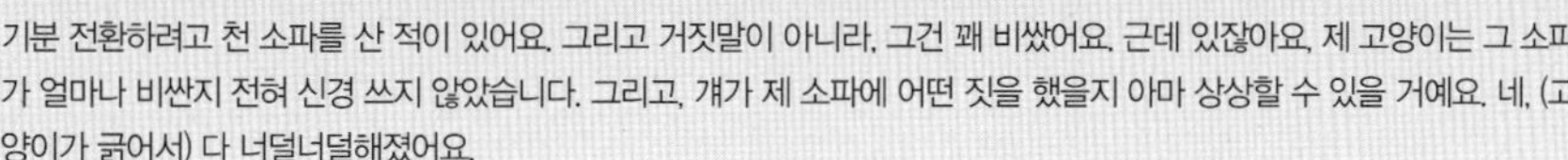

기분 전환하려고 천 소파를 산 적이 있어요. 그리고 거짓말이 아니라, 그건 꽤 비쌌어요. 근데 있잖아요, 제 고양이는 그 소파가 얼마나 비싼지 전혀 신경 쓰지 않았습니다. 그리고, 걔가 제 소파에 어떤 짓을 했을지 아마 상상할 수 있을 거예요. 네, (고양이가 긁어서) 다 너덜너덜해졌어요.

Appointments 예약

I once went to see a dentist when I was... 6... 7 years old. And I remember what happened as clear as yesterday. Because it was a terrible experience. So basically, as soon as I got there, I heard children crying. And you can probably **imagine** how freaked out I was!

제가 아마… 6살… 7살 때쯤 치과에 간 적이 있는데요. 무슨 일이 있었는지 어제처럼 생생하게 기억해요. 왜냐면 진짜 끔찍한 경험이었거든요. 그러니까, 제가 거기 도착하자마자, 아이들이 우는 소리를 들었거든요. 제가 얼마나 놀랐을지 아마 상상할 수 있겠죠.

28 Housing 거주지

QUESTION

문제 듣기

Chap03_28Q

Sometimes we want to change something in our home. Maybe get new furniture or do some painting or decorating. Tell me about one change that you made in your home. Tell me why you decided to make that change and everything you had to do to make that change happen.

때때로 우리는 집안에 무언가를 바꾸고 싶을 때가 있습니다. 새 가구를 사거나, 그림을 그리거나, 실내 장식을 할 수도 있습니다. 당신의 집에 변화를 준 점 한 가지를 말해 주세요. 왜 그런 변화를 주기로 결심했고 그 변화를 이루기 위해 무엇을 해야 했는지 말해 주세요.

질문을 들을 때, 꼭 해야 하는 것! ☆질문은 꼭! 2번 들으세요.

질문을 처음 들을 때: 무엇을 물어보는 질문인지, 어떤 카테고리인지 생각해 보기

질문을 두 번째 들을 때: 나의 MP는 무엇인지 키워드로 생각해 보기 (What, Feeling, 그렇게 느끼는 Why)

질문을 처음 들을 때

무엇을 물어보는 질문인가? ______________________

이 질문은 어떤 카테고리인가? ______________________

질문을 두 번째 들을 때

What? ______________________

Feeling? ______________________

Why? ______________________

오픽노잼의 예시

질문을 처음 들을 때

- 무엇을 물어보는 질문인가? *housing*
- 이 질문은 어떤 카테고리인가? *past experience*

질문을 두 번째 들을 때

- What? ❷ *desk*
- Feeling? ❹ *my back is just so happy*
- Why? ❺ *no more back pain,* ❻ *whenever I'm working from home*

오픽노잼의 답변

답변 듣기

Chap03_28A

초초반 + MP	❶ Oh wow, what a timely question. ❷ Cause just recently, I was able to purchase a desk where, you know, you could adjust the height levels? ❸ Using your smartphone? ❹ And now, my back is just so happy. ❺ No more back pain. ❻ Whenever I'm working from home.
Body	❼ I mean, before I got this desk, I had a very normal desk. ❽ And if you're someone like me, working from home, then you're working long hours in front of the computer. ❾ Like sometimes 8 hours at a time. ❿ And so, you can imagine how painful my back became at times, you know? ⓫ Crazy wear and tear. Direct Quotation ⓬ And **my back was like**, "Sam, what the heck are you doing?" ⓭ "Sam, I hate you." ⓮ Constantly, by the way, and so, I thought there had to be a better way. ⓯ And then lo and behold... ⓰ I mean, I stumbled across this wonderful desk where you can adjust the height levels... ⓱ To any height that you want, pretty much. ⓲ And I saw this in Ikea. ⓳ And so, I had to get this right away. ⓴ I didn't care what the price was. ㉑ And now, I'm just thrilled! ㉒ Now, whenever I'm working, it's a complete joy.
Conclusion	㉓ And so, if you love your back, you must get one of these desks. ㉔ Trust me!

❶ 우와, 질문 타이밍 한번 정말 좋네요. ❷ 왜냐하면 바로 얼마 전에, 제가 책상을, 그러니까, 높이 조절이 되는 걸로 하나 샀거든요? ❸ 스마트폰으로 조절하는 거요. ❹ 그래서 이제는, 허리가 얼마나 행복한지 모릅니다. ❺ 더 이상 허리 통증이 없어요. ❻ 재택근무를 할 때요. ❼ 있잖아요, 이 책상을 사기 전에는, 아주 평범한 책상을 사용했어요. ❽ 그리고 저처럼 집에서 일하는 사람이라면, 컴퓨터 앞에서 오랜 시간 일할 거예요. ❾ 가끔 한 번에 8시간 정도 말이에요. ❿ 그러니까, 때때로 제 허리가 얼마나 아팠을지 상상할 수 있을걸요? ⓫ 진짜 허리가 나가는 줄 알았어요. ⓬ 제 허리가 이러더라고요, "샘, 너 도대체 뭐 하는 짓이야?" ⓭ "샘, 너 진짜 싫어." ⓮ 계속 이런 식이었어요, 어딘가엔 반드시 해결 방법이 있을 것만 같았어요. ⓯ 근데, 아니나 다를까… ⓰ 높이 조절이 가능한 이 멋진 책상을 우연히 발견한 거 있죠… ⓱ 아마 웬만한 높이는 다 조절 가능할걸요. ⓲ 이걸 이케아에서 봤어요. ⓳ 당장 사야만 했어요. ⓴ 가격이 얼마인지는 전혀 신경 안 썼어요. ㉑ 그리고 지금은요, 너무 좋아요! ㉒ 요즘은 일할 때마다, 정말 행복해요. ㉓ 그러니까, 만약 당신의 허리를 아낀다면, 이런 책상을 꼭 사야 합니다. ㉔ 저를 믿어보세요!

Useful Expressions

- ❶ What a timely question. 질문 타이밍 한번 정말 좋네요., 타이밍이 딱 맞는 질문이네요. 초초반 꿀표현
- ❿ you can imagine how ~ 얼마나 ~한지 상상할 수 있겠죠
- ⓫ crazy wear and tear (허리가) 망가지는 줄 알았다
  *wear는 '입다'의 의미도 있지만 어떤 것을 많이 입거나 사용해서 '마모되고 해지다'라는 의미도 있습니다. 그리고 여기서 쓰인 tear은 '찢어지다'라는 의미의 동사입니다. 따라서 crazy wear and tear은 어떤 것을 너무 많이, 오래 입거나 사용해서 '해지고 찢어진' 상태라고 생각하면 돼요. 여기서는 '(허리를 너무 많이 써서) 나가는 줄 알았다'라고 자연스럽게 의역했습니다.
- ⓬ What the heck are you doing? 너 도대체 뭐 하는 짓이야?
- ⓯ lo and behold 아니나 다를까, 그럼 그렇지
  *놀라긴 했지만 어느 정도 예상은 해서 엄청 놀라진 않았을 때 쓸 수 있는 감탄사입니다.
- ⓰ stumble across ~을 우연히 발견하다, 마주치다
- ㉑ thrilled 아주 좋은, 짜릿한
- ㉔ Trust me! 저를 믿어보세요!

CHAPTER 03 Past Experience

IMPORTANT LESSON

⑫ And **my back was like**, "Sam, what the heck are you doing?"
⑬ "Sam, I hate you."

Past Experience 질문에 답변할 때 Direct Quotation을 사용하는 것을 추천합니다. 항상 그럴 필요는 없지만, 연습할 때는 Direct Quotation을 사용하도록 노력해야 해요. Direct Quotation이 좋은 전략인 이유는 높은 문법 실력을 보여줄 수 있기 때문입니다. Past Experience는 대부분 과거형으로 답변해야 하잖아요. 하지만, Direct Quotation은 보통 현재형으로 완성됩니다. 이렇게 '나는 답변에서 여러 시제를 자유자재로 쓸 수 있다'는 것을 보여줄 수 있는 거죠!

감을 잡았다면, Direct Quotation에 살짝 Personification(의인화)을 사용해 보세요! 제 답변에서, 저는 허리가 어떻게 저에게 말하고 있는지를 보여줍니다. 또한 Sam을 반복함으로써 이 전략이 더 효과적으로 보이도록 하고 있죠. 여기서 가장 중요한 것은 Direct Quotation과 Personification을 함께 섞어서 사용하는 것입니다. 하지만 반드시 Direct Quotation을 먼저 마스터한 후, Personification을 함께 섞어서 사용하는 연습을 해보세요.

AL 학생이 직접 만든 예시 Direct Quotation과 Personification을 함께 사용해 보기

Fashion 패션

Direct Quotation

I tried this random jacket. And **my boyfriend was like**, "Wow, you look great!"

저는 그냥 되는대로 고른 어떤 재킷을 입어봤어요. 그리고 제 남자 친구는 이렇게 말했어요, "우와, 너 그거 잘 어울린다!"

Direct Quotation | Personification

I tried this random jacket. And it hugged me perfectly. **It was like**, "I'm yours! Take me!"

저는 그냥 되는대로 고른 어떤 재킷을 입어봤어요. 그리고 저한테 완벽하게 딱 맞더라고요. 재킷이 이러더라고요, "난 네 거야! 날 데려가!"

Furniture 가구

Direct Quotation

As I opened the box, **I was like**, "What the heck is this?!" It was way smaller than I expected.

상자를 열었을 때, 저는 이렇게 말했어요, "도대체 이게 뭐람?!" 제 예상보다 훨씬 더 작았거든요.

Direct Quotation | Personification

As I opened the box, I realized that there was something wrong with it. It was way too small! And **the bed was like**, "You should've bought a bigger one, dumbass!"

상자를 열었을 때, 저는 뭔가 잘못되었다는 것을 알게 됐죠. 그건 너무너무 작았어요! 그리고 그 침대가 이러더라고요, "더 큰 걸 샀어야지, 멍청아!"

29 Music 음악

QUESTION

Chap03_29Q

Could you think back to a particularly memorable time when you heard live music? Describe that experience in detail. When was it? Where were you? Who were you with? What happened that made that performance so memorable or special?

라이브 음악을 들었던 특별히 기억에 남는 경험을 떠올려 볼 수 있나요? 그 경험을 자세히 설명해 주세요. 언제였나요? 어디에 있었나요? 누구와 함께 있었나요? 그 공연이 기억에 남고 특별하게 만든 일은 무엇인가요?

질문을 들을 때, 꼭 해야 하는 것! ☆질문은 꼭! 2번 들으세요.

질문을 처음 들을 때: 무엇을 물어보는 질문인지, 어떤 카테고리인지 생각해 보기
질문을 두 번째 들을 때: 나의 MP는 무엇인지 키워드로 생각해 보기
(What, Feeling, 그렇게 느끼는 Why)

질문을 처음 들을 때

무엇을 물어보는 질문인가? ______________________

이 질문은 어떤 카테고리인가? ______________________

질문을 두 번째 들을 때

What? ______________________

Feeling? ______________________

Why? ______________________

오픽노잼의 예시

질문을 처음 들을 때

- 무엇을 물어보는 질문인가? *music*
- 이 질문은 어떤 카테고리인가? *past experience*

질문을 두 번째 들을 때

- What? ❷ *hookah bar,* ❸ *live performance*
- Feeling? ❶ *perfect story,* ❹ *absolutely unbelievable*
- Why? ❹ *this guy was singing and tap dancing*

오픽노잼의 답변

답변 듣기

Chap03_29A

초초반 + MP	❶ Oh, I have the perfect story for this. ❷ You see, my wife and I... we... went to this hookah bar. ❸ And there was like a... a live performance? ❹ It was absolutely unbelievable because this guy was singing and tap dancing all at the same time.
Body	❺ Now, before we got there, we didn't expect much. ❻ We knew there was gonna be some live music... ❼ But, I mean, we expected some amateurish type of performance. ❽ Basically, we were there just to smoke some hookah. ❾ Have some drinks... ❿ Have a good time... ⓫ And that's all. ⓬ But when this guy started singing... ⓭ **First of all,** his voice was just incredible, let me tell you... ⓮ But not only that, as he took breaks from singing, he started tap dancing as well. ⓯ I've never seen anything like this before. ⓰ And my wife and I... we were just looking at each other, like, in shock, you know? ⓱ We weren't saying anything. Direct Quotation ⓲ But our eyes were simply saying to each other, "Wow." ⓳ You know what I mean? ⓴ As simple as that. ㉑ And ever since then, we became regular customers of that place. ㉒ We go there like all the time now.
Conclusion	㉓ Right now we can't because of the darn coronavirus. ㉔ And so, we're waiting. ㉕ But we can't wait to go back. ㉖ We need more of the singing and the tapping. ㉗ Oh yeah!

❶ 오, 이 질문에 정말 딱 맞는 이야기가 있어요. ❷ 있잖아요, 제 아내와 저는… 어떤 후카 바(물 담배 바)에 간 적이 있어요. ❸ 그리고 거기에서 라이브 공연 같은… 걸 하더라고요. ❹ 한 남자가 노래를 하면서 동시에 탭댄스를 추는데, 정말 믿기 힘들 정도로 멋졌어요. ❺ 솔직히, 거기에 가기 전까지만 해도 큰 기대는 없었거든요. ❻ 라이브 음악 같은 게 있을 거라는 건 알았어요… ❼ 하지만, 그냥 아마추어 뮤지션들의 공연일 줄 알았어요. ❽ 그냥, 저희는 물 담배를 피우러 갔던 거예요. ❾ (그러면서) 술도 좀 마시고… ❿ 좀 즐기고… ⓫ 이 정도만 하려고 했죠. ⓬ 그런데 그 남자가 노래를 부르기 시작했는데요… ⓭ 우선, 그분의 목소리로 말할 것 같으면, 믿어지지 않을 정도였어요. 진짜로요… ⓮ 그런데 그것뿐만이 아니라, 잠시 노래 부르는 것을 멈추고 탭댄스를 추기 시작했습니다. ⓯ 저는 진짜 그런 건 또 처음 봤어요. ⓰ 제 아내와 저는 그저 서로만 쳐다봤죠… 엄청 놀란 얼굴로요. ⓱ 아무 말도 없이요. ⓲ 하지만 저희는 서로 눈빛으로 말했어요, "와우." ⓳ 무슨 말인지 알겠죠? ⓴ 그 정도로 놀라웠어요. ㉑ 그 이후로, 저희는 그곳의 단골손님이 되었습니다. ㉒ 지금은 엄청 자주 가게 되었죠. ㉓ 근데 지금 당장은 이 망할 놈의 코로나바이러스 때문에 갈 수가 없네요. ㉔ 그래서, 기다리고 있어요. ㉕ 다시 갈 수 있기만을 기다리고 있습니다. ㉖ 노래와 탭댄스가 필요해요. ㉗ 오 예!

Useful Expressions

- ❹ all at the same time 동시에 *at the same time보다 조금 더 강조된 느낌입니다.
- ❺ We didn't expect much. 큰 기대를 하지 않았어요.
- ❼ amateurish 아마추어의
- ⓯ I've never seen anything like this before. 이런 광경은 이전에 본 적이 없어요., 살면서 처음 봤어요.
- ⓰ in shock 놀란 채로, 충격에 휩싸인 채로
- ⓴ as simple as that 그만큼 단순한(간단한) 거예요, 그만큼 당연한 거예요
  *여기서는 문맥상 '그 정도로 놀라웠어요'라고 자연스럽게 의역했습니다.
- ㉑ a regular customer 단골손님
- ㉓ darn coronavirus 망할 놈의 코로나바이러스 *coronavirus를 말하고 싶을 때 darn을 붙여서 말해보세요. 자연스러움 up!

IMPORTANT LESSON

⑬ **First of all,** his voice was just incredible, let me tell you...
⑭ But not only that, as he took breaks from singing, he started tap dancing as well.

오픽 시험에서는 아래 예시들을 절대로 사용하지 마소!

- moreover
- furthermore
- in addition
- to exemplify
- first of all / second / last

오해하지 마세요. 위 예시들은 어휘력 향상에 아주 좋은 표현임은 분명합니다. 그리고 자신의 생각을 정리하는 데에도 도움이 되죠. 하지만, 이 표현들은 대부분 글쓰기에 사용하는 것이 좋습니다! 다시 말해서, 이메일, 편지, 그리고 에세이에 사용하면 좋아요. 또한 전문적인 발표나 연설에도 좋습니다. 하지만 오픽 같은 프리스타일 의사소통에는 좋지 않아요. 뻣뻣하고 부자연스럽게 들립니다. 정말 스크립트를 외워서 말하는 것처럼 들려요.

그럼, 저는 왜 사용했을까요? First of all은 위의 다른 표현들보다 좀 더 편하게 사용할 수 있습니다. 저는 말하는 중간에 사용했다는 것을 주목하세요! 제 대답을 '정리'하기 위해 First of all을 사용한 것이 아니라, 탭댄스에 대해 말하기 전에 약간의 디테일(목소리 = 대단함)을 말하기 위해 사용했어요. 대부분의 학생들은 답변 시작부터 First of all을 사용하여 스크립트처럼 들리게 합니다. 만약 여러분이 이 표현을 사용하고자 한다면, 답변 중간에 사용하면 좋겠어요. 그렇게 하면 답변이 좀 더 자연스럽게 들릴 거예요!

AL 학생이 직접 만든 예시 First of all을 자연스럽게 사용해 보기

Gatherings 모임

We had a blast that night. **First of all**, the cocktails were darn good. But not only that, the board games were highly enjoyable as well.

우리는 그날 밤 정말 좋은 시간을 보냈어요. 우선, 칵테일이 정말 맛있었고요. 근데 그뿐만이 아니라, 보드게임도 정말 재밌었어요.

Bars 술집/바

We went to this random bar. **First of all**, the vibe there was legit. But what truly blew me away were the bartenders. They were all freakin' handsome.

우리는 어떤 술집에 갔어요. 우선, 거기 분위기가 진짜 좋았어요. 근데 진짜로 제 마음에 쏙 들었던 건 거기 바텐더들이었어요. 바텐더들이 모두 너무 잘생겼거든요.

30 Recycling 재활용

QUESTION

문제 듣기
Chap03_30Q

Tell me what recycling was like when you were a child. Was there a particular place where you took out the recyclables? Describe in detail what it was like and what you did.

당신이 어렸을 때는 재활용이 어땠는지 말해 주세요. 재활용을 하는 특정 장소가 있었나요? 그곳은 어떻게 생겼고 (그곳에서) 무엇을 했는지 설명해 주세요.

질문을 들을 때, 꼭 해야 하는 것! ☆질문은 꼭! 2번 들으세요.

질문을 처음 들을 때: 무엇을 물어보는 질문인지, 어떤 카테고리인지 생각해 보기

질문을 두 번째 들을 때: 나의 MP는 무엇인지 키워드로 생각해 보기 (What, Feeling, 그렇게 느끼는 Why)

질문을 처음 들을 때

무엇을 물어보는 질문인가? ____________________

이 질문은 어떤 카테고리인가? ____________________

질문을 두 번째 들을 때

What? ____________________

Feeling? ____________________

Why? ____________________

오픽노잼의 예시

질문을 처음 들을 때

- 무엇을 물어보는 질문인가? *recycling*
- 이 질문은 어떤 카테고리인가? *past experience*

질문을 두 번째 들을 때

- What? ❷ *recycling*
- Feeling? ❶ *unique*, ❷ *magical experience*
- Why? ❸ *even though I didn't recycle, things still got recycled*

오픽노잼의 답변

답변 듣기

Chap03_30A

초초반 + MP	❶ I'm gonna try to be unique with my answer here. ❷ Recycling was **a magical experience** when I was a child. ❸ Because even though I didn't recycle, things still got recycled. ❹ Let me explain what I mean here.
Body	❺ When I was, like, very young, I had a lot of workers. ❻ Two to be exact. ❼ And they would recycle so thoroughly even though I didn't tell them to. ❽ When I studied, things got recycled. ❾ When I slept, things got recycled. ❿ It was actually pretty cool. ⓫ By the way, those two workers I'm talking about were my parents. ⓬ And they did not want me to lift a single finger. ⓭ All they wanted me to do was study. ⓮ They did not want me to waste time in recycling. ⓯ Because that could've been put towards studying. ⓰ I did not complain.
Conclusion	⓱ But did I study? ⓲ Not really. ⓳ But they don't know that. ⓴ And this is a secret that I have kept, and still will keep, forever. (And this is a secret that I have kept and will keep forever. 녹음본을 검토하면서 이 부분이 살짝 어색하다고 느꼈어요. 다시 녹음할 기회가 있었다면 이렇게 말했을 거예요.)

❶ 이번 질문에는 좀 특별하게 대답을 해볼게요. ❷ 제가 어렸을 때 했던 분리수거는 마법과 같은 경험이었어요. ❸ 왜냐면 저는 분리수거를 하지 않았는데도, 저절로 다 돼 있었거든요. ❹ 무슨 말인지 설명할게요. ❺ 제가 어릴 때는, 그러니까, 아주 어릴 때는, 저희 집에는 일하는 사람이 많이 있었어요. ❻ 정확히 말하면 두 명이요. ❼ 그들은 분리수거를 아주 꼼꼼하게 잘했어요, 제가 시키지 않았는데 말이죠. ❽ 제가 공부하고 나면, 분리수거는 끝나 있고, ❾ 제가 잠들고 나면, 분리수거가 다 돼 있었어요. ❿ 진짜 최고였죠. ⓫ 근데 있잖아요, 제가 말한 그 두 명의 직원들은 사실 저희 부모님이에요. ⓬ 저희 부모님은 제가 손가락 하나 까딱하는 걸 원치 않으셨거든요. ⓭ 그냥 제가 공부만 하기를 바라셨죠. ⓮ 제가 분리수거하는 데 시간을 낭비하는 것을 원치 않으셨어요. ⓯ 왜냐하면 그 시간에 차라리 공부를 더 하기를 바라셨죠. ⓰ 저는 그것에 대해 불평하지 않았어요. ⓱ 하지만 제가 공부를 했을까요? ⓲ 아닐걸요. ⓳ 하지만 저희 부모님은 그걸 모르시죠. ⓴ 이건 제가 지켜왔던, 그리고 앞으로도 영원히 지킬 비밀이에요.

Useful Expressions

- ❹ Let me explain what I mean here. 무슨 말인지 설명할게요.
- ❻ to be exact 정확하게 말하자면
- ❼ thoroughly 철저히, 철두철미하게, 꼼꼼하게
- ⓬ not lift a single finger 손가락 하나 까딱하지 않다
- ⓰ complain 불평하다
- ⓲ not really 아닐걸요, 그럴 리가요

CHAPTER 03 Past Experience

IMPORTANT LESSON

❷ Recycling was a magical experience when I was a child.

지금쯤은 제가 magic/magical 이 단어들을 얼마나 좋아하는지 아실 거예요. 이 단어들은 지니고 있는 의미처럼 여러분의 답변을 더 창의적이고 독특하게 만들어 줍니다. vacation 같은 일상적이지 않은 주제에 a magical experience '마법 같은 경험'과 같은 표현을 사용하는 것은 분명 쉽죠. 하지만 재활용과 같은 일상적인 주제들은 어떨까요? 처음엔 어려워 보이겠지만 연습을 통해 자연스럽게 사용할 수 있다면, 어떠한 지루한 질문을 받더라도 여러분의 답변은 지루하지 않을 거예요!

AL 학생이 직접 만든 예시 일상적인 주제에 a magical experience 표현 사용해 보기

Free Time 여가 시간

I had some free time last night. And so, I decided to have a Netflix marathon. And it was **a magical experience**. Because as soon as I started watching it, time literally flew by. Next thing you know, I was on the last episode! I pulled an all-nighter, but it felt like only a couple of hours.

어젯밤에 여가 시간이 좀 있었어요. 그래서, 넷플릭스 정주행을 하기로 마음먹었죠. 그리고 그건 마법 같은 경험이었어요. 왜냐하면 그 시리즈를 보기 시작하자마자, 시간이 정말 쏜살같이 지나갔거든요. 정신 차려보니, 마지막 에피소드를 보고 있더라고요! 밤을 새웠지만, 두 시간 정도로밖에 안 느껴졌어요.

Housing 거주지

I bought a candle for once. Cause, you know, I wanted my home to smell nice. I got the one that smells like coffee, by the way. And wow, it was **a magical experience**. My entire home turned into Starbucks!

한번은 제가 초를 산 적이 있어요. 왜냐하면, 있잖아요, 우리 집에 좋은 냄새가 났으면 했거든요. 참고로 커피 향이 나는 걸로 샀어요. 그리고 와, 그건 마법 같은 경험이었어요. 저희 집 전체가 스타벅스로 변했거든요!

MEMO

Comparison

비교

31 **Banks** 은행

32 **Bars** 술집/바

33 **Fashion** 패션

34 **Free Time** 여가 시간

35 **Games** 게임

36 **Geography** 지형

37 **Housing** 거주지

38 **Music** 음악

39 **Technology** 기술

40 **Weather** 날씨

Comparison 이란?

주제에 관해 과거와 현재가 어떻게 다른지 비교하는 질문 카테고리

› 권장 답변 시간: 1분 30초 정도 중요! 2분을 넘기지 말 것!

› 난이도: 고급

고급 수준의 질문에 답변을 잘하면 AL 등급을 받을 수 있는 확률이 높아집니다.
그렇기 때문에 고급 수준의 질문을 연습하는 데 많은 시간을 투자해야 합니다.
Comparison에서 핵심은 '**과거와 현재의 분명한 대조를 보여주기**'입니다.

› Comparison 질문 미리보기

31 **Banks**	Banks have definitely changed over time. Tell me about a bank you remember from your childhood. What did the bank look like? How was it different from banks today?
32 **Bars**	How have pubs changed over the years? How were they in the past, and how are they now? What are the differences and the similarities?
33 **Fashion**	Fashion styles are always changing. Tell me about the kinds of clothes that were popular when you were young. What did the styles look like? How are they different from what is popular now?
34 **Free Time**	Talk about your free time in the past. Did you have more or less free time? How was it different from your free time now?
35 **Games**	How were games you played when you were a child different from games you enjoy playing now? What are the differences and similarities between games you enjoyed in the past and the present? Please describe the contrast in detail.
36 **Geography**	How has your country changed in the past decade? Perhaps there were changes in urban development, tourism, or any other area. Choose one area of change and describe it providing a lot of details.
37 **Housing**	Describe the home you lived in as a child. How was that home different from the home you live in now?
38 **Music**	When did you first become interested in music? What kinds of music did you like first? Tell me how your interest in music developed from your childhood until today.
39 **Technology**	Technology has definitely changed over time. Tell me about an early memory that you have about a piece of technology. It could be a computer or a mobile phone from many years ago. Describe for me what this thing was like back then. How has that technology changed over time?
40 **Weather**	How has the weather in your country changed over the years? What was the weather like when you were a child? How was it different from what it is now?

› Comparison Strategy

STEP 1 **초초반** + MP	**초초반이란?** • 답변을 시작하는 부분 • 질문을 듣고 자연스럽게 반응해야 합니다. • 질문을 여러 가지에서 한 가지로 좁혀야 합니다. **MP** • '현재'에만 집중한 MP • STEP 1에서는 현재에만 집중해서 이야기합니다. 채점자가 헷갈려 할 수도 있으니, 과거 이야기는 절대 섞지 마세요. **중요!** STEP 1은 처음 30초 안에 끝내는 것이 좋아요. 연습할 때 계속 30초를 넘긴다면, MP를 먼저 간단명료하게 말한 다음 초초반으로 넘어가는 연습을 해보세요.
STEP 2 Past (과거)	과거에 대해 이야기합니다. **중요!** MP에서 언급한 현재 내용과 분명한 대조를 보여주어야 합니다.
STEP 3 Present (현재)	현재로 돌아와서, MP에서 언급한 현재에 대해 다시 이야기합니다. **중요!** MP를 한 번 더 언급함으로써 답변의 전달력 up! up! 마찬가지로 과거 내용과 분명한 대조를 보여주어야 합니다.
STEP 4 Conclusion (결론)	농담 섞인 결론, 교훈적인 결론, 일반적인 결론 등 자기 스타일대로 답변을 마무리 지으면 됩니다. **중요!** 답변을 끝내고 That's it./That's all./Thank you.와 같은 말은 하지 마세요. 자연스럽게 마무리 짓는 것이 중요합니다. 고급 수준의 질문에서는 독특하고 재밌는 결론을 연습해 보는 것을 추천합니다.

Banks 은행

무료 강의 보러가기!

QUESTION

문제 듣기

Chap04_31Q

Banks have definitely changed over time. Tell me about a bank you remember from your childhood. What did the bank look like? How was it different from banks today?

시간이 지나서 은행은 확실히 변했습니다. 당신이 어릴 때 기억 나는 은행에 대해 설명해 주세요. 은행은 어떻게 생겼었나요? 요즘의 은행과는 어떻게 달랐나요?

질문을 들을 때, 꼭 해야 하는 것! ☆질문은 꼭! 2번 들으세요.

질문을 처음 들을 때: 무엇을 물어보는 질문인지, 어떤 카테고리인지 생각해 보기

질문을 두 번째 들을 때: 나의 MP는 무엇인지 키워드로 생각해 보기 (What, Feeling, 그렇게 느끼는 Why)

질문을 처음 들을 때

무엇을 물어보는 질문인가? ______

이 질문은 어떤 카테고리인가? ______

질문을 두 번째 들을 때

What? ______

Feeling? ______

Why? ______

오픽노잼의 예시

질문을 처음 들을 때

- 무엇을 물어보는 질문인가? *banks*
- 이 질문은 어떤 카테고리인가? *comparison*

질문을 두 번째 들을 때

- What? ❸ *they're just so tiny*
- Feeling? ❹ *so amazing*, ❻ *it's all about*, ❻ *love*
- Why? ❺ *they fit right in my phone*, ❻ *online banking*

오픽노잼의 답변

답변 듣기

Chap04_31A

초초반 + MP	1 Okay, banks... 2 Well, let me give it to you straight. 3 I think they're just so tiny these days. 4 But that's what's just so amazing about them. 5 Because they fit right in my phone. 6 It's all about online banking, and I love that.
Past	7 Well, back in the days, like when I was a child, I followed my mom everywhere. 8 Even to banks. 9 And, of course, we had no choice, right? 10 We had to **physically** go to a bank... 11 Because there was no such a thing as a smartphone, apps, online banking. 12 None of that existed. 13 And so, it was very annoying having to wait in long lineups, you know? 14 And... ugh... just so frustrating.
Present	15 But these days, my goodness... we're living in the future. 16 That's for sure. 17 You don't feel like going to a bank? 18 You don't feel like waiting in long lineups? 19 No problem! 20 Let technology take care of you. 21 All we have to do is turn on our phones the way we usually do, go to our bank app, and voila! 22 We can do whatever we want. 23 So easy... 24 So painless... 25 Just puts a smile on my face every time. 26 I am a huge fan of technology because of this.
Conclusion	27 And you know what? 28 Let's see what the future has in store for us. 29 Who knows, maybe later, we can go to our banks by using our minds. 30 That's what I'm looking forward to.

1 음, 은행이라… 2 글쎄요, 솔직하게 말할게요. 3 제 생각에 요즘 은행들은 엄청 작은 것 같아요. 4 하지만 그게 바로 놀라운 부분이죠! 5 왜냐하면, 제 핸드폰에 쏙 들어가거든요. 6 모두 온라인 뱅킹을 말하는 거예요, 제가 너무 좋아하거든요. 7 글쎄요, 예전에 어렸을 때 저는 어딜 가나 엄마를 따라다녔어요. 8 은행까지도 말이죠. 9 물론, 선택의 여지가 없긴 했지만요, 그렇죠? 10 우리는 은행에 직접 가야만 했어요… 11 왜냐하면 그 시절에는 스마트폰이나 앱이나 온라인 뱅킹 같은 건 없었으니까요. 12 그 어떤 것도 없었어요. 13 그래서 정말 짜증 났던 건, 줄을 서서 엄청 기다려야 하는 것이었어요. 14 그건… 어우… 너무 답답했어요. 15 하지만 요즘은, 세상에… 꼭 미래에 살고 있는 것 같아요. 16 진짜로 그래요. 17 은행에 직접 가고 싶지 않잖아요? 18 줄을 서서 기다리고 싶지도 않잖아요? 19 문제없습니다! 20 기술이 모든 것을 해결해 줄 거거든요. 21 우리가 해야 할 것은 그냥 평소처럼 핸드폰을 켜서, 은행 앱을 누르기만 하면, 짠! 22 원하는 모든 것을 할 수 있어요. 23 너무 쉽고… 24 너무 번거롭지도 않고… 25 매번 입가에 미소를 짓게 만들죠. 26 저는 이런 것 때문에 기술의 열렬한 팬이 되었어요. 27 근데 혹시 그거 아세요? 28 미래가 우리를 위해 무엇을 준비해 뒀는지 두고 봅시다. 29 누가 알아요, 혹시 나중에는 생각만으로도 은행에 가는 게 가능할지도 모르죠. 30 저는 그런 걸 기대하고 있어요.

Useful Expressions

- 6 it's all about ~ 모두 ~을 말하는 거예요, 핵심은 ~이에요
- 9 have no choice 선택권이 없다
- 11 there is no such a thing as ~ ~같은 것은 세상에 없다
- 13 wait in long lineups 긴 줄을 서서 기다리다
- 15 We're living in the future. 미래에 살고 있어요.
- 21 voila! 짼(감탄사)
- 29 who knows 누가 알아요, 혹시 알아요

IMPORTANT LESSON

⑩ We had to **physically** go to a bank...

한국에 와서 '오프라인'이라는 말을 많이 들었어요. 처음에는 무슨 뜻인지 몰랐는데 한참 후에 알게 됐죠. 알고 보니 제 예시 답변에서처럼 어떤 '물리적인 장소'에 가는 것을 얘기할 때 쓰는 말이더라고요. 하지만 '오프라인'은 완전히 콩글리시이고 종종 혼란스러울 때가 많습니다. 그러니 절대로 '오프라인'이라고 말하지 마세요. 대신, 아래의 예시들을 사용해 보세요.

EXAMPLES:

- We had to **physically** go to a bank...
- We had to go there **in person**...
- We had to go there **ourselves**...

AL 학생이 직접 만든 예시 어떤 장소에 직접 간다는 표현 알맞게 사용해 보기

Music 음악

But these days, we can't go to concerts or live performances because of COVID-19. And to be honest, I've had enough of online concerts. They're just not the same. I truly miss the time when we could **physically** go to a concert.

근데 요즘은, 코로나바이러스 때문에 콘서트나 라이브 공연에 갈 수 없어요. 그리고 솔직히 말하면, 이제는 온라인 콘서트에 질려버렸어요. 그건 (실제의 콘서트와) 똑같지 않아요. 저는 우리가 콘서트에 직접 갈 수 있었던 시절이 너무 그리워요.

Games 게임

If we felt like playing games, we had to go to a PC café **in person** back then. But now, we don't have to. Why? We all have our own smartphones!

예전에는 만약 게임을 하고 싶으면, 무조건 PC방에 가야만 했잖아요. 근데 요즘은, 안 그래도 되죠. 왜냐고요? 우리 모두에겐 스마트폰이 있으니까요!

32 Bars 술집/바

QUESTION

How have pubs changed over the years? How were they in the past, and how are they now? What are the differences and the similarities?

몇 년간 술집은 어떻게 변해왔나요? 예전에는 어땠고, 지금은 어떤가요? 차이점과 유사점은 무엇인가요?

질문을 들을 때, 꼭 해야 하는 것! ☆질문은 꼭! 2번 들으세요.

- **질문을 처음 들을 때:** 무엇을 물어보는 질문인지, 어떤 카테고리인지 생각해 보기
- **질문을 두 번째 들을 때:** 나의 MP는 무엇인지 키워드로 생각해 보기 (What, Feeling, 그렇게 느끼는 Why)

질문을 처음 들을 때

무엇을 물어보는 질문인가? ____________________

이 질문은 어떤 카테고리인가? ____________________

질문을 두 번째 들을 때

What? ____________________

Feeling? ____________________

Why? ____________________

오픽노잼의 예시

질문을 처음 들을 때

- 무엇을 물어보는 질문인가? *bars*
- 이 질문은 어떤 카테고리인가? *comparison*

질문을 두 번째 들을 때

- What? ❷ *pubs*
- Feeling? ❶ *easily,* ❺ *not fun at all*
- Why? ❷ *ghost town,* ❸ *nobody goes to them,* ❹ *empty*

오픽노잼의 답변

답변 듣기

Chap04_32A

초초반 + MP	❶ I can answer this so easily. ❷ Pubs these days are a ghost town. ❸ Nobody goes to them. ❹ They're quite empty. ❺ And because of that, they're not fun at all.
Past	❻ Back in the days, before C-19, pubs were packed full of vibrant, energetic, and drunk people. ❼ Just the scene that I love... ❽ The vibe that I truly adore... ❾ And it was a whole lot of fun. ❿ Alcohol, booze, liquor... they were all the same... whatever. ⓫ But it was the people there that made pubs highly addictive.
Present	⓬ But these days, because of C-19, (there are) so many policies and rules to follow. ⓭ Not many people really go to them anymore. ⓮ And they're kind of deserted now, right? ⓯ **Like,** going to a pub when you and maybe two other people are there. ⓰ **Like,** that's not a fun scene at all. ⓱ And it kind of makes me not want to go to them. ⓲ Even though I want to. ⓳ Oh, it's a very, very confusing and terrible situation.
Conclusion	⓴ Anyways, that's my take on pubs. ㉑ Um, please C-19... make the pub scene fun again. ㉒ Please!

❶ 저는 이 질문에 아주 쉽게 대답할 수 있습니다. ❷ 요즘 술집들은 유령 도시 같아요. ❸ 아무도 그곳에 안 가거든요. ❹ 비어 있는 곳이 꽤 많아요. ❺ 그래서, 하나도 재미가 없어요. ❻ 예전에, 즉 코로나19 전에는, 술집들은 활기차고 에너지가 넘치고 술 취한 사람들로 가득했어요. ❼ 제가 정말 좋아했던 광경이죠… ❽ 딱 제가 너무 좋아하는 분위기에… ❾ 정말 재밌는 일로 가득했어요. ❿ 알코올, 술, 알코올 들어간 음료… 뭐, 다 똑같은 말이긴 하네요. ⓫ 하지만 술집을 계속 찾게 만든 건 바로 거기 있는 사람들이었어요. ⓬ 근데 요즘은 코로나19 때문에, 지켜야 할 규칙들과 법이 너무 많습니다. ⓭ 이제는 술집에 가는 사람들이 그렇게 많지 않아요. ⓮ 어떻게 보면 버려진 곳이라고 할 수 있죠, 그렇죠? ⓯ 저, 뭐 만약 간다 하더라도, 거기엔 당신 말고 두세 명 정도만 더 있겠죠. ⓰ 음, 그건 전혀 재밌는 광경이 아니에요. ⓱ 그리고 그건 그곳에 가고 싶지 않게 만들어요. ⓲ 마음은 가고 싶어도 말이죠. ⓳ 이건 진짜, 엄청 혼란스럽고 끔찍한 상황이에요. ⓴ 어쨌든, 이것이 술집에 대한 저의 생각입니다. ㉑ 코로나19야… 다시 술집을 재밌는 곳으로 만들어줘. ㉒ 제발 좀!

Useful Expressions

- ❶ easily 쉽게, 수월하게
- ❷ a ghost town 유령 도시, 유령 마을
- ❸ nobody 아무도 ~않다
- ❺ not ~ at all 전혀 ~하지 않다
- ❻ C-19 코로나19
- ❻ be packed full of ~로 가득 차다
- ❿ alcohol, booze, liquor 술
- ⓫ highly 매우
- ⓫ addictive 중독성이 있는, 습관성의
- ⓭ anymore 이제는, 더 이상
- ⓮ deserted 사람들의 발길이 끊긴, (사람들에게) 버려진
- ⓴ that's my take on ~ ~에 대한 저의 생각입니다

IMPORTANT LESSON

⑮ **Like**, going to a pub when you and maybe two other people are there.
⑯ **Like**, that's not a fun scene at all.

Like, 이 필러는 정말 강력합니다. 틀림없이 원어민들이 가장 많이 사용하는 필러일 거예요. 아마 you know 보다 더 많이 쓸걸요? 시간 날 때마다 연습하세요. 제 답변을 보면, 딱 두 번! 각 문장의 첫 단어로 사용했습니다. 솔직히 말하면, 답변을 녹음하는 동안 like를 사용했다는 걸 몰랐어요. 여러분이 필러를 사용하는 것이 편해지면, 몇 가지 필러를 조합해서 사용하려고 노력해 보세요.

EXAMPLES:

- And like, you know...
- And, um, like...
- You know, like...
- Like, I mean...
- etc.

AL 학생이 직접 만든 예시 like 필러를 다른 여러 가지 필러와 조합해서 사용해 보기

Weather 날씨

I think the weather these days, **like**, **you know**, changes so frequently. **I mean**, **like**, it changes more than three times in a single day. **Like**, it's so unpredictable.

제 생각에 요즘 날씨는요, 그러니까, 있잖아요, 너무 자주 바뀌어요. 아니, 저, 하루에도 세 번 이상 바뀌고 그래요. 음, 전혀 예측할 수가 없어요.

Music 음악

But, **like**, ten years ago...? When I was in my elementary days... I listened to slow pop. **And** it was, **like**, so catchy.

근데, 음, 10년 전에 있죠…? 제가 초등학생일 때요… 저는 느린 팝송을 들었어요. 그리고 그건, 어, 되게 귀에 꽂히더라고요.

Fashion 패션

QUESTION

Fashion styles are always changing. Tell me about the kinds of clothes that were popular when you were young. What did the styles look like? How are they different from what is popular now?

패션 스타일은 항상 변하고 있습니다. 당신이 어렸을 때 인기 있던 옷 종류에 대해 이야기해 주세요. 어떤 스타일이었나요? 요즘 인기 있는 스타일과는 어떻게 다른가요?

질문을 들을 때, 꼭 해야 하는 것! ☆질문은 꼭! 2번 들으세요.

질문을 처음 들을 때: 무엇을 물어보는 질문인지, 어떤 카테고리인지 생각해 보기
질문을 두 번째 들을 때: 나의 MP는 무엇인지 키워드로 생각해 보기 (What, Feeling, 그렇게 느끼는 Why)

질문을 처음 들을 때

무엇을 물어보는 질문인가? ______

이 질문은 어떤 카테고리인가? ______

질문을 두 번째 들을 때

What? ______

Feeling? ______

Why? ______

오픽노잼의 예시

질문을 처음 들을 때
- 무엇을 물어보는 질문인가? *fashion*
- 이 질문은 어떤 카테고리인가? *comparison*

질문을 두 번째 들을 때
- What? ❸ *pants*
- Feeling? ❻ *like,* ❼ *my opinion*
- Why? ❹ *pants that are tighter,* ❺ *skin tight*

오픽노잼의 답변

답변 듣기

Chap04_33A

초초반 + MP	❶ Like, wow, um, this is a huge question. ❷ I could be saying a lot of things here. ❸ Um, but let me just boil it down to pants. ❹ And I feel these days, a lot of people are leaning towards pants that are tighter? ❺ Almost skin tight? ❻ And that's what people like. ❼ Um, this is just my opinion, of course... ❽ And to continue on with that...
Past	❾ Back in the days, when I was young, we were all into baggy, hip-hop, sort of pants. ❿ And if you wore tight pants, you were pretty much viewed as "uncool." ⓫ I did not want to be a part of that group. ⓬ And so, I had a whole collection of really baggy pants. ⓭ Maybe a little too baggy. ⓮ But I liked it.
Present	⓯ These days, however, I feel the trend is changing quite a bit. ⓰ It's not about baggy pants anymore. ⓱ It's about how tight they are. ⓲ Now, not super tight, but tight **enough**, you know? ⓳ Pants that perfectly fit your legs. ⓴ I thought that I would never wear these types of pants. ㉑ But even I am conforming to them.
Conclusion	㉒ And you know what? ㉓ This is not good... ㉔ Because I have chicken legs, alright? ㉕ And so, I cannot skip leg day anymore. ㉖ That sucks.

❶ 그러니까, 아이고, 음, 이번 질문 진짜 어렵네요. ❷ 여러 가지를 이야기할 수 있을 것 같아요. ❸ 음, 하지만 한 단어로 요약하자면 '바지'입니다. ❹ 제가 느끼기에 요즘은, 좀 더 타이트한 바지 쪽으로 사람들의 마음이 가는 것 같아요. ❺ 거의 피부에 딱 달라붙는? ❻ 사람들이 그런 걸 좋아하더라고요. ❼ 물론, 이건 제 개인적인 생각일 뿐이지만요… ❽ 이어서 말하자면… ❾ 예전에 제가 어렸을 때는요, 모두 헐렁한 힙합 스타일 같은 바지에 푹 빠졌어요. ❿ 만약 당신이 타이트한 바지를 입고 있으면, '구리다'라고 생각됐을 거예요. ⓫ 저는 그런 부류에 끼고 싶지 않았어요. ⓬ 그래서 진짜 헐렁한 바지를 종류별로 다 가지고 있을 정도였답니다. ⓭ 어쩌면 약간 너무 헐렁했을지도 몰라요. ⓮ 하지만 저는 그게 좋았어요. ⓯ 하지만, 요즘은 유행이 꽤 많이 바뀌었다고 생각해요. ⓰ 이제 헐렁한 바지는 유행이 지났어요. ⓱ 이제는 타이트한 바지가 유행이죠. ⓲ 막, 완전히 딱 달라붙는 건 아니지만, 그래도 엄청 타이트한 거요. ⓳ 다리에 딱 붙는 바지 말이에요. ⓴ 저는 제가 이런 바지를 입을 거라고는 전혀 상상도 못했습니다. ㉑ 근데 점점 이런 바지를 찾게 되더라고요. ㉒ 그런데 그거 아세요? ㉓ 이번 유행은 별로예요… ㉔ 왜냐면 제 다리는 젓가락 같거든요. ㉕ 그래서, 전 더 이상 다리 운동을 빼먹을 수가 없어요. ㉖ 진짜 별로예요.

Useful Expressions

- ❶ a huge question 진짜 어려운 질문 초초반 꿀표현
- ❸ boil down to ~로 요약하다
- ❹ lean towards ~쪽으로 마음이 기울다
- ❽ to continue on with that 이어서 (계속) 말하자면
- ❾ back in the days when ~ 예전에 ~할 때
- ❾ baggy 헐렁한
- ❾ sort of ~같은, ~종류의
- ⓲ not A but B A는 아니지만 B다
- ㉑ conform (다른 사람들과) 같은 생각을 하다, 따르다
- ㉔ chicken legs 젓가락처럼 가는 다리

CHAPTER 04 Comparison

IMPORTANT LESSON

⑱ Now, not super tight, but tight **enough**, you know?

enough, 이 단어는 '감정이나 의견의 정도'를 보여줄 때 쓰면 매우 유용합니다. 대단한 것도 아니고, 그렇다고 또 별로인 것도 아닌, 그 중간 어딘가의 애매한 감정이나 의견을 말할 때요. 의사소통 능력이 부족한 학생들은 이런 애매한 감정을 표현하기 어려워해요. 항상 '기쁘다', '슬프다'라고만 말할 필요는 없습니다. 가끔 애매한 느낌이 들면 enough 단어를 사용해 보세요. 하지만 이것만은 꼭 기억하세요. 약간의 비교를 보여주는 거예요. 제 답변에서처럼 '정말 타이트하지는 않지만, 그래도 나름 타이트한(tight enough)' 이런 식으로요.

AL 학생이 직접 만든 예시 enough를 사용해서 애매한 감정이나 의견 표현해 보기

Geography 지형

Alright so, let me talk about my city. I guess it could be the perfect example for this. Because it's become so popular these days. I mean, not extremely popular, but popular **enough**, you know?

좋아요. 제가 사는 도시에 대해 말해 볼게요. 제 생각에 이 질문에 꼭 맞는 예시일 것 같네요. 왜냐하면 요즘 이 도시가 매우 인기가 많아졌거든요. 제 말은, 막 엄청나게 인기 많은 건 아니지만, 그래도 나름 인기 많은 정도, 무슨 말인지 알죠?

Housing 거주지

But back in the days, when I was living with my parents... Their home was quite big. Not super big, but big **enough**.

근데 예전에, 제가 부모님과 함께 살 때는요… 부모님 집은 꽤 컸어요. 막 엄청 큰 건 아니고, 그래도 나름 크다고 말할 수 있는 정도요.

34 Free Time 여가 시간

QUESTION

문제 듣기

Chap04_34Q

Talk about your free time in the past. Did you have more or less free time? How was it different from your free time now?

과거에 당신이 가졌던 여가 시간에 관해 이야기해 주세요. (지금보다) 여가 시간이 더 많았나요, 더 적었나요? 요즘의 여가 시간과는 어떻게 달랐나요?

질문을 들을 때, 꼭 해야 하는 것!

☆질문은 꼭! 2번 들으세요.

- **질문을 처음 들을 때:** 무엇을 물어보는 질문인지, 어떤 카테고리인지 생각해 보기
- **질문을 두 번째 들을 때:** 나의 MP는 무엇인지 키워드로 생각해 보기 (What, Feeling, 그렇게 느끼는 Why)

질문을 처음 들을 때

무엇을 물어보는 질문인가? ______________________

이 질문은 어떤 카테고리인가? ______________________

질문을 두 번째 들을 때

What? ______________________

Feeling? ______________________

Why? ______________________

오픽노잼의 예시

질문을 처음 들을 때

- 무엇을 물어보는 질문인가? *free time*
- 이 질문은 어떤 카테고리인가? *comparison*

질문을 두 번째 들을 때

- What? ❶ *I do have a lot of free time*
- Feeling? ❺ *cherish*
- Why? ❷ *entrepreneur,* ❸ *freelancer,* ❹ *I make my own schedule*

CHAPTER 04 Comparison

오픽노잼의 답변

답변 듣기

Chap04_34A

초초반 + MP	❶ Yeah, I guess you can say I do have a lot of free time now. ❷ Because I am an entrepreneur. ❸ You know, a freelancer. ❹ And so, I make my own schedule. ❺ And that is actually something that I really, really cherish.
Past	❻ You see, back in the days, I worked for many companies. ❼ I worked like a dog, you know? ❽ 8 hours a day... ❾ 40 hours a week... ❿ You know the drill. ⓫ And I absolutely hated that. ⓬ But I thought I had no choice. ⓭ I thought this was life, and I had to continue on with it.
Present	⓮ But these days, you know, let's fast-forward a little bit... ⓯ My goodness, I realized there are many options in life. ⓰ And I feel very fortunate to be in the position that I am in... ⓱ To be my own boss... ⓲ To work for my own self... ⓳ And make my own schedule. ⓴ I really love that. ㉑ And honestly, like, **yes**, I do have a lot more free time now. ㉒ But I try to make good use of that free time. ㉓ But, uh, **yeah**, I'll be a little bit honest. ㉔ Sometimes, I do tend to get a little... maybe too lazy... ㉕ And so, I have to control that.
Conclusion	㉖ But all in all, man, being a freelancer, definitely feels good. ㉗ I hope this never changes in the future.

❶ 음 네, 요즘에 여가 시간이 많다고 할 수 있을 것 같네요. ❷ 왜냐면 저는 개인 사업을 하고 있거든요. ❸ 프리랜서 아시죠. ❹ 그래서, 제 일정은 제가 관리해요. ❺ 사실 이건 제가 정말, 정말 소중하게 여기고 있는 것입니다. ❻ 그런데 말이죠, 예전에는 저도 여러 회사에서 일하던 직원이었어요. ❼ 정말 열심히 일했죠. ❽ 하루에 8시간씩… ❾ 주 40시간… ❿ 다음은 말 안 해도 알겠죠. ⓫ 전 이런 게 진짜 싫더라고요. ⓬ 하지만 선택의 여지가 없다고 생각했어요. ⓭ 저는 인생이 다 그런 거고, 그냥 계속 이렇게 살아야 하는구나 했었죠. ⓮ 하지만 요즘은요, 이야기를 조금 빨리 감기를 해보자면… ⓯ 세상에나, 인생에는 정말 많은 선택지가 있다는 것을 알게 됐어요. ⓰ 그리고 저는 제가 지금의 이 위치에 있다는 게 아주 행운이라고 생각합니다… ⓱ 내가 나의 보스가 된다는 것… ⓲ 나 자신을 위해 일하는 것… ⓳ 내 일정을 내 스스로 만들 수 있다는 것. ⓴ 정말 만족스러워요. ㉑ 그리고, 솔직히 말하면, 음, 네, 지금 훨씬 더 많은 자유 시간이 있습니다. ㉒ 전 그 자유 시간을 잘 활용하려고 노력 중이죠. ㉓ 근데, 음, 네, 조금만 더 솔직해져 볼게요. ㉔ 가끔은, 음… 좀… 많이 게을러지는 경향이 있어요. ㉕ 그래서, (게을러지지 않도록) 조절해야 해요. ㉖ 그렇지만 전체적으로 보면요, 프리랜서로 일한다는 건 진짜 너무 좋아요. ㉗ 앞으로도 변함없이 지금만 같길 바라요.

Useful Expressions

- ❺ cherish 소중하게 여기다
- ❼ work like a dog 열심히 일하다
- ❿ You know the drill. 다음은 말 안 해도 알죠. *굳이 말하지 않아도 다음이 예상 가능한 경우에 씁니다.
- ⓮ fast-forward (앞으로) 빨리 감기를 하다
- ⓰ fortunate 운 좋은, 다행스러운
- ㉑ honestly 솔직히
- ㉒ make good use of ~을 잘 활용하다, 현명하게 활용하다
- ㉔ tend to ~하는 경향이 있다
- ㉖ all in all 전체적으로, 대체로

IMPORTANT LESSON

㉑ And honestly, like, **yes,** I do have a lot more free time now.

㉓ But, uh, **yeah,** I'll be a little bit honest.

yes나 yeah는 필러처럼 사용할 수 있습니다. 문장 중간에 사용하면 아주 부드럽게 들려요. 하지만 문장 끝부분에 쓴다면, 대부분의 경우에는 어색하게 들릴 수도 있어요. 명심하세요! 또, like나 you know와 같은 '진짜 필러'가 아니라는 것을 알아야 합니다. 많이 사용하면 안 돼요. 기껏해야 한 답변에서 한두 번 정도 사용하는 것을 추천합니다.

AL 학생이 직접 만든 예시 문장 중간에 yes 또는 yeah를 필러처럼 사용해 보기

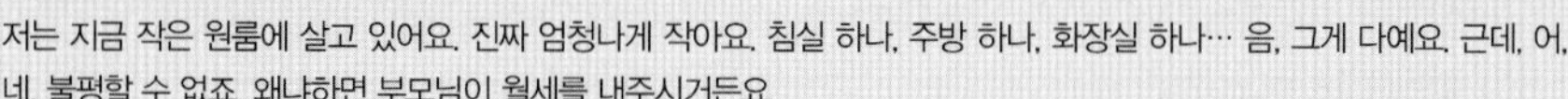

Housing 거주지

I currently live in a tiny studio. It's super small. One bedroom, one kitchen, one washroom... like, that's it. But, uh, **yeah**, I guess I can't complain. Because my parents are paying the rent.

저는 지금 작은 원룸에 살고 있어요. 진짜 엄청나게 작아요. 침실 하나, 주방 하나, 화장실 하나… 음, 그게 다예요. 근데, 어, 네, 불평할 수 없죠. 왜냐하면 부모님이 월세를 내주시거든요.

Music 음악

Even though I'm Korean, for some reason, I didn't really like K-pop back then. But now, oh **yes**, I'm hooked! Like, I'm totally into it these days.

저는 한국인인데도 무슨 이유에선지, 예전에는 케이팝을 그렇게 좋아하지 않았어요. 근데 요즘은, 오 맞아요, 저 정말 좋아해요! 요즘은 막, 엄청 빠져 있어요.

35 Games 게임

QUESTION

문제 듣기
Chap04_35Q

How were games you played when you were a child different from games you enjoy playing now? What are the differences and similarities between games you enjoyed in the past and the present? Please describe the contrast in detail.

당신이 어렸을 때 하던 게임은 지금 즐기는 게임과 어떻게 달랐나요? 과거에 했던 게임과 지금 하는 게임의 차이점과 유사점은 무엇인가요? 그 차이에 대해 자세히 설명해 주세요.

질문을 들을 때, 꼭 해야 하는 것! ☆질문은 꼭! 2번 들으세요.

- **질문을 처음 들을 때:** 무엇을 물어보는 질문인지, 어떤 카테고리인지 생각해 보기
- **질문을 두 번째 들을 때:** 나의 MP는 무엇인지 키워드로 생각해 보기
  (What, Feeling, 그렇게 느끼는 Why)

질문을 처음 들을 때

무엇을 물어보는 질문인가? ______________________________

이 질문은 어떤 카테고리인가? ______________________________

질문을 두 번째 들을 때

What? ______________________________

Feeling? ______________________________

Why? ______________________________

오픽노잼의 예시

질문을 처음 들을 때

- 무엇을 물어보는 질문인가? *games*
- 이 질문은 어떤 카테고리인가? *comparison*

질문을 두 번째 들을 때

- What? ❷ *board games*
- Feeling? ❸ *addictive,* ❹ *love*
- Why? ❹ *you have to play with others*

오픽노잼의 답변

답변 듣기

Chap04_35A

초초반 + MP	❶ You know, now that I'm, like, way past 30. ❷ I find myself getting into simpler things like board games. ❸ And I find them very addictive. ❹ And I love the part where you have to play with others right in front of you.
Past	❺ You see, back in the days, when I was, like, a fun little child... ❻ I was highly into video games. ❼ Board games were a little bit uncool. ❽ I mean, they were alright... ❾ But, yeah, it was all about my PS1. ❿ My terrible computer... ⓫ But at the time, they were my treasure. ⓬ And I didn't care about having to play by myself. ⓭ It was all good, you know? ⓮ I loved the technology aspect of it... ⓯ I loved how fast-paced it was... ⓰ Man, it was an amazing time, **let me tell you.**
Present	⓱ But these days, as I'm aging a little bit... ⓲ I feel that all those things aren't really important to me. ⓳ I mean, it's kind of funny. ⓴ I have a PS5... ㉑ I have a super-computer now... ㉒ But I'm losing interest. ㉓ I need to be able to play something with others. ㉔ To play something and socialize at the same time. ㉕ I don't like to play by myself. ㉖ And so, that is why I think I'm really getting into board games.
Conclusion	㉗ The only thing I don't like about them is that it seems my wife is a little bit better than I am. ㉘ In most of the board games that we have... ㉙ But I guess that's a story for another day.

❶ 그거 아세요, 지금 저는, 음, 서른이 훨씬 넘었거든요. ❷ (그래서 그런지) 보드게임처럼 좀 더 단순한 게임을 좋아하게 된 것 같아요. ❸ 그리고 그건 엄청 중독성이 강한 게임이죠. ❹ 특히 바로 눈앞에 있는 여러 사람들과 함께 해야만 이 게임을 즐길 수 있다는 점이 가장 마음에 들어요. ❺ 있잖아요, 예전에 어릴 때는 제가, 음, 완전 장난꾸러기였거든요··· ❻ 비디오 게임에 푹 빠져 있었어요. ❼ 보드게임은 좀 별로였거든요. ❽ 뭐, 나름 괜찮기는 했는데··· ❾ 그래도, 네, 제 관심은 온통 PS1이었어요. ❿ (지금 생각하면) 완전 고물 컴퓨터죠··· ⓫ 그래도 그때는, 제 보물이었어요. ⓬ 그리고 혼자만 할 수 있는 게임이라는 사실은 별로 신경 쓰이지 않았어요. ⓭ 그저 다 좋았거든요. ⓮ 기술적인 부분도 너무 좋았고··· ⓯ 빨리빨리 진행되는 프로세스도 마음에 들었어요··· ⓰ 와, 지금 생각해도 정말 재밌는 시간들이었어요, 진심으로요. ⓱ 하지만 요즘은, 제가 조금씩 나이를 먹다 보니··· ⓲ 그런 모든 것들이 더 이상 중요하게 느껴지지가 않더라고요. ⓳ 사실 좀 웃기죠. ⓴ 아무리 PS5를 가지고 있어도··· ㉑ 지금 가지고 있는 컴퓨터는 슈퍼컴퓨터인데도··· ㉒ 더 이상 재밌지가 않아요. ㉓ 다른 사람들과 같이 즐길 수 있는 것들을 찾게 되더라고요. ㉔ 게임을 하면서 동시에 사람들과 어울릴 수 있는 것으로요. ㉕ 혼자서 게임을 하는 건 별로예요. ㉖ 그래서 보드게임에 점점 빠져드는 것 같아요. ㉗ 보드게임에서 딱 한 가지 제가 안 좋아하는 점이 있다면, 아내가 저보다 조금 더 잘한다는 점이에요. ㉘ 저희가 가지고 있는 거의 모든 보드게임에서 말이죠··· ㉙ 하지만 그건 다음에 더 자세히 이야기해 봐요.

Useful Expressions

- ❶ way past (시간, 나이 등) 훨씬 넘은
- ❷ I find myself ~ ~한 나 자신을 발견하다, 알게 되다
- ❷ get into ~에 빠지다, 흥미를 갖게 되다
- ❹ I love the part ~ ~ 부분을 좋아하다, 마음에 들다
- ❺ a fun little child 장난꾸러기
- ❻ be into ~에 빠지다
- ⓮ aspect (사물의) 면
- ⓱ be aging 나이 들고 있다
- ㉒ lose interest 흥미를 잃다
- ㉔ socialize (사람들과) 어울리다
- ㉙ that's a story for another day 그건 나중에 이야기하자, 다음에 더 자세히 이야기하자

IMPORTANT LESSON

⑯ Man, it was an amazing time, **let me tell you.**

Let me tell you, 이 표현은 '진짜로, 정말로'와 같은 의미입니다. 솔직히 녹음을 다시 듣기 전까지 이렇게 말한 줄도 몰랐어요. 어려운 표현이지만, 제대로 사용하면 답변이 아주 자연스러워질 거예요. 하지만 이것만은 꼭 기억하세요! 무언가 놀랍거나 중요한 것을 보여주고 싶을 때만 이 표현을 사용해야 합니다. 그렇게 놀랍지 않은 내용에 사용한다면, 이 표현의 임팩트는 사라질 거예요. 아래에 이와 비슷한 의미를 가진 더 많은 예시가 있습니다.

EXAMPLES:

- It was an amazing time, **let me tell you**.
- It was an amazing time, **for real**.
- It was an amazing time, **no lie**.
- It was an amazing time, **like wow**.
- It was an amazing time, **(you) know what I mean**?

AL 학생이 직접 만든 예시 **'진짜로, 정말로' 표현 사용해 보기**

Weather 날씨

The weather these days is crazy. It's absolutely unpredictable, **let me tell you.**

요즘 날씨는 미쳤어요. 전혀 예측을 할 수가 없어요. 진짜로요.

Technology 기술

Let me be clear right from the get-go. I'm addicted to my smartphone, **no lie**! I think they're just so amazing these days.

시작부터 깔끔하게 갈게요. 저는 스마트폰에 완전히 중독됐어요. 거짓말이 아니고요! 요즘 스마트폰은 정말 멋진 것 같아요.

36 Geography 지형

QUESTION

문제 듣기

Chap04_36Q

How has your country changed in the past decade? Perhaps there were changes in urban development, tourism, or any other area. Choose one area of change and describe it providing a lot of details.

지난 10년간 당신의 나라는 어떻게 변했나요? 아마도 도시 개발, 관광 산업, 또는 다른 분야에 변화가 있었을 거예요. 이런 변화 중 한 가지를 선택하여 자세히 설명해 주세요.

CHAPTER 04 Comparison

질문을 들을 때, 꼭 해야 하는 것! ☆질문은 꼭! 2번 들으세요.

- **질문을 처음 들을 때:** 무엇을 물어보는 질문인지, 어떤 카테고리인지 생각해 보기
- **질문을 두 번째 들을 때:** 나의 MP는 무엇인지 키워드로 생각해 보기 (What, Feeling, 그렇게 느끼는 Why)

질문을 처음 들을 때

무엇을 물어보는 질문인가? ______________________

이 질문은 어떤 카테고리인가? ______________________

질문을 두 번째 들을 때

What? ______________________

Feeling? ______________________

Why? ______________________

오픽노잼의 예시

질문을 처음 들을 때

- 무엇을 물어보는 질문인가? *geography*
- 이 질문은 어떤 카테고리인가? *comparison*

질문을 두 번째 들을 때

- What? ❶ *Korea,* ❷ *Itaewon*
- Feeling? ❹ *hate,* ❺ *not fun*
- Why? ❸ *ghost town*

오픽노잼의 답변

답변 듣기

Chap04_36A

초초반 + MP	❶ Man, okay... Korea... ❷ Okay, so, there's this place called Itaewon. ❸ And honestly, right now, it's a complete ghost town. ❹ And **that's the part** I hate the most about it? ❺ Because it's just not fun anymore.
Past	❻ You see, before the coronavirus, this place was just full of fun, vibrant people. ❼ It was crowded, just packed, with anyone who wanted to party... ❽ Because Itaewon was known for bars, restaurants, clubs... You name it. ❾ Anything fun... that you can think of... it was there.
Present	❿ But these days, because of this darn covid-19 pandemic? ⓫ This... place that once was awesome... is now... almost like an outdoor prison... if you will. ⓬ It is... just not the same. ⓭ Nobody goes there anymore. ⓮ Restaurants, bars, clubs... they're... they're closing down. ⓯ And that kind of puts a tear in my eye. ⓰ No joke.
Conclusion	⓱ And so, man, honestly, I really miss the old Itaewon. ⓲ And as soon as we deal with this darn coronavirus... ⓳ I hope that Itaewon, you know, will be reborn. ⓴ I really miss you, man. ㉑ Please come back to us.

❶ 이런, 음… 한국… ❷ 음, 그러니까, 이태원이라는 곳이 있어요. ❸ 그리고 솔직히 말하면, 지금의 이태원은 완전 유령 도시예요. ❹ 이게 제가 제일 안타깝게 생각하는 부분이거든요? ❺ 왜냐면 그곳은 더 이상 재미가 없기 때문이에요. ❻ 있잖아요, 코로나바이러스 (발병) 전에, 이곳은 정말 재미있고 활기찬 사람들로 가득했어요. ❼ 파티를 하고 싶은 사람들로 가득 붐볐었지요… ❽ 왜냐하면 이태원은 이런 것들로 유명했거든요. 술집, 식당, 클럽… 뭐든지요. ❾ 생각할 수 있는… 모든 재밌는 것은… 이태원에 있었거든요. ❿ 그런데 요즘은, 이놈의 코로나19 때문에? ⓫ 한때 굉장했던 이 동네는 지금… 말하자면… 거의 야외 교도소와 같아요… ⓬ 예전의 모습은 찾아볼 수 없어요… ⓭ 더 이상 아무도 이태원에 가지 않아요. ⓮ 식당, 술집, 클럽들은… 문을 닫고 있어요. ⓯ 그래서 그런 모습을 보면 약간 눈물이 나요. ⓰ 농담이 아니라 진짜로요. ⓱ 그래서, 에휴, 솔직히, 옛날의 이태원이 너무 그리워요. ⓲ 이 망할 놈의 코로나바이러스가 사라지자마자… ⓳ 이태원이 다시 활기를 띠길 진심으로 바랍니다. ⓴ 이태원아, 너무 보고 싶다. ㉑ 다시 돌아와 줘.

Useful Expressions

- ❷ there is this place called ~ ~라는 곳이 있어요
- ❸ complete 완전한
- ❻ be full of ~로 가득 차 있다
- ❼ crowded 붐비는
- ❼ anyone who wanted to party 파티하고 싶은 사람 *이렇게 party를 동사로도 쓸 수 있습니다.
- ❽ be known for ~로 유명하다
- ❽ You name it. 뭐든지요., 말만 하세요.
- ⓫ awesome 아주 멋진
- ⓲ as soon as ~하자마자
- ⓲ deal with (문제)를 해결하다
- ⓳ be reborn 다시 태어나다, 다시 활발해지다

IMPORTANT LESSON

❸ And honestly, right now, it's a complete ghost town.
❹ And **that's the part** I hate the most about it?
❺ Because it's just not fun anymore.

that's the part 이 표현은 의사소통을 잘하는 사람처럼 보이게 만들어 줍니다. 이 표현을 쓰면 감정이나 의견 구분이 매우 명확하고 구체적으로 보이게 할 수 있거든요. 물론 이 표현을 빼도 말이 되지만, 이것을 추가함으로써 '교포 향'을 더해줍니다. 하지만, 항상 이 전략을 사용할 필요는 없습니다. 아주 중요한 점을 짚고 넘어가고 싶을 때 사용하면 특히 좋아요. 또, 이렇게도 쓸 수 있어요.

EXAMPLES:

- **That's the part** I hate the most about it?
- **That's what** I hate the most about it?

CHAPTER 04 Comparison

AL 학생이 직접 만든 예시 that's the part, that's what 표현 사용해 보기

Weather 날씨

The weather these days is nothing but crazy. It fluctuates way too much for my liking. And **that's what** I hate the most about it. I hate how unpredictable it is.

요즘 날씨는 미쳤다고밖에 표현이 안 돼요. 제가 느끼기엔 너무 변덕이 심해요. 그리고 이게 제가 가장 싫어하는 점입니다. 요즘 날씨가 얼마나 예측 불가능한지 너무 싫어요.

Free Time 여가 시간

You see, back in the days, I watched YouTube or Netflix in my spare time. But these days, I study English as I'm watching them. **That's the part** that I really love about it. It doesn't even feel like studying sometimes!

봐 봐요, 예전에는, 여가 시간에 유튜브나 넷플릭스를 봤어요. 근데 요즘은, 그런 것들을 보면서 영어 공부도 한답니다. 이게 제가 가장 좋아하는 부분이에요. 가끔은 전혀 공부를 하는 것처럼 느껴지지도 않아요!

37 Housing 거주지

QUESTION

문제 듣기

Chap04_37Q

Describe the home you lived in as a child. How was that home different from the home you live in now?

어린 시절 살았던 집에 대해 설명해 주세요. 그 집은 지금 살고 있는 집과는 어떻게 달랐나요?

질문을 들을 때, 꼭 해야 하는 것! ☆질문은 꼭! 2번 들으세요.

질문을 처음 들을 때: 무엇을 물어보는 질문인지, 어떤 카테고리인지 생각해 보기

질문을 두 번째 들을 때: 나의 MP는 무엇인지 키워드로 생각해 보기 (What, Feeling, 그렇게 느끼는 Why)

질문을 처음 들을 때

무엇을 물어보는 질문인가? ______

이 질문은 어떤 카테고리인가? ______

질문을 두 번째 들을 때

What? ______

Feeling? ______

Why? ______

오픽노잼의 예시

질문을 처음 들을 때

- 무엇을 물어보는 질문인가? *housing*
- 이 질문은 어떤 카테고리인가? *comparison*

질문을 두 번째 들을 때

- What? ❷ *my home*
- Feeling? ❷ *unsexy home,* ❺ *very unappealing*
- Why? ❸ *we live on top of a chicken restaurant*

오픽노잼의 답변

답변 듣기

Chap04_37A

초초반 + MP	❶ Well, let me make this very simple for you. ❷ My home today is a very **unsexy** home. ❸ Simply because we live on top of a chicken restaurant. ❹ My wife and I. ❺ Yup, that makes it very unappealing, you know what I mean?
Past	❻ But back in the days when I was living with my parents. ❼ Their home was very sexy. ❽ Because it was not on top of a chicken restaurant. ❾ It was a home on its own. ❿ You know, the way a home should be? ⓫ And so, I was very happy to live there. ⓬ And I was actually proud of my home because it was so huge as well. ⓭ And I remember because of that I invited my friends (over) constantly. ⓮ It had like four bedrooms, (a) fully furnished basement, whatever. ⓯ It was awesome, ok?
Present	⓰ But these days my wife and I... we're broke, all right? ⓱ And so, we live in a very small home. ⓲ Just like one washroom and one bedroom... whatever. ⓳ But we're very happy, you know? ⓴ Because it's our home. ㉑ And I guess there's less cleaning to do because it's so small? ㉒ And, you know, when we're hungry we could just go down and get some chicken? ㉓ You know what I mean?
Conclusion	㉔ But all in all, I guess the best thing to do now is to keep saving and hope that we can get a home in the future. ㉕ I don't know, but for now, I'm just gonna be in this small home with my wife and continue to love her, OK?

❶ 좋아요. 아주 간단하게 설명할게요. ❷ 지금 제가 살고 있는 집은 전혀 멋지지 않아요. ❸ 간단히 말해서 치킨집 위층에 살고 있기 때문이죠. ❹ 제 아내와 제가요. ❺ 네, 뭐, 별로 특별한 게 없죠, 그렇죠? ❻ 예전에 제가 부모님과 함께 살았던 때에는요. ❼ 부모님 집이 정말 멋진 집이었어요. ❽ 왜냐하면 치킨집 위에 있지 않았거든요. ❾ 단독 주택이었어요. ❿ 그 왜, 보통 사람들이 상상하는 그런 집 있잖아요? ⓫ 그래서, 그 집에서 살 때 진짜 행복했어요. ⓬ 사실 저는, 저희 집이 자랑스러웠어요. 왜냐하면 크기도 컸거든요. ⓭ 그리고 그것 때문에 친구들을 끊임없이 초대했던 기억이 납니다. ⓮ 저희 집에는 음, 방 4개, 가구가 완전히 갖추어진 지하실, 뭐든 다 있었죠. ⓯ 진짜 굉장했어요, 알겠죠? ⓰ 근데 요즘 저희 부부는… 완전 빈털터리거든요. ⓱ 그래서, 아주 작은 집에 살고 있어요. ⓲ 그냥 화장실 1개, 방 1개 있는… 뭐 그런 집이에요. ⓳ 하지만 저희는 엄청 행복해요. ⓴ 왜냐면 이 집은 저희 집이니까요. ㉑ 그리고 생각해 보면, 청소할 게 별로 없어요, 왜냐면 집이 엄청 작으니까? ㉒ 또, 배가 고프면 그냥 내려가서 치킨을 사 오면 되죠. ㉓ 무슨 말인지 알겠죠? ㉔ 그래도 전체적으로 보면요, 지금은 최대한 많이 아껴서 나중에 저희가 원하는 집을 사는 것이 최선의 방법인 것 같아요. ㉕ 모르겠어요, 근데 지금은 계속 이 작은 집에서 아내와 함께 서로를 사랑하면서 살려고요, 알겠죠?

Useful Expressions

- ❶ Let me make this very simple for you. 아주 간단하게 설명할게요.
- ❷ today 요즘, 지금, 오늘날
- ❸ on top of ~의 위에
- ❺ unappealing 매력 없는, 별로 특별하지 않은
- ⓬ be proud of ~을 자랑스러워하다
- ⓭ constantly 계속, 끊임없이
- ⓮ fully 완전히
- ⓰ broke 빈털터리인, 돈이 없는
- ㉕ for now (미래는 알 수 없지만) 지금으로서는, 당분간

CHAPTER 04 Comparison

IMPORTANT LESSON

❷ My home today is a very unsexy home.

unsexy, 정말 재미있는 단어죠. 솔직히 대부분의 학생들은 집을 매우 지루한 방식으로 묘사합니다. 특히 집이 그렇게 특별하지 않다면요. 저는 여기서 unsexy라는 표현을 사용해서 조금 과장하고 있어요. 비록 집이 훌륭하지는 않지만, 유머러스하게 표현했죠. 이런 유머러스한 단어를 써서 채점자가 답변을 더 듣고 싶게 만든다면, 이미 절반은 성공한 겁니다!

AL 학생이 직접 만든 예시 지루한 질문에서 unsexy와 같은 재미있는 표현 사용해 보기

Banks 은행

Back in the days, when I was younger, it was nothing like these days. We had to go to the bank in person, right? I mean, how **unsexy** was that?

예전에 제가 어릴 때는요, 지금 같지는 않았어요. 우리는 은행에 직접 가야만 했잖아요, 그렇죠? 제 말은, 정말 멋지지 않았죠?

Weather 날씨

The weather these days is, like, so **unsexy**. It's so unstable and inconsistent!

요즘 날씨는, 음, 좋지가 않아요. 너무 불안정하고 일관성이 없어요!

38 Music 음악

QUESTION

문제 듣기

Chap04_38Q

When did you first become interested in music? What kinds of music did you like first? Tell me how your interest in music developed from your childhood until today.

언제 처음 음악에 관심을 가지게 되었나요? 처음엔 어떤 음악을 좋아했나요? 어린 시절부터 오늘날까지 음악에 관한 관심이 어떻게 바뀌었는지 말해 주세요.

질문을 들을 때, 꼭 해야 하는 것! ☆질문은 꼭! 2번 들으세요.

- **질문을 처음 들을 때:** 무엇을 물어보는 질문인지, 어떤 카테고리인지 생각해 보기
- **질문을 두 번째 들을 때:** 나의 MP는 무엇인지 키워드로 생각해 보기 (What, Feeling, 그렇게 느끼는 Why)

질문을 처음 들을 때

무엇을 물어보는 질문인가? ______________________

이 질문은 어떤 카테고리인가? ______________________

질문을 두 번째 들을 때

What? ______________________

Feeling? ______________________

Why? ______________________

오픽노잼의 예시

질문을 처음 들을 때

- 무엇을 물어보는 질문인가? *music*
- 이 질문은 어떤 카테고리인가? *comparison*

질문을 두 번째 들을 때

- What? ❷ *throwback music*
- Feeling? ❹ *tugs at my heartstrings*
- Why? ❸ *reminds me of my childhood*

오픽노잼의 답변

답변 듣기

Chap04_38A

초초반 + MP	❶ Well, okay. ❷ I don't know about you but for me, I'm constantly digging around for more throwback music. ❸ There's something about how it reminds me of my childhood? ❹ That... tugs at my heartstrings.
Past	❺ You see, like a long time ago... ❻ When I was like really young... ❼ I listened to the same type of music, of course. ❽ But it didn't really hit home as strong? ❾ I didn't know how good the music actually was? ❿ I just listened because my friends were listening to them. ⓫ I just wanted to fit in and be cool.
Present	⓬ But let's now fast-forward to the present moment again. ⓭ I'm in my mid-30s now. ⓮ And... I'm realizing how good the quality of the lyrics and the beats and whatever... is... you know? ⓯ With these old types of music. ⓰ I don't think the young generation can ever understand. ⓱ But in my opinion, it's definitely better than the music of today. ⓲ And so, I have to keep... constantly... looking for music that I was listening to when I was young. ⓳ Because that's what I really like... these days. ⓴ I can't listen to anything else. ㉑ It's so strange. ㉒ It's so ironic. ㉓ I don't want recent music. ㉔ I want old music.
Conclusion	㉕ Maybe this is a sign of me getting old. ㉖ Oh well.

문법적으로는 it이 정확한 표현입니다. 아마도 제가 many songs(가산 복수 명사)를 생각하고 말했나 봐요. 하지만 이전 문장에서 music(불가산 단수 명사)을 사용했기 때문에, them이 아닌 it이 맞습니다.

❶ 음, 글쎄요. ❷ 당신은 어떨지 모르겠지만, 저는 끊임없이 더 많은 옛날 노래들을 찾아 듣고 있어요. ❸ 옛날 노래들은 약간 뭐랄까, 저의 어린 시절을 떠올리게 하는 무언가가 있어요. ❹ 바로 그게… 제 심장을 두근거리게 하거든요. ❺ 그런데 있잖아요, 옛날에는요… ❻ 제가 막 정말 어렸을 때에는… ❼ 물론, 한 종류의 음악만 들었어요. ❽ 하지만 그 음악은 마음에 크게 와닿지 않았달까요? ❾ 제가 듣던 그 음악이 사실 얼마나 좋은지 잘 몰랐던 것 같아요. ❿ 그냥 친구들이 듣길래 저도 들은 거죠. ⓫ 같이 어울리고 멋져 보이고 싶었거든요. ⓬ 자, 이제 시간을 빨리 돌려서 현재로 돌아와 볼게요. ⓭ 저는 지금 30대 중반인데요. ⓮ 그래서… 이제는 노래 가사나 비트… 뭐 이런 것들의 완성도가 얼마나 높은지 깨닫고 있어요. ⓯ 특히 오래된 노래들이 그렇더라고요. ⓰ 제 생각에 젊은 세대는 절대 이해하지 못할 거예요. ⓱ 그래도 개인적으로는, 옛날 노래들이 요즘 노래들보다 훨씬 나은 것 같아요. ⓲ 그래서, 어렸을 때 들었던 노래들을 계속해서 찾아야 해요… ⓳ 왜냐하면 요즘 들어 그런 노래들이 너무 좋거든요… ⓴ 다른 노래는 들을 수 없을 정도로요. ㉑ 진짜 이상해요. ㉒ 좀 말이 안 되죠. ㉓ 최신 노래들은 별로예요. ㉔ 예전 노래들이 더 좋아요. ㉕ 아마도 이런 게 제가 나이를 먹고 있다는 신호인가 봐요. ㉖ 에잇.

Useful Expressions

- ❷ I don't know about you but for me, ~ 당신은 어떨지 모르겠지만, 저는 ~
- ❷ throwback music (추억의) 옛날 노래
- ❽ hit home 마음에 와닿다
- ⓫ fit in (무리에) 어울리다, 꼭 맞다
- ⓭ in one's mid-30s 30대 중반인
- ⓮ how good 얼마나 좋은지
- ⓰ generation 세대
- ⓱ definitely 확실히
- ㉕ sign of ~하다는 신호

IMPORTANT LESSON

❹ That... tugs at my heartstrings.

Tug at my heartstrings, 이건 매우 고급 수준의 표현입니다. 저는 종종 유튜브에서 전문 연설가의 연설을 보면서 공부를 하는데, 한번은 어떤 연설가가 이 표현을 사용하더라고요. 매우 감명 받았습니다. 굉장히 시적이고 강렬해요. 한국말로는 '~의 심금을 울리다, 심장을 두근거리게 하다'라는 뜻이에요. 이 표현은 매우 고급 수준의 표현이기 때문에, 저라면 Past Experience나 Comparison에 사용하려고 아껴둘 거예요. Description이나 Habit에 낭비하지 않도록 최선을 다해보세요.

AL 학생이 직접 만든 예시 tug at my heartstrings 표현 사용해 보기

Games 게임

I gotta admit... games these days are so darn good. The sound effects... The graphics... They're all high-end. But oddly enough, I'm still not fully drawn to them. Like, when I was little, they really **tugged at my heartstrings**.

이건 인정해야죠… 요즘 게임들은 정말 너무 좋아요. 음향 효과 하며… 그래픽 하며… 다 최고급 수준이에요. 근데 이상하게도, 저는 아직도 완전히 끌리지가 않더라고요. 어, 제가 어릴 때는, 게임들이 제 심장을 뛰게 했거든요.

Technology 기술

Smartphones these days are just so amazing. And there's this smartphone that literally, like, **tugs at my heartstrings**. It's called "Samsung Galaxy Z flip." This phone is so boss!

요즘 스마트폰들은 그냥 정말 멋져요. 그리고 어떤 스마트폰이 있는데, 말 그대로, 음, 제 심장을 두근거리게 해요. '삼성 갤럭시 Z 플립'이라는 스마트폰인데요. 이 스마트폰은 진짜 너무 좋아요!

꿀팁!

이 표현은 전체 답변 중에 딱 한 번만 사용하세요! 한 번 이상 사용하면, 마치 스크립트를 외워서 말하는 것처럼 들릴 거예요!

39 Technology 기술

QUESTION

문제 듣기

Chap04_39Q

Technology has definitely changed over time. Tell me about an early memory that you have about a piece of technology. It could be a computer or a mobile phone from many years ago. Describe for me what this thing was like back then. How has that technology changed over time?

시간이 지나면서 기술은 확실히 변했습니다. 기술에 관한 옛날 기억을 이야기해 주세요. 오래전의 컴퓨터나 핸드폰일 수도 있습니다. 그 당시에는 이 물건이 어땠는지 설명해 주세요. 시간이 지남에 따라 그 기술은 어떻게 변했나요?

질문을 들을 때, 꼭 해야 하는 것! ☆질문은 꼭! 2번 들으세요.

- **질문을 처음 들을 때:** 무엇을 물어보는 질문인지, 어떤 카테고리인지 생각해 보기
- **질문을 두 번째 들을 때:** 나의 MP는 무엇인지 키워드로 생각해 보기 (What, Feeling, 그렇게 느끼는 Why)

질문을 처음 들을 때

무엇을 물어보는 질문인가? ____________________

이 질문은 어떤 카테고리인가? ____________________

질문을 두 번째 들을 때

What? ____________________

Feeling? ____________________

Why? ____________________

오픽노잼의 예시

질문을 처음 들을 때

- 무엇을 물어보는 질문인가? *technology*
- 이 질문은 어떤 카테고리인가? *comparison*

질문을 두 번째 들을 때

- What? ❷ *smartphones*
- Feeling? ❷ *super addictive*
- Why? ❸ *we can't let them go*

오픽노잼의 답변

답변 듣기

Chap04_39A

초초반 + MP	❶ Alright, so, let me just state the very obvious. ❷ Smartphones these days are just super addictive. ❸ And heck, in this day and age, because of that, we can't let them go. ❹ It is what it is.
Past	❺ But back in the days, cell phones, not smartphones, were not as addictive. ❻ I mean, a lot of us... we had full control over ourselves. ❼ They were kind of like girlfriends, you know? ❽ Sometimes, you wanted to be with them... ❾ Sometimes, you wanted to have a fun conversation with them... ❿ But at other times, you wanted your own space. ⓫ You needed a break. ⓬ I think you understand what I'm trying to get at here. ⓭ Because, yeah, cell phones were not all that advanced, you know? ⓮ They were just cell phones. ⓯ That's all.
Present	⓰ But these days, smartphones, I mean, they're called "smart" for a reason. ⓱ You could do so many more things with them. ⓲ They're kind of like a mini-computer in your pocket. ⓳ And to continue on with the joke, they are kind of like side chicks. ⓴ You always wanna be with them. ㉑ You always love them. ㉒ You get what I'm saying, right?
Conclusion	㉓ OK, anyways, all jokes aside, please take this as a joke. ㉔ I was fully joking, OK? ㉕ Well, **half joking.**

❶ 좋아요, 자, 명백한 사실부터 짚고 넘어가죠. ❷ 요즘 스마트폰은 중독성이 아주 강해요. ❸ 젠장, 요즘 시대는, 그런 이유로, 저희는 스마트폰을 달고 살 수밖에 없어요. ❹ 인정할 건 인정 해야죠. ❺ 하지만 옛날에, 핸드폰은, 스마트폰 말고 그냥 핸드폰은 이 정도까지 중독성이 있지는 않았어요. ❻ 그러니까, 사람들은… 자기 스스로를 통제할 수 있었단 말이죠. ❼ 핸드폰은 약간, 여자 친구 같았어요, 무슨 말인지 알죠? ❽ 때로는, 같이 있고 싶고… ❾ 때로는, 함께 즐겁게 수다를 떨고 싶고… ❿ 하지만 또 어떨 때는, 혼자만의 시간을 원하기도 하고요. ⓫ 휴식이 필요했어요. ⓬ 제가 여기서 무슨 말을 하려고 하는지 아실 거예요. ⓭ 네 맞아요, 핸드폰이 그렇게 발달되지 않았었거든요. ⓮ 그냥 무선 이동식 전화기였어요. ⓯ 그 이상도, 그 이하도 아니었어요. ⓰ 하지만 요즘은, 사실 스마트폰을 '스마트'라고 부르는 데는 다 이유가 있어요. ⓱ 훨씬 더 많은 일을 할 수 있어요. ⓲ 주머니에 쏙 들어가는 미니컴퓨터 같다니까요. ⓳ 아까 말한 농담을 이어 가자면요, 스마트폰은 제 내연녀 같아요. ⓴ 언제나 같이 있고 싶지요. ㉑ 항상 사랑해요. ㉒ 제 말 이해하셨죠, 그렇죠? ㉓ 어쨌든, 농담은 여기까지만 하겠습니다, 부디 이걸 농담으로 받아들여주세요. ㉔ 농담이었던 거 아시죠? ㉕ 글쎄요, 농담 반, 진담 반일까요.

Useful Expressions

- ❶ Let me just state the very obvious. 명백한 사실부터 짚고 넘어가죠.
- ❸ in this day and age 요즘 시대에
- ❿ at other times 다른 때에는
- ⓭ advanced 발달된
- ⓰ for a reason 이유를 가지고
- ㉓ all jokes aside 농담은 여기까지만 하고, 농담은 넣어두고
- ㉓ take A as B A를 B로 받아들이다
- ㉕ half joking 농담 반, 진담 반

IMPORTANT LESSON

㉓ OK, anyways, all jokes aside, please take this as a joke.
㉔ I was fully joking, OK?
㉕ Well, **half joking.**

여러분이 농담을 할 때, 가끔은 그것이 농담이었다는 것을 분명하게 할 필요가 있습니다. 어떻게 하면 될까요? 그냥 직접적으로 농담이었다고 말하세요. 그러나 만약 본인이 어느 정도 자연스럽게 농담을 할 수 있다면, 한 단계 올려보세요. 저는 농담이라고 말한 다음, "Well, half joking."이라고 말하면서 답변을 끝냈습니다. 여기서 웃음 포인트는 '사실 농담이 아니었다'라고 말했다는 거예요. 실제로는 농담이었지만 말이에요. 다시 말해, 제 농담을 한 번 더 꼬아서 또 농담을 하고 있는 거죠!

여기서 중요한 점은 이 전략이 본인의 스타일에 맞는지 확인하는 것입니다. 여러분이 유머러스한 사람이 아닌데 무작정 이 전략을 사용하면, 스크립트를 외운 것처럼 들릴 수 있거든요. 또, 이 전략이 본인 스타일이라고 해도 오픽 시험에서 한 번 이상 사용하지 않는 것을 추천합니다! 그러니 이왕 이 전략을 사용하기로 결정했다면, 똑똑하게 사용하세요! Description 또는 Habit 질문에 낭비하지 마소!

AL 학생이 직접 만든 예시 　농담 전략 사용해 보기

Free Time 여가 시간

But, you see, back in the days, I downloaded a lot of videos. I literally spent hours just downloading. Sometimes music videos... Sometimes movies... All illegally... Whoa, just joking! Well, **half joking**. What can I say... it was just so easy back then!

근데, 봐 봐요, 예전에 저는 동영상을 정말 많이 다운로드했어요. 진짜 말 그대로, 동영상을 다운로드하는 데만 몇 시간을 썼어요. 어떨 때는 뮤직비디오… 어떨 때는 영화… 다 불법으로… 어우, 농담이죠! 뭐, 반만 농담일 수도 있고요. 무슨 변명이 더 필요하겠어요… 예전엔 정말 쉬웠거든요!

Bars 술집/바

But before C-19, pubs were just full of people who were looking for their true love. I was actually one of them as well... Even though I already had a boyfriend! Haha, OK, I'm just joking. Well, **half joking**. Let's keep this hush-hush, OK?

근데 코로나19 전에는요, 술집들은 전부 진정한 사랑을 찾는 사람들로 꽉 차 있었어요. 저도 사실 그 사람들 중에 한 명이었죠… 이미 남자 친구가 있긴 했지만요! 하하, 알겠어요, 당연히 농담이죠. 뭐, 반만 농담일 수도 있고요. 쉿! 합시다, 알겠죠?

40 Weather 날씨

QUESTION

문제 듣기
Chap04_40Q

How has the weather in your country changed over the years? What was the weather like when you were a child? How was it different from what it is now?

당신 나라의 날씨는 몇 년 동안 어떻게 변했나요? 당신이 어렸을 때는 날씨가 어땠나요? 지금과는 어떻게 달랐나요?

질문을 들을 때, 꼭 해야 하는 것! ☆질문은 꼭! 2번 들으세요.

- **질문을 처음 들을 때:** 무엇을 물어보는 질문인지, 어떤 카테고리인지 생각해 보기
- **질문을 두 번째 들을 때:** 나의 MP는 무엇인지 키워드로 생각해 보기 (What, Feeling, 그렇게 느끼는 Why)

질문을 처음 들을 때

무엇을 물어보는 질문인가? ______

이 질문은 어떤 카테고리인가? ______

질문을 두 번째 들을 때

What? ______

Feeling? ______

Why? ______

오픽노잼의 예시

질문을 처음 들을 때

- 무엇을 물어보는 질문인가? *weather*
- 이 질문은 어떤 카테고리인가? *comparison*

질문을 두 번째 들을 때

- What? ❶ *way too hot*
- Feeling? ❷ *it's insane,* ❸ *I am not a fan of that*
- Why? ❹ *I sweat like a beast*

CHAPTER 04 Comparison

오픽노잼의 답변

답변 듣기

Chap04_40A

초초반 + MP	❶ OK, well, to be brutally honest, I think it's just way too hot these days. ❷ It's insane. ❸ And I am not a fan of that. ❹ Because I **sweat** like a beast.
Past	❺ You see, back in the days, it wasn't always like this. ❻ Weather was very distinct. ❼ All depending on the season. ❽ Like winter, for example, was very cold... ❾ And so, I was easily able to enjoy hot meals and hot drinks, you know? ❿ Without sweating.
Present	⓫ But these days, it's a completely different story. ⓬ Even during the winter, I am sweating profusely. ⓭ And what's up with that? ⓮ I can't have hot chocolate anymore. ⓯ I can't have hot soup anymore. ⓰ Because even during the winter now, I am looking for ice cream, you know? ⓱ This is not a good thing at all.
Conclusion	⓲ It's like we have three seasons now. ⓳ Summer... ⓴ Recovery from summer... ㉑ And preparation for summer. ㉒ It is not a good thing at all.

❶ 글쎄요, 정말 솔직히 말하면, 요즘은 날씨가 너무너무 더워요. ❷ 그냥 미쳤어요. ❸ 그리고 저는 더운 날씨를 좋아하지 않아요. ❹ 왜냐하면 땀을 엄청 많이 흘리거든요. ❺ 봐 봐요, 옛날에는 항상 이렇진 않았어요. ❻ 날씨가 확실히 구분됐어요. ❼ 그냥 계절에 따라서 바뀌었거든요. ❽ 예를 들면, 겨울에는 엄청 추웠어요… ❾ 그래서 따뜻한 음식과 따뜻한 음료를 쉽게 즐길 수 있었죠. ❿ 땀 흘리지 않고 말이죠. ⓫ 하지만 요즘은, 완전히 다른 세상 같아요. ⓬ 심지어 겨울에도, 전 땀을 뻘뻘 흘려요. ⓭ 이게 말이나 됩니까? ⓮ 더 이상 핫초코를 못 마시겠어요. ⓯ 이제는 뜨거운 국물도 먹기 싫어요. ⓰ 지금 한겨울인데도, 아이스크림을 찾으러 다닌다니까요? ⓱ 이건 좀 아닌 것 같아요. ⓲ 요즘은 세 계절이 있는 것 같아요. ⓳ 여름… ⓴ 늦여름… ㉑ 여름을 준비하는 초여름. ㉒ 이건 진짜 아닌 것 같아요.

Useful Expressions

- ❶ to be brutally honest 정말 솔직하게 말하면
- ❷ insane 미친, 정신 나간
- ❻ distinct 뚜렷한
- ❼ depend on ~에 달려 있다
- ❿ without sweating 땀 흘리지 않고
- ⓬ profusely 아주 많이, 엄청나게
- ⓭ What's up with that? 이게 말이나 됩니까?, 이게 무슨 일인가요?
- ⓴ recovery 회복
- ㉑ preparation 준비

IMPORTANT LESSON

❶ OK, well, to be brutally honest, I think it's just way too hot these days.
❹ Because I **sweat** like a beast.

많은 학생들은 sweat을 이런 식으로만 사용합니다: I hate sweating.

하지만 가끔은 동사로도 사용해 보세요. 그리고 저는 like '~처럼'을 사용하여 자신을 다른 무언가에 자연스럽게 비유하고 있습니다. 이것을 simile '직유'라고 해요.

EXAMPLES:

- I **sweat** like a beast.
- I **sweat** like an animal.
- I **sweat** like a maniac.
- I **sweat** like nobody's business.

CHAPTER 04 Comparison

AL 학생이 직접 만든 예시 sweat을 동사로 사용해 보기 / RP 11 or RP 12 질문에 no sweat 표현 사용해 보기

Weather 날씨

Well, I think it's just so crazy. Like, 9 a.m., it's not too cold, and it's not too hot. Just perfect. 2 p.m., I **sweat** like an animal. 8 p.m., it's winter. Like, what the heck!

글쎄요, 제 생각에 요즘 날씨는 진짜 미쳤어요. 막, 오전 9시에는, 엄청 춥지도 않고, 엄청 덥지도 않고, 딱 좋죠. 2시에는, 땀이 정말 많이 납니다. 8시에는, 겨울이에요. 아니, 도대체 뭡니까 이게!

Recycling (RP 12) 재활용

I'm just wondering if you could separate the recycling from the garbage right away? Oh, you can? No **sweat**? Cool.

그냥 궁금해서 그러는데 혹시 지금 바로 재활용 쓰레기를 일반 쓰레기와 구분해서 버려줄 수 있나요? 오, 그래줄 수 있다고요? 문제없다고요? 좋네요.

꿀팁!

일반 영어 회화에서 사용할 수 있는 재미있는 표현이 있습니다: no sweat
이것은 no problem 또는 no worries와 같은 의미예요. 콤보 세트(Description/Habit/Past Experience/Comparison)에서는 사용하기 쉽지 않지만, RP 11 / RP 12 질문에는 어렵지 않게 사용할 수 있습니다.

RP 11
롤플레이 11

41 **Car Rental** 차 렌트

42 **Gyms** 헬스장

43 **Hotels** 호텔

44 **Smartphones** 스마트폰

45 **Vacation** 휴가

RP 11 이란? 주어진 상황에 대한 역할극을 하면서 3~4개의 질문을 해야 하는 질문 카테고리 * 전화 통화/대화/자동 응답기(아주 드물게 나옵니다.)

> 요구하는 최소 개수의 질문(3개)만 해도 충분

> 권장 답변 시간: 1분 정도

중요! 1분 30초를 넘기지 말 것!

> 난이도: 중급

중급 수준의 질문은 원어민이 답변하더라도 최대 IH 등급까지만 받을 수 있습니다.
그러니, RP 11 답변 준비에 너무 많은 아이디어와 시간을 낭비하지 마세요!

> RP 11 질문 미리보기

41 **Car Rental**	I'd like to give you a situation and ask you to act it out. You need to rent a car for about a week. Call the rental agency and ask several questions about the car you want to rent.
42 **Gyms**	I'd like to give you a situation and ask you to act it out. You want to join a gym. Call them and ask three or four questions to get all the information you need.
43 **Hotels**	I'd like to give you a situation and ask you to act it out. You have arrived in a new city and you're trying to find a hotel for tonight. Go to the reception desk of a hotel. Describe the room you want and ask three or four questions to get information about what is available.
44 **Smartphones**	I'd like to give you a situation to act it out. You would like to buy a new cell phone. Call a store and ask three or four questions about a new phone you would like to purchase.
45 **Vacation**	I'd like to give you a situation and ask you to act it out. Someone in your family is going on a vacation and you have agreed to take care of his or her responsibilities at home. Call your relative and ask three or four questions to get all the information you need.

RP 11 Strategy

STEP 1 General Explanation (간단한 상황 설명)	질문에 언급된 단어를 사용해서 주어진 상황에 관해 '대충' 설명합니다. **중요!** 실제 전화 통화/대화라고 생각하고 자연스럽게 시작하세요.
STEP 2 First Question (첫 번째 질문)	세 질문 모두 상대방과 여러분이 '**긍정적**'으로 반응할 법한 질문을 합니다. **중요!** 상대의 말을 반복하면서 자연스러운 모습을 보여주세요. 말도 안 되고 어이없는 질문을 해도 좋습니다. 즐기면서 자연스럽게 연기하면 답변 퀄리티 up!
STEP 3 Second Question (두 번째 질문)	
STEP 4 Third Question (세 번째 질문)	

41 Car Rental 차 렌트

QUESTION

문제 듣기

Chap05_41Q

I'd like to give you a situation and ask you to act it out. You need to rent a car for about a week. Call the rental agency and ask several questions about the car you want to rent.

당신에게 어떤 상황을 드리겠습니다. 그 상황에 맞게 연기해 주세요. 당신은 일주일 정도 차를 빌려야 합니다. 렌터카 회사에 전화해서 당신이 빌리고 싶은 차에 대해 몇 가지 질문을 하세요.

질문을 들을 때, 꼭 해야 하는 것! ☆질문은 꼭! 2번 들으세요.

질문을 두 번 듣는 동안 생각하기: 어떤 상황인지 그리고 3가지 질문 간단히 생각해 보기

질문을 두 번 듣는 동안 생각하기

어떤 상황인가? ______________________

3가지 질문? ______________________

오픽노잼의 예시

질문을 두 번 듣는 동안 생각하기

- 어떤 상황인가? car rental
- 3가지 질문? ❺ when available, ❿ cost, ⓮ where to pick up

오픽노잼의 답변

답변 듣기

Chap05_41A

STEP 1 General Explanation	❶ Hi there, is this **RENT-A-LAMBO**? ❷ Yeah? ❸ Alright, well, I'm looking to rent a Lambo. ❹ And I want a really nice green one.
STEP 2 First Question	❺ And so, I'm wondering if you guys have one available for me? ❻ Yeah? ❼ You do? ❽ Oh, you have three available. ❾ Wow, okay, that's really impressive.
STEP 3 Second Question	❿ Alright, well, how much is it gonna cost me? ⓫ A thousand ($1,000) a day, huh? ⓬ Wow, that's actually what I was expecting so that is quite doable.
STEP 4 Third Question	⓭ OK, last question. ⓮ Where do I have to pick it up? ⓯ Oh, you guys are gonna deliver it to my doorstep. ⓰ Now, that's what I call supreme service. ⓱ Unbelievable. ⓲ Well, thank you so much for your help. ⓳ Oh wait, I actually have one more question. ⓴ Ugh... ok actually never mind. ㉑ I forgot. ㉒ I'll ask next time. ㉓ Thank you so much for your help. ㉔ Take care.

❶ 안녕하세요, '람보르기니 빌려드립니다' 맞죠? ❷ 그렇죠? ❸ 아 네, 람보르기니를 빌리려고 하는데요. ❹ 멋진 초록색이면 정말 좋겠거든요. ❺ 그래서, 혹시 빌릴 수 있는 게 있는지 궁금합니다. ❻ 네? ❼ 있다고요? ❽ 오, 세 대나 있군요. ❾ 우와, 알겠습니다, 정말 맘에 드네요. ❿ 좋아요, 음, 혹시 얼마인가요? ⓫ 하루에 1,000달러요? ⓬ 오, 실제로 제가 예상했던 정도네요, 그 정도면 가능할 것 같아요. ⓭ 그리고, 마지막 질문이요. ⓮ 혹시 어디서 차를 픽업해야 하나요? ⓯ 오, 저희 집 앞까지 가져다주신다고요. ⓰ 자, 이런 게 바로 최고급 서비스죠. ⓱ 진짜 최고네요. ⓲ 도움 주셔서 정말 감사합니다. ⓳ 아 잠시만요, 한 가지만 더 여쭤볼게요. ⓴ 어… 음… 아니에요. ㉑ 잊어버렸어요. ㉒ 그냥 다음에 물어볼게요. ㉓ 도움 주셔서 감사합니다. ㉔ 안녕히 계세요.

Useful Expressions

- ❶ Lambo 람보르기니(Lamborghini)를 줄여서 램보(Lambo)라고 많이 씁니다.
- ❹ I want a green one. 초록색으로 주세요.
  *I want green color.보다는 I want green. 또는 I want a green one.이라고 하는 게 훨씬 더 자연스럽습니다.
- ❺ I'm wondering if ~ ~할지 궁금해서요(조심스럽게, 정중하게 물어보는 느낌)
- ⓬ doable 할 수 있는, 가능한
- ⓰ That's what I call ~. 이런 게 바로 ~이죠.
- ⓴ never mind 아니에요, 신경 쓰지 마세요, 됐어요

IMPORTANT LESSON

❶ Hi there, is this **RENT-A-LAMBO**?

이 답변에서 저는 장소의 이름을 의미가 분명하게 드러나도록 지었습니다. 이름만 들어도 내가 누구한테 전화했는지 바로 알 수 있죠!

– Lambos!(람보르기니)

농담으로 이름을 지어내는 것은 멋진 전략입니다. 이 전략은 RP 11과 RP 12에 매우 효과적이에요. 왜냐하면 이 두 가지 질문에서는 여러분이 상황극을 해야 하거든요. 이 전략을 쉽게 사용하는 방법을 몇 가지 예시를 들어 설명할게요.

EXAMPLES:

- Hi there, is this **RENT-A-LAMBO**? 여보세요, '람보르기니 빌려드립니다'인가요?
- Hi there, is this **WE-ONLY-DO-LAMBOS**? 안녕하세요, '우리는 람보르기니만 취급한다'인가요?
- Hi there, is this **OUR-LAMBOS-ARE-THE-BEST**? 안녕하세요, '여기 람보르기니가 최고'인가요?
- Hi there, is this **LAMBOS-TO-IMPRESS-YOUR-WIFE**?
  여보세요, '아내 마음에 드는 람보르기니 다 있음'인가요?
- Hi there, is this **YOUR-CAR-SUCKS-COMPARED-TO-OUR-LAMBOS**?
  안녕하세요, '똥차 탈래, 람보르기니 빌릴래'인가요?

AL 학생이 직접 만든 예시 농담으로 장소 이름 지어내기

Gyms 헬스장

Hi there, is this **YOUR-BODY-SUCKS-COME-HERE**? I'm interested in signing up for your gym... Because my boyfriend says my body sucks!

여보세요, '몸매가 썩었다면 일루와'인가요? 거기 헬스장에 등록하고 싶어서요… 왜냐면 남자 친구가 제 몸이 엉망이래요!

Restaurants 식당

Hi there, is this **NOBODY-BEATS-OUR-BURGER**?

여보세요, '아무도 우리 버거를 이길 수 없다'인가요?

42 Gyms 헬스장

QUESTION

문제 듣기

Chap05_42Q

I'd like to give you a situation and ask you to act it out. You want to join a gym. Call them and ask three or four questions to get all the information you need.

당신에게 어떤 상황을 드리겠습니다. 그 상황에 맞게 연기해 주세요. 당신은 헬스장에 등록하고 싶습니다. 헬스장에 전화해서 3~4개의 질문을 하고 필요한 모든 정보를 얻으세요.

질문을 들을 때, 꼭 해야 하는 것!

질문은 꼭! 2번 들으세요.

질문을 두 번 듣는 동안 생각하기: 어떤 상황인지 그리고 3가지 질문 간단히 생각해 보기

질문을 두 번 듣는 동안 생각하기

어떤 상황인가? ______________________________

3가지 질문? ______________________________

오픽노잼의 예시

질문을 두 번 듣는 동안 생각하기

- 어떤 상황인가? *gym*
- 3가지 질문? ❹ *how much* , ❾ *sign up right now*, ⓲ *personal training*

CHAPTER 05 RP 11

오픽노잼의 답변

답변 듣기

Chap05_42A

STEP 1 General Explanation	❶ Hi there, I'm interested in signing up to your gym simply because I'm a fat, lazy slob! ❷ Um, sorry about that. ❸ TMI.
STEP 2 First Question	❹ Anyhoo, I'm just wondering, how much is your gym? ❺ Say what? ❻ Just 10 dollars a month? ❼ What a steal! ❽ That is amazing.
STEP 3 Second Question	❾ Um, all right, then can I just sign up right now? ❿ Oh, I could? ⓫ Oh, but you're gonna, uh, email me the info and I just have to pay then? ⓬ No problem, I'm simply gonna do that. ⓭ Um, you know what? ⓮ I think that's it. ⓯ I mean, this was easy. ⓰ Oh ok, you know what? ⓱ Nah, nah, nah, just **one more thing**, one more thing...
STEP 4 Third Question	⓲ I'm just wondering, do you... do you guys also provide personal training service? ⓳ Oh yeah? ⓴ That's a separate cost? ㉑ And you're gonna send it to me, uh, via email. ㉒ Great! ㉓ OK, then. ㉔ Um, let me go ahead... check the email, pay everything, and um, you know what? ㉕ Hopefully I'll become less lazy! ㉖ Thank you for your help. ㉗ Take care.

❶ 안녕하세요, 거기 헬스장에 등록하고 싶은데요, 제가 엄청 뚱뚱한 게으름뱅이라서요. ❷ 헉, 죄송해요. ❸ 쓸데없는 말을 해버렸네요. ❹ 어쨌든, 헬스장 등록비가 얼마인지 궁금해요. ❺ 네? 뭐라고요? ❻ 한 달에 10달러밖에 안 해요? ❼ 거의 공짜네요! ❽ 멋진데요. ❾ 음, 좋아요, 그럼 혹시 지금 바로 등록할 수 있을까요? ❿ 오, 가능하다고요? ⓫ 아, 저한테, 그러니까, 정보를 이메일로 보내주시면 그때 결제하면 되는 건가요? ⓬ 문제없어요, 그렇게 하죠. ⓭ 음, 근데 있잖아요. ⓮ 아, 그게 다인 것 같아요. ⓯ 어렵지 않네요. ⓰ 아! 잠시만요. ⓱ 아니다, 아니다, 아니다, 하나만 더요, 딱 하나만 더 여쭤볼게요… ⓲ 그냥 궁금해서 그런데요, 혹시 PT도 하시나요? ⓳ 아 그래요? ⓴ 추가 비용이 있다고요? ㉑ 그럼 그것도 어, 이메일로 보내주신다고요. ㉒ 좋아요! ㉓ 네, 그럼. ㉔ 음, 정리하면… 이메일 확인하고, 결제할게요, 그리고 음, 그거 알아요? ㉕ 제가 덜 게을러졌으면 좋겠어요! ㉖ 도움 주셔서 감사합니다. ㉗ 안녕히 계세요.

Useful Expressions

- ❶fat, lazy slob 뚱뚱한 게으름뱅이
- ❸TMI 굳이 알려주지 않아도 될 정보네요
  *Too Much Information의 줄임말입니다. 상대방이 '굳이 알고 싶지 않을 것 같은 정보'를 의미해요.
- ❺Say what? 뭐라고요?
  *문법적으로는 맞지 않지만 상대방의 말을 되물을 때 아주 많이 사용하는 일종의 슬랭입니다. 'What did you say?'와 비슷해요.
- ❼What a steal! (너무 싸서) 거의 훔친 거나 다름없네요!, 거의 공짜네요!
- ⓫info 정보 *말할 때는 information을 줄여서 info라고 하기도 합니다.
- ㉑via ~를 통해

IMPORTANT LESSON

⑬ Um, you know what?
⑭ I think that's it.
⑮ I mean, this was easy.
⑯ Oh ok, you know what?
⑰ Nah, nah, nah, just **one more thing**, one more thing...

One more thing, 이 전략은 RP 11에 사용하기 좋은 전략입니다. 일반적으로 RP 11은 상황극을 하면서 3~4개의 질문을 해야 해요. 여기서 포인트는 질문을 3개만 하는 것입니다. 물론, 질문을 4개 해도 괜찮죠. 하지만 제가 예전부터 학생들과 많은 실험을 해 봤는데요. 일단은 더 많은 질문을 해도 보너스 점수를 받지는 않는 것 같다는 결론이 나왔습니다. 질문을 적게 해도 괜찮은데 굳이 더 많이 할 필요는 없잖아요?

아무튼, one more thing 전략은 두 번째 질문을 한 후에 사용하는 것이 좋습니다. 그럼 즉석에서 완전히 지어낸 것처럼 들려요. 그리고 꼭 알아둬야 할 것은, 답변의 흐름에 맞는다고 느껴질 때만 사용하세요. 억지로 하지 마세요. 답변하면서 이 전략을 사용하지 않는 것이 낫다고 생각하면, 그냥 하지 마세요! 모든 질문과 상황에 따라 다릅니다. 언제 어떤 전략을 사용하는 것이 좋고 나쁜지 알고 현명하게 사용하세요!

AL 학생이 직접 만든 예시 one more thing 전략 사용해 보기

Smartphones 스마트폰

Second Question I'm just wondering how much it is? Wait, what? Only $1,000? Wow, it's so cheap. Alright, I'd like to get the pink one, please! Oh, wait, wait, wait, **one more thing!**

Third Question Do you also have it in blue, by any chance? Oh, you do? Then I'd like to get the blue one as well!

그냥 궁금해서 그러는데 혹시 그거 얼마인가요? 잠깐만요 뭐라고요? 1,000달러밖에 안 해요? 와, 진짜 싸네요. 좋아요, 그거 핑크색으로 하나 주세요! 아, 잠깐, 잠깐만요, 잠깐만요, 한 가지 더요!

혹시 파란색도 있나요? 오, 있다고요? 그럼 파란색도 하나 주세요!

Vacation 휴가

Second Question Um, okay then, last question. Would you like me to do the dishes? Oh, you would. Okay, no problem. And... I think that's all. No, no, no, **one more thing, one more thing!**

Third Question Do you mind if I eat your expensive ice-cream? Oh, not a problem at all? Awesome.

음, 알았어 그럼, 마지막 질문할게. 내가 설거지도 해 놓을까? 아, 그럼 좋겠다고? 알겠어, 문제없어. 그리고… 그게 다인 것 같아. 아니다, 아니다, 아니다, 하나 더 있다, 하나만 더!

네 비싼 아이스크림 내가 좀 먹어도 될까? 오, 전혀 문제없다고? 최고다.

43 Hotels 호텔

QUESTION

문제 듣기

Chap05_43Q

I'd like to give you a situation and ask you to act it out. You have arrived in a new city and you're trying to find a hotel for tonight. Go to the reception desk of a hotel. Describe the room you want and ask three or four questions to get information about what is available.

당신에게 어떤 상황을 드리겠습니다. 그 상황에 맞게 연기해 주세요. 당신은 새로운 도시에 도착해서 오늘 밤 묵을 호텔을 찾고 있습니다. 호텔 리셉션 데스크로 가세요. 당신이 원하는 방을 설명한 다음 어떤 것이 가능한지에 대한 정보를 얻기 위해 3~4개의 질문을 하세요.

질문을 들을 때, 꼭 해야 하는 것! ☆질문은 꼭! 2번 들으세요.

질문을 두 번 듣는 동안 생각하기: 어떤 상황인지 그리고 3가지 질문 간단히 생각해 보기

CHAPTER 05
RP 11

질문을 두 번 듣는 동안 생각하기

어떤 상황인가? ______________________________

3가지 질문? ______________________________

오픽노잼의 예시

질문을 두 번 듣는 동안 생각하기

- 어떤 상황인가? *hotel*
- 3가지 질문? ❽ *hook me up*, ⓭ *room service*, ⓱ *how much*

오픽노잼의 답변

답변 듣기

Chap05_43A

STEP 1 General Explanation	❶ Hi, I'm looking to get a room and... ❷ Wait a minute, cuz? ❸ What in the world? ❹ I never knew you worked here! ❺ Oh yeah? ❻ It's your first day? ❼ Dude, that's actually amazing.
STEP 2 First Question	❽ Alright then, hey, can you hook me up? ❾ Um, I'm looking to get a nice room... ❿ And what can you do for me? ⓫ Oh, you're gonna get me the penthouse suite! ⓬ Dude, that's what I'm talking about.
STEP 3 Second Question	⓭ Alright, um, does it come with nice room service? ⓮ No way, it's all free? ⓯ Dude, you are hooking me up, my man! ⓰ That's what I'm talking about.
STEP 4 Third Question	⓱ OK, what about, um, oh boy, how much is it gonna be? ⓲ Get outta town. ⓳ You're gonna pay for me? ⓴ OK, what in the world is going on? ㉑ Did you, like, sleep with my wife or something? ㉒ Dude, thank you so much. ㉓ That's what I'm saying. ㉔ Hey, you know what? ㉕ Let's go and, uh, meet at the bar later. ㉖ I have so many more questions to ask you. ㉗ But, uh, I'll save that for tonight, ok? ㉘ Alright man, peace.

❶ 안녕하세요, 제가 오늘 묵을 방을 알아보고 있는데요… ❷ 어, 잠시만요? 사촌, 너야? ❸ 세상에나! ❹ 네가 여기서 일하는지 전혀 몰랐는데! ❺ 아 정말? ❻ 오늘이 첫날이야? ❼ 와, 진짜 신기하다. ❽ 그럼 있잖아, 야, 지인 찬스 가능할까? ❾ 음, 난 좋은 방을 원하거든… ❿ 네가 도와줄 수 있는 게 있어? ⓫ 응? 펜트하우스 스위트를 예약해 준다고? ⓬ 그래! 이게 바로 내가 원하던 거지! ⓭ 그럼, 혹시 룸서비스도 포함돼 있어? ⓮ 말도 안 돼, 다 공짜라고? ⓯ 짜식, 지인 찬스 최고네! ⓰ 바로 이거야! ⓱ 그, 음, 있잖아, 이거 다 얼마야? ⓲ 너 미쳤구나. ⓳ 나 대신 내준다고? ⓴ 이게 도대체 무슨 일이야? ㉑ 너 혹시 내 아내랑 막, 딴짓한 건 아니지? ㉒ 야, 진짜 고마워. ㉓ 그래 진짜 최고다. ㉔ 야, 있잖아. ㉕ 나중에 술집에서 한번 보자. ㉖ 물어볼 게 진짜 많아. ㉗ 그렇지만, 어, 지금은 아껴 뒀다가 오늘 밤에 만나서 물어볼게, 알겠지? ㉘ 그래 고마워, 잘 있어.

영어는 하드코어 농담이 많아요.

Useful Expressions

- ❷ cuz 사촌 *cousin을 줄여서 cuz라고 하기도 합니다.
- ❽ Can you hook me up? 나 좀 연결시켜줘.
- ⓬ That's what I'm talking about. 내가 말하는 게 바로 그거야., 이게 바로 내가 원하던 거야.
- ⓮ No way! 말도 안 돼!
- ⓲ Get outta town. 너 미쳤구나.
- ㉗ I'll save that for tonight. 오늘 밤을 위해 아껴둘게.

*hook up은 기본적으로 '연결하다'라는 의미가 있습니다. (hook=갈고리) 따라서 상황에 따라 '어떤 물건/서비스를 제공해 주다', '사람/일자리를 소개해 주다' 또는 '관계를 형성하다', '사귀다'라는 뜻으로 사용됩니다. 여기서는 '지인 찬스'라고 자연스럽게 의역했어요.

*out of를 빨리 발음해서 outta라고도 합니다. 직역하면 '여기서 나가.'이지만 '말도 안 돼', '웃기지 마', '너 미쳤구나' 등으로 자연스럽게 의역할 수 있어요.

IMPORTANT LESSON

❶ Hi, I'm looking to get a room and...
❷ Wait a minute, cuz?
❸ **What in the world?**
❹ I never knew you worked here!

"What in the world?" 이 표현은 정말 재미있어요. '말로 설명할 수 없는' 상황을 연기할 때, 사용해 보세요! 여러분이 정말 놀란 것처럼 보이게 하거든요. 그리고 롤플레이 질문뿐만 아니라 어떤 질문에나 사용해도 좋습니다.

이제 RP 11 질문에 사용한 전략을 살펴봅시다. 질문하는 도중에, 저는 이 사람이 '아는 사람이라는 사실'을 깨달았어요. 사실 저는 롤플레이 질문이 너무 재밌더라고요. 여러분도 즐겨보세요! 즐거움을 느낀다면, 롤플레이 질문을 망치기는 어렵습니다.

그건 그렇고, 여담으로 아주 특이한 학생이 있었어요. 그 학생이 롤플레이 질문에서 어떻게 했냐면, '한국인 친구'를 만난 척하고 갑자기 한국말을 하기 시작했어요! "아니, 니 와 여기서 일하노?" (이 학생은 경상도 사투리를 쓰는 학생입니다.) 이렇게요. 어렵겠지만 즐겨보세요, 하지만 이 학생처럼 바보같이 굴지는 말고요!

AL 학생이 직접 만든 예시 말로 설명할 수 없는 놀라운 상황에서 What in the world? 표현 사용해 보기

Car Rental 차 렌트

Alright, so, how much is it gonna cost me? I mean, per day. $2,000 a day? **What in the world?** I thought it was gonna be around $1,000.

좋아요. 그럼, 제가 얼마 정도 내야 할까요? 그러니까, 하루에요. 하루에 2,000 달러요? 세상에나. 저는 1,000달러 정도일 줄 알았어요.

Gyms 헬스장

I'm just wondering if I could have a female trainer. No? They're all men? **What in the world?** Then who is the lady on your website? I thought she was also one of your trainers. Oh, she's just a model. I see...

그냥 궁금해서 그러는데 혹시 여자 트레이너를 배정받을 수 있을까요? 안된다고요? 다 남자라고요? 세상에, 말도 안 돼. 그럼 웹사이트에 있던 그 여자는 누구예요? 여기 트레이너들 중에 한 명일 줄 알았어요. 아, 그냥 모델이군요. 알겠습니다…

44 Smartphones 스마트폰

QUESTION

문제 듣기

Chap05_44Q

I'd like to give you a situation to act it out. You would like to buy a new cell phone. Call a store and ask three or four questions about a new phone you would like to purchase.

당신에게 연기할 수 있는 어떤 상황을 드리겠습니다. 당신은 새 핸드폰을 사고 싶습니다. 가게에 전화해서 사고 싶은 핸드폰에 관해 3~4개의 질문을 하세요.

질문을 들을 때, 꼭 해야 하는 것! ☆질문은 꼭! 2번 들으세요.

✌ **질문을 두 번 듣는 동안 생각하기:** 어떤 상황인지 그리고 3가지 질문 간단히 생각해 보기

✌ **질문을 두 번 듣는 동안 생각하기**

어떤 상황인가? ______________________

3가지 질문? ______________________

오픽노잼의 예시

✌ **질문을 두 번 듣는 동안 생각하기**

- 어떤 상황인가? *smartphone*
- 3가지 질문? ❺ *how much*, ⓬ *when in my hands*, ⓴ *bitcoin as payment*

오픽노잼의 답변

답변 듣기

Chap05_44A

STEP 1 General Explanation	❶ Hi there, is this Samsung? ❷ Yeah? ❸ OK, I'm looking to purchase your **new flip phone.** ❹ You know, **the latest model...**
STEP 2 First Question	❺ And I'm wondering how much it is? ❻ I really need to know the price. ❼ Say what? ❽ Two thousand dollars ($2,000)? ❾ Oh my goodness, that is really cheap. ❿ And I'm glad I'm really rich. ⓫ I'd like to get three, please.
STEP 3 Second Question	⓬ And ok, once I make the purchase, when will they be in my hands? ⓭ How fast is your delivery service? ⓮ What? ⓯ They're gonna arrive tomorrow? ⓰ You guys have one-day service? ⓱ That is unbelievable!
STEP 4 Third Question	⓲ Alright, um, last question. ⓳ The most important of all. ⓴ Do you guys accept bitcoin as payment? ㉑ I hate credit cards. ㉒ You do? ㉓ You guys are putting a huge smile on my face. ㉔ OK, I'll transfer some right now. ㉕ Thank you so much for your help. ㉖ Take care.

❶ 여보세요? 삼성 맞죠? ❷ 그렇죠? ❸ 좋아요, 제가 새 폴더 폰을 구매하고 싶은데요. ❹ 그 있잖아요, 제일 최근에 나온 거요… ❺ 그리고 궁금한 게 있는데요, 혹시 가격이 얼마인가요? ❻ 꼭 가격을 알아야 하거든요. ❼ 네? 얼마요? ❽ 2,000달러요? ❾ 세상에, 정말 싸네요. ❿ 부자라서 얼마나 좋은지 몰라요. ⓫ 그걸로 세 개 살게요. ⓬ 그리고 음, 결제하면 언제쯤 받을 수 있을까요? ⓭ 배송이 얼마나 빠르죠? ⓮ 네? ⓯ 내일 도착한다고요? ⓰ 당일 배송 서비스가 있어요? ⓱ 말도 안 돼! ⓲ 음, 그럼, 마지막으로요. ⓳ 제일 중요한 질문이에요. ⓴ 혹시 비트코인도 받으시나요? ㉑ 저는 신용카드를 별로 안 좋아하거든요. ㉒ 받으신다고요? ㉓ 당신이 저를 환하게 웃게 해 주네요. ㉔ 알겠습니다, 지금 바로 이체할게요. ㉕ 도움 주셔서 감사합니다. ㉖ 안녕히 계세요.

Useful Expressions

- ⓬ make the purchase 결제하다
- ⓬ When will they be in my hands? 언제쯤 받을 수 있을까요?
- ⓭ how fast 얼마나 빠른지
- ⓰ one-day service 당일 (배송) 서비스
- ⓱ unbelievable 믿기 어려운
- ⓴ accept ~ as payment 결제 수단으로 ~을 받다
- ㉔ transfer 송금하다, 이체하다

IMPORTANT LESSON

❸ OK, I'm looking to purchase your **new flip phone.**

❹ You know, **the latest model...**

이미 한 번 언급한 적이 있지만, 콤보 세트(Description/Habit/Past Experience/Comparison) 질문에 답할 때, 장소나 제품의 실제 이름을 꼭 말해야 할 필요는 없습니다. 특히 이름이 한국어라면 대강 말해도 돼요. 이러한 전략은 롤플레이 질문에도 적용됩니다. 저는 간단히 new flip phone, the latest model이라고 말했어요. 브랜드나 모델 이름에 대해서는 전혀 언급하지 않았습니다. 물론 브랜드나 모델 이름을 말해도 되긴 하지만, 학생들이 긴 이름을 다 기억하려고 하니까 멘붕이 오는 경우가 많더라고요. 브랜드나 모델 이름이 갑자기 기억이 안 난다면, 애써 기억하려고 하지 말고 대강만 설명하세요.

AL 학생이 직접 만든 예시 브랜드나 모델 이름 대강 말해 보기

Car Rental 차 렌트

Okay, well, I'm looking to rent a **Porsche**. And I want **the latest, hottest model**, please.

네, 근데, 저 포르쉐를 하나 빌리고 싶은데요. 그리고 제일 최신 걸로, 제일 인기 있는 모델로 부탁드려요.

Smartphones 스마트폰

Hi there, is this **Apple**? Alright, I'm looking to purchase your **newest phone**. In blue, please.

여보세요, 애플이죠? 좋아요, 제가 거기 최신 휴대폰을 좀 구매하고 싶거든요. 파란색으로 부탁드려요.

45 Vacation 휴가

QUESTION

문제 듣기

Chap05_45Q

I'd like to give you a situation and ask you to act it out. Someone in your family is going on a vacation and you have agreed to take care of his or her responsibilities at home. Call your relative and ask three or four questions to get all the information you need.

당신에게 어떤 상황을 드리겠습니다. 그 상황에 맞게 연기해 주세요. 가족(친척) 중 누군가 휴가를 가는데 당신은 집을 봐주기로 했습니다. 친척에게 전화해서 3~4개의 질문을 하고 필요한 모든 정보를 얻으세요.

질문을 들을 때, 꼭 해야 하는 것! ☆질문은 꼭! 2번 들으세요.

✌ **질문을 두 번 듣는 동안 생각하기:** 어떤 상황인지 그리고 3가지 질문 간단히 생각해 보기

✌ **질문을 두 번 듣는 동안 생각하기**

어떤 상황인가? ______________________

3가지 질문? ______________________

오픽노잼의 예시

✌ **질문을 두 번 듣는 동안 생각하기**

- 어떤 상황인가? *vacation*
- 3가지 질문? ⑬ *shed,* ⑱ *eat,* ㉔ *poo*

CHAPTER 05 RP 11

오픽노잼의 답변

답변 듣기

Chap05_45A

STEP 1 General Explanation

① Hey cuz, you all ready for your trip?
② Yeah, I'm sure you are.
③ You sound super excited, dude.
④ Um, listen, I just wanna say your home will be in great hands.
⑤ I got it all covered.
⑥ When you come back home, it's gonna feel like new.
⑦ Don't you worry about it.
⑧ But I do have a few questions about your pet dog if you don't mind.
⑨ You have a few minutes?
⑩ Yeah? It's all good?
⑪ OK, I'll be real quick.

STEP 2 First Question

⑫ Um, I'm just wondering...
⑬ Does it shed a lot?
⑭ Oh, it does, huh?
⑮ OK, I guess I gotta be extra thorough with all the cleaning.
⑯ It's all good.

STEP 3 Second Question

⑰ Uh, next question.
⑱ Does it eat a lot?
⑲ Oh, it eats like a pig?
⑳ Eats more than I do?
㉑ Dude, that's a lot of food.
㉒ All right, no problem.
㉓ I'll just keep feeding it.

STEP 4 Third Question

㉔ Um, wait a minute, if it eats a lot, then does it poo a lot?
㉕ Oh, it does, huh?
㉖ Poos like a rhino?
㉗ Holy cow, ok, um, all right, whatever.
㉘ I'll just... I'll just be a "poo cleaner" until you come back.
㉙ It's all good man.
㉚ Um, I did have another question though...
㉛ But, alright, whatever, I'll just text you, uh, once I remember.
㉜ But, listen, just enjoy your trip.
㉝ Forget about your home.
㉞ Forget about your dog.
㉟ And um, come back in one piece, ok?
㊱ All right, man.
㊲ Peace!

① 여보세요, 사촌, 여행 갈 준비는 잘 돼 가? ② 그럼, 그렇겠지. ③ 야, 너 목소리가 엄청 신났네. ④ 음, 있잖아, 내가 (너 없을 동안) 집 잘 볼게. ⑤ 내가 다 알아서 잘 할게. ⑥ 집에 돌아오면, 완전 새집 같을 거야. ⑦ 아무것도 걱정하지 마. ⑧ 그런데 너네 집 강아지에 대해 몇 가지 질문이 있는데, 해도 되지? ⑨ 시간 괜찮아? ⑩ 아, 괜찮아? ⑪ 알았어, 오래 안 걸려. ⑫ 음, 그냥 궁금해서 그런데··· ⓭ 개 털 많이 빠져? ⑭ 아, 많이 빠진다고? ⑮ 알겠어, 그럼 청소할 때 더 꼼꼼히 해야겠네. ⑯ 응, 다 괜찮아. ⑰ 어, 다음 질문은. ⑱ 혹시 걔 많이 먹어? ⑲ 응? 돼지처럼 많이 먹는다고? ⑳ 나보다 더 많이 먹는다고? ㉑ 야, 그거 엄청난데? ㉒ 괜찮아, 문제없어. ㉓ 그냥 계속 밥 주면 되지. ㉔ 어, 잠깐만, 만약 많이 먹으면, 똥도 많이 싸겠네? ㉕ 아, 그렇다고? ㉖ 코뿔소처럼 엄청 싼다고? ㉗ 아오 씨, 그래, 뭐 어떻게든 되겠지. ㉘ 그래··· 너 오기 전까지 '똥 청소부'나 하지 뭐. ㉙ 다 괜찮아. ㉚ 음, 다른 질문이 있긴 있었는데··· ㉛ 근데, 아니다, 생각나면 문자 보낼게. ㉜ 그냥 여행 잘 다녀와. ㉝ 집 걱정은 하지 말고. ㉞ 강아지 걱정도 하지 말고. ㉟ 그래 어, 무사히 돌아와, 알았지? ㊱ 그래. ㊲ 안녕!

Useful Expressions

- ③ dude 야, 인마, 이 자식 *친한 사이에서 쓸 수 있습니다.
- ④ be in great hands 훌륭한 사람(손)에게 맡겨지다
- ⑤ I got it all covered. 알아서 잘 할게.
- ⑬ shed 털이 빠지다, 털갈이를 하다
- ㉗ Holy cow. 이런, 아오!, 세상에! *비슷한 표현으로는 Holy crap., Holy shit. 등이 있습니다.
- ㉟ Come back in one piece. (다치지 말고) 무사히 돌아와.

IMPORTANT LESSON

㉚ Um, I did have another question though...
㉛ But, alright, whatever, I'll just text you, uh, once I remember.

I did have another question though, 이건 ㊷의 one more thing 전략과 비슷합니다. 하지만 가장 큰 차이점은 세 번째 질문 바로 뒤, 답변의 끝에 위치한다는 것이에요. 이 전략을 마스터한다면, 답변이 부드럽게 들리는 것은 물론, 연기력까지 급상승할 거예요. 여기 몇 가지 다른 예가 있습니다.

EXAMPLES:

- I did have another question though...
- I had one more question...
- I had one more thing to ask...
- I know I had one more question...
- I'm pretty sure I had another important thing to ask...

AL 학생이 직접 만든 예시 **세 번째 질문 바로 뒤, I did have another question though 전략 사용해 보기**

Hotels 호텔

Third Question OK, um, can I use your swimming pool for free? I mean, it's all included, right? Oh, yeah? I can? Perfect. And, uh... **I had one more thing to ask**... But, uh... never mind. I'll call you again once I remember.

네, 음, 거기 수영장도 공짜로 쓸 수 있죠? 제 말은, 다 포함된 가격인 거죠, 그렇죠? 오, 그래요? 쓸 수 있다고요? 좋네요. 그리고, 어… 한 가지 더 물어볼 게 있었는데… 근데, 어… 아니에요. 나중에 기억나면 다시 전화드릴게요.

Gyms 헬스장

Third Question I'm just wondering, do you guys also provide pilates lessons? Oh, you do? Awesome. And, um, last question. Um... **I did have another question**... OK, never mind. I'll just ask you next Monday.

그냥 궁금해서 그러는데요, 혹시 필라테스 수업도 하시나요? 오, 하신다고요? 멋지네요. 그리고, 음, 마지막 질문이요. 음… 분명 물어볼 게 하나 더 있었는데… 아, 아니에요. 다음 주 월요일에 물어볼게요.

RP 12

롤플레이 12

46 **Clothes** 옷

47 **Hiking** 하이킹

48 **Hotels** 호텔

49 **Recycling** 재활용

50 **Restaurants** 식당

RP 12 란? RP 11에서 생긴 문제에 대해 역할극을 하면서 2~3개의 제안을 해서 문제를 해결해야 하는 질문 카테고리

› 요구하는 최소 개수의 제안(2개)만 해도 충분

› 권장 답변 시간: 1분 정도 중요! 1분 30초를 넘기지 말 것!

› 난이도: 고급

고급 수준의 질문에 잘 답변하면 AL 등급을 받을 수 있는 확률이 높아집니다. 그렇기 때문에 고급 수준의 질문을 연습하는 데 많은 시간을 투자해야 합니다.

› RP 12 질문 미리보기

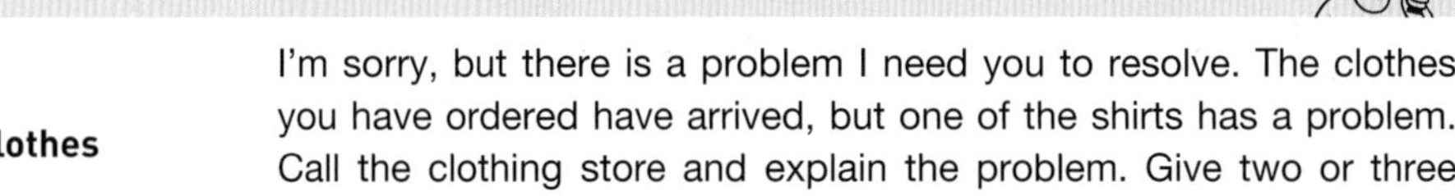

46 Clothes	I'm sorry, but there is a problem I need you to resolve. The clothes you have ordered have arrived, but one of the shirts has a problem. Call the clothing store and explain the problem. Give two or three alternatives to solve the problem.
47 Hiking	I'm sorry, but there is a problem I need you to resolve. Your boss and your team arrive at the hiking spot but one of the members calls to inform you that they will be an hour late. Tell the rest of the team the situation and offer two to three suggestions to the boss to deal with the matter.
48 Hotels	I'm sorry, but there is a problem I need you to resolve. You've learned that there are no rooms available in this hotel. Call your travel companions to let them know about the situation. Leave a message to describe the situation and propose alternative solutions to the problem.
49 Recycling	I'd like to give you a situation and ask you to act it out. A new resident from abroad has just moved in. However, they are throwing away garbage in the recycling bin. Other residents are very upset about that. Go to the new resident and explain the situation and tell them in detail about the recycling policy.
50 Restaurants	I'm sorry, but there is a problem I need you to resolve. You have found out that you left your wallet behind at the restaurant. Call the restaurant and explain your situation. Make several suggestions to get your wallet back.

> RP 12 Strategy

STEP 1 General Explanation (간단한 상황 설명)	질문에 언급된 단어를 사용해서 주어진 상황에 관해 '대충' 설명합니다. **중요!** 실제 전화 통화/대화라고 생각하고 자연스럽게 시작하세요.
STEP 2 First Suggestion (첫 번째 제안)	상대방과 여러분이 '**부정적**'으로 반응할 법한 제안을 하세요.
STEP 3 Second Suggestion (두 번째 제안)	상대방과 여러분이 '**긍정적**'으로 반응할 법한 제안을 하세요.

중요!
- 문제를 해결하기 위한 제안을 하세요.
- 제안을 반복하여 전달력 up!
- 상대의 말을 반복하면서 자연스러운 모습을 보여줍니다.
- 말도 안 되고 어이없는 질문을 해도 좋습니다. 즐기면서 자연스럽게 연기하면 답변 퀄리티 up!

46 Clothes 옷

QUESTION

문제 듣기
Chap06_46Q

I'm sorry, but there is a problem I need you to resolve. The clothes you have ordered have arrived, but one of the shirts has a problem. Call the clothing store and explain the problem. Give two or three alternatives to solve the problem.

죄송하지만, 당신이 해결해야 할 문제가 있습니다. 당신이 주문한 옷들이 도착했는데, 셔츠 하나에 문제가 있습니다. 옷 가게에 전화해서 문제를 설명하세요. 문제를 해결하기 위해 2~3개의 대안을 제시하세요.

질문을 들을 때, 꼭 해야 하는 것! ☆질문은 꼭! 2번 들으세요.

✌ **질문을 두 번 듣는 동안 생각하기:** 어떤 상황인지 그리고 2가지 제안 간단히 생각해 보기

✌ **질문을 두 번 듣는 동안 생각하기**

어떤 상황인가? ______

2가지 제안? ______

오픽노잼의 예시

✌ **질문을 두 번 듣는 동안 생각하기**

- 어떤 상황인가? *clothes*
- 2가지 제안? ❽ *replacement*, ⓯ *full refund*

오픽노잼의 답변

답변 듣기

Chap06_46A

STEP 1 General Explanation	1 Hi there. 2 Is this Lacoste? 3 Yeah? 4 Okay... so, basically, about two days ago, I ordered a shirt from you guys... 5 And it just arrived now... 6 And my goodness, there is a huge armpit stain on this shirt. 7 I am quite upset.
STEP 2 First Suggestion	8 I would like a replacement, please. 9 **Would that be possible?** 10 No? 11 Oh, it's all sold out? 12 Uh, that's not what I expected. 13 Um, I don't know what else to do here. 14 I certainly don't want this shirt.
STEP 3 Second Suggestion	15 Um, what about I get a full refund? 16 **Would that be okay?** 17 Yeah? 18 You can give me a full refund right away? 19 Yes, and that is exactly what I would like. 20 Um, thank you. 21 Take care.

1 안녕하세요. 2 라코스테죠? 3 그렇죠? 4 아… 다름이 아니라, 이틀 전쯤에 제가 거기서 셔츠를 주문했고… 5 지금 막 받았는데요… 6 아이고, 셔츠 겨드랑이 부분에 큰 얼룩이 있네요. 7 좀 실망스러워요. 8 다른 제품으로 교환 부탁드려요. 9 가능할까요? 10 안 된다고요? 11 아, 다 품절이라고요? 12 어, 이건 전혀 예상하지 못했는데요. 13 음, 더 이상 어떻게 해야 할지 모르겠네요. 14 확실히 이 셔츠는 입을 수가 없어요. 15 그럼, 전액 환불은 가능한가요? 16 그건 괜찮을까요? 17 네? 18 아 바로 환불해 주신다고요? 19 네, 그럼 그렇게 해주세요. 20 음, 감사합니다. 21 안녕히 계세요.

Useful Expressions

- 6 armpit 겨드랑이
- 6 stain 얼룩
- 12 That's not what I expected. 제가 예상했던 건 이게 아닌데요.
- 13 I don't know what else to do here. 더 이상 어떻게(뭘) 해야 할지 모르겠네요.
- 14 certainly 확실히
- 15 get a full refund 전액 환불을 받다

IMPORTANT LESSON

❽ I would like a replacement, please.
❾ **Would that be possible?**

⓯ Um, what about I get a full refund?
⓰ **Would that be okay?**

RP 12는 사실상 '고급 수준'의 질문으로 분류됩니다. 따라서 RP 12는 RP 11(RP 11 = 중간 수준)보다 훨씬 더 중요해요. 그리고 RP 12에서 요구하는 2~3개의 제안 중 2개만 해도 됩니다. 2개는 비록 질문에서 요구하는 최소 개수이지만, 이 제안들은 매우 구체적인 답을 필요로 하기 때문에 RP 11보다 더 어려워요. 문제를 '해결'해야 하니까요.

이제, 제 답변에서 매우 중요한 부분을 보여드릴게요. 첫 번째 제안은 "I would like a replacement, please." 입니다. 물론, 엄밀히 말하면 '제안'은 아니죠. 하지만, 여전히 제가 '문제를 해결하고 싶어 하는 모습'을 표현하고 있어요. 그러고 나서 바로 이렇게 말합니다. "Would that be possible?" 따지고 보면 같은 것을 두 번 묻고 있는 거죠. 이 전략을 사용하면 답변이 훨씬 더 세련되어집니다.

두 번째 제안을 보면, "Would that be okay?"로 끝내요. 본질적으로 첫 번째 제안과 같은 전략입니다! 여기 더 많은 예시가 있습니다.

EXAMPLES:

- Would that be possible?
- Would that be okay?
- Would that be alright?
- Would that work?
- Would that be too much trouble?
- Would that be too much of a hassle?

AL 학생이 직접 만든 예시 Would that be okay?와 같은 표현 사용해 보기

Restaurants 식당

First Suggestion I'm just wondering if you could send it to me? **Would that be okay?**

Second Suggestion Um, could you just keep that in your closet for just a few hours? **Would that be too much of a hassle?**

그냥 궁금해서 그러는데 혹시 그거 저한테 (택배로) 보내주실 수 있을까요? 괜찮을까요?

음, 그냥 몇 시간 정도만 당신 옷장에 보관해 주실 수 있나요? 너무 귀찮을까요?

Clothes 옷

First Suggestion I'm just wondering if you could give me a full refund. **Would that be possible?**

Second Suggestion Um, then, I'd like a replacement, please. **Would that be alright?**

그냥 궁금해서 그러는데 혹시 전액 환불해 주실 수 있나요? 가능할까요?

음, 그럼, 교환 부탁드려요. 괜찮을까요?

47 Hiking 하이킹

QUESTION

문제 듣기

Chap06_47Q

I'm sorry, but there is a problem I need you to resolve. Your boss and your team arrive at the hiking spot but one of the members calls to inform you that they will be an hour late. Tell the rest of the team the situation and offer two to three suggestions to the boss to deal with the matter.

죄송하지만, 당신이 해결해야 할 문제가 있습니다. 당신의 상사와 팀원들이 하이킹 장소에 도착했는데 팀원 중 한 명이 1시간 정도 늦는다고 전화가 왔습니다. 다른 팀원들에게 상황을 설명하고 상사에게 2~3개의 제안을 해서 이 상황을 해결하세요.

질문을 들을 때, 꼭 해야 하는 것! ☆질문은 꼭! 2번 들으세요.

질문을 두 번 듣는 동안 생각하기: 어떤 상황인지 그리고 2가지 제안 간단히 생각해 보기

질문을 두 번 듣는 동안 생각하기

어떤 상황인가? ______________________

2가지 제안? ______________________

오픽노잼의 예시

상대방에게 첫 번째 제안을 한 다음 두 번째 제안을 하는 것이 RP 12의 전략이지만, 이 답변에서는 약간 다르게 '팀원들에게 첫 번째 제안과 두 번째 제안'을 모두 제시한 다음, '팀장님에게 다시 두 가지 제안'을 제시하는 전략을 사용했습니다.

질문을 두 번 듣는 동안 생각하기

- 어떤 상황인가? *hiking*
- 2가지 제안? ❾ *guys (ask co-workers)*, ⓰ *boss (ask the boss)*

오픽노잼의 답변

답변 듣기

Chap06_47A

STEP 1 General Explanation	❶ Alright guys, here's the deal. ❷ Henry is running late. ❸ Yeah, that's right. ❹ He just woke up. ❺ Um, I know it's a little bit ridiculous.
STEP 2 First Suggestion	❻ But I think we have **one of two choices** here: ❼ The first... well, we say, "Screw him," and we start the hike now. ❽ Or the second... we wait the hour. ❾ What do you guys think? ❿ Oh, you guys think that we should wait. ⓫ Ah, how touching. ⓬ How touching. ⓭ But, you know what? ⓮ I don't care what you guys think. ⓯ Let's go ahead and ask the boss, alright?
STEP 3 Second Suggestion	⓰ Boss, what do you think about this matter? ⓱ I know that you want us to stick together as a team. ⓲ But at the same time, waiting an hour is just outrageous. ⓳ Anyhow, whatever you think goes. ⓴ What do you suggest we do? ㉑ Oh, you like the first option? ㉒ To screw him. ㉓ And oh, you were gonna fire him anyway. ㉔ That's what I'm talking about, boss. ㉕ Alright guys, the decision has been made. ㉖ The boss has spoken. ㉗ We are gonna commence our hiking trip now. ㉘ So, let us go ahead and say bye-bye to Henry.

❶ 여러분, 알려드려야 할 것이 있어요. ❷ 헨리 씨가 좀 늦는대요. ❸ 네, 맞습니다. ❹ 방금 일어나셨나 봐요. ❺ 네, 조금 어이없는 거 압니다. ❻ 제 생각에 지금 두 가지 선택지가 있는 것 같아요. ❼ 첫 번째는… 그냥 '헨리 씨를 빼고' 우리끼리 먼저 하이킹을 시작하는 거예요. ❽ 아니면 두 번째는… 한 시간 정도 기다리는 것입니다. ❾ 어떻게들 생각하세요? ❿ 아, 우리가 기다리는 게 좋겠다고요? ⓫ 와, 감동인데요. ⓬ 진짜 감동이에요. ⓭ 근데, 있잖아요? ⓮ 여러분들의 의견은 상관없습니다. ⓯ 가서 팀장님께 물어봅시다, 그게 좋겠죠? ⓰ 팀장님, 이 상황에 대해 어떻게 생각하세요? ⓱ 팀장님께서는 저희가 한 팀으로 붙어 다니길 원하신다는 걸 알고 있습니다. ⓲ 하지만 그래도, 한 시간이나 기다리는 건 좀 무리라고 생각합니다. ⓳ 아무튼, 팀장님 의견을 따르겠어요. ⓴ 저희가 어떻게 하면 될까요? ㉑ 아, 첫 번째 옵션이 좋으신가요? ㉒ 헨리 씨를 빼는 거요. ㉓ 오, 어차피 헨리 씨를 해고하려고 하셨다고요. ㉔ 제 말이 그 말이에요, 팀장님. ㉕ 자 여러분, 결정됐네요. ㉖ 팀장님께서 결정하셨어요. ㉗ 우리끼리 하이킹을 시작합시다. ㉘ 자 그럼, 출발하고 헨리 씨에게는 굿바이 인사를 합시다.

Useful Expressions

- ❷ be running late (약속 시간은 아직 안 됐지만 이대로라면) 늦을 것 같다
- ⓫ how touching 감동이에요
- ⓱ stick together as a team 한 팀으로 붙어 다니다
- ⓲ outrageous 상식 밖의, 터무니없는
- ⓳ Whatever you think goes. 당신 생각에 따를게요., 당신 생각대로 합시다.
- ㉗ commence 시작하다

IMPORTANT LESSON

❻ But I think we have **one of two choices** here:

저의 주요 롤플레이 전략은 RP 11과 RP 12에서 어떤 식으로든 '돈'과 관련시키는 것이었어요. 예전에는 대부분 롤플레이 질문들이 '물건을 구입 중이거나 구입한 물건에 이상이 있습니다.' 이런 식이었거든요. 하지만, 오픽이 갈수록 어려워지면서, 요즘은 롤플레이 질문이 점점 더 랜덤으로 나오는 추세입니다. 제 답변을 보시면, 돈과 전혀 상관없는 질문이에요. 돈에 관련된 내용이 아니면 조금 프리스타일로 해야 합니다.

보시다시피, 저는 "But I think we have one of two choices here:"이라고 합니다. 그다음, 두 가지 선택지를 언급하죠. 그러고 나서, 첫 번째 선택지는 별로이고 두 번째 선택지가 더 나은 것처럼 보이게 합니다. 본질적으로는 일반적인 돈 관련 RP 12 전략과 매우 비슷해요.

EXAMPLES:

- But I think we have one of two choices here:
- We have two choices:
- We have two options to consider:
- I feel we don't have many options... just two:
- Personally, we pretty much only have 2 options:

AL 학생이 직접 만든 예시 두 가지 선택지 제시하기 (첫 번째는 Bad, 두 번째는 Good)

Clothes 옷

I find this absolutely appalling. I think **we have two options** here: The first... I'm gonna sue you. Or the second... you're gonna have to give me a full refund. What's your choice?

이건 정말 형편없네요. 제 생각에 지금 두 가지 선택지가 있는 것 같아요: 첫 번째… 제가 그쪽을 고소한다. 아니면 두 번째… 전액 환불을 해준다. 뭘 선택하실래요?

Restaurants 식당

Alright so, personally, **we pretty much only have 2 options** here: The first is for you to come over to my place and drop it off. The second is to simply leave it at your place for a few more days. What do you think?

좋아요, 제 생각에, 우리는 지금 두 가지 선택지밖에 없는 것 같네요: 첫 번째는 당신이 저희 집에 들러서 (지갑을) 주고 가는 거. 두 번째는 그냥 당신의 집에 며칠 더 놔두는 거. 어떻게 생각하세요?

48 Hotels 호텔

QUESTION

문제 듣기

Chap06_48Q

I'm sorry, but there is a problem I need you to resolve. You've learned that there are no rooms available in this hotel. Call your travel companions to let them know about the situation. Leave a message to describe the situation and propose alternative solutions to the problem.

죄송하지만, 당신이 해결해야 할 문제가 있습니다. 당신은 호텔에 예약 가능한 객실이 없다는 설명을 들었습니다. 같이 여행 중인 친구들에게 전화해서 상황을 알려주세요. 상황을 설명하고 문제를 해결하기 위한 대안을 (음성) 메시지로 남겨주세요.

질문을 들을 때, 꼭 해야 하는 것! ☆질문은 꼭! 2번 들으세요.

✌ **질문을 두 번 듣는 동안 생각하기:** 어떤 상황인지 그리고 2가지 제안 간단히 생각해 보기

✌ **질문을 두 번 듣는 동안 생각하기**

어떤 상황인가? ______________________

2가지 제안? ______________________

오픽노잼의 예시

✌ **질문을 두 번 듣는 동안 생각하기**

- 어떤 상황인가? *hotel*
- 2가지 제안? ⓫ *uncle's place*, ⓮ *pull an all-nighter*

CHAPTER 06 RP 12

오픽노잼의 답변

답변 듣기

Chap06_48A

STEP 1 General Explanation	❶ Hey Steve, listen. ❷ I hate to be the bearer of bad news... ❸ But you know the hotel that we wanted to stay at? ❹ Well, I'm here right now... ❺ I'm talking to the concierge... ❻ And they're telling me that every single room... ❼ They're all booked. ❽ You know what I mean? ❾ And so, I know this is very disappointing, but this can't let us ruin our trip, right? (더 정확한 표현은 we can't let this ruin our trip, right? 이에요. 녹음하면서 어색하다는 느낌이 있었지만, 고치지 않고 답변을 이어갔습니다.) ❿ And so, I'm thinking we have maybe one of two options here.
STEP 2 First Suggestion	⓫ The first is to stay at my uncle's place. ⓬ He actually does live nearby. ⓭ But yeah, I don't know if we actually wanna stay there.
STEP 3 Second Suggestion	⓮ Um, the other option that I can think of is to just simply pull an all-nighter. ⓯ You know? ⓰ We could go club hopping... ⓱ We could go from one club to the other... ⓲ I don't know. ⓳ Um, I'm definitely up for it. ⓴ I don't know if you guys are. ㉑ But uh, Steve, if you could tell the other guys... ㉒ Um, let them know of the current situation? ㉓ And then get back to me when you can? ㉔ Uh, that'll be great. ㉕ Alright, peace man.

❶ 여보세요, 스티브, 있잖아. ❷ 안 좋은 소식을 전해서 미안한데… ❸ 우리가 묵고 싶었던 호텔 있잖아? ❹ 음, 내가 지금 거기에 와 있거든… ❺ 여기 호텔 직원이랑 얘기해 봤는데… ❻ 그 직원이 그러는데, 모든 객실이… ❼ 예약이 꽉 찼다네. ❽ 무슨 말인지 알겠지? ❾ 많이 실망했을 거 알아. 그래도 이런 일 따위가 우리 여행을 망칠 순 없지, 그렇지? ❿ 그래서, 내가 생각을 좀 해봤는데, 지금 우리에겐 두 가지 정도 옵션이 있을 것 같아. ⓫ 첫 번째는 우리 삼촌네 집으로 가는 거야. ⓬ 사실 삼촌이 여기서 가까이 사시거든. ⓭ 물론, 뭐, 우리가 거기서 진짜로 자고 가고 싶을지는 좀 생각을 해 봐야겠지만. ⓮ 음, 내가 생각한 다른 옵션은, 그냥 밤을 새우는 거야. ⓯ 알겠어? ⓰ 클럽을 여러 군데 돌아다니는 거지… ⓱ 이 클럽 갔다가, 저 클럽 갔다가 하는 거야… ⓲ 모르겠다. ⓳ 어, 근데, 나는 당연히 좋아. ⓴ 너희들은 어떨지 모르겠다. ㉑ 그래서 말인데 스티브, 네가 다른 애들한테도 좀 말해줄 수 있으면… ㉒ 네가 지금 이 상황을 좀 설명해 줄 수 있어? ㉓ 그리고 네가 가능할 때 다시 나한테 연락 좀 줄래? ㉔ 어, 그래주면 고맙겠다. ㉕ 알겠어, 끊을게.

Useful Expressions

- ❷ bearer 소식을 전하는 사람
- ❺ concierge 호텔 직원, 호텔 안내원
- ❼ be all booked 모두 예약이 되다, 예약이 꽉 차다
- ⓮ pull an all-nighter 밤을 새우다
- ⓰ club hopping 클럽을 여기저기 옮겨 다니는 것
  *hop은 '깡충깡충 뛰다'라는 의미가 있습니다. grasshopper '메뚜기'가 뛰는 모습을 상상하면 이해하기 쉬울 거예요.
- ⓳ I'm up for it. 나는 좋아., 나는 할래.

IMPORTANT LESSON

⑱ I don't know.

매우 흔한 표현입니다. 원어민들은 문자 메시지를 보낼 때 종종 idk라고 줄여서 쓰기도 해요. 무언가를 잘 모르겠을 때 써보세요! 솔직해져야 합니다. 무언가를 모르겠다고 말하는 것도, 오픽에서는 정말 좋아요! idk는 오픽의 모든 질문, 심지어 롤플레이 문제에 대한 답변으로 써도 정말 좋습니다!

EXAMPLES:

- I don't know.
- I'm not sure.
- I have no idea.
- I don't have a clue.

AL 학생이 직접 만든 예시 I don't know 전략 사용해 보기

Clothes 옷

Um, so, I ordered a shirt from you guys and it just arrived now. And, uh, **I don't know**... I guess someone has already tried it on or something. There's a huge stain on this shirt.

음, 그러니까, 제가 거기서 셔츠를 주문했는데 방금 도착했거든요. 그리고, 어, 모르겠어요… 제 생각엔 누가 이미 이걸 입어 보거나 한 것 같아요. 셔츠에 정말 큰 얼룩이 있네요.

Bars (Past Experience) 술집/바

I saw this cute guy. And I was like, "Hey, give me your digits!" **I don't know...** Maybe I was too drunk or something. I couldn't believe I did that!

어떤 귀여운 남자를 봤어요. 그리고 저는 막 이랬죠, "저기요, 번호 좀 주세요!" 모르겠어요… 아마 너무 취했거나 그랬던 것 같아요. 제가 그런 짓을 했다니 믿을 수가 없네요!

49 Recycling 재활용

QUESTION

문제 듣기

Chap06_49Q

I'd like to give you a situation and ask you to act it out. A new resident from abroad has just moved in. However, they are throwing away garbage in the recycling bin. Other residents are very upset about that. Go to the new resident and explain the situation and tell them in detail about the recycling policy.

당신에게 어떤 상황을 드리겠습니다. 그 상황에 맞게 연기해 주세요. 해외에서 살던 사람이 새로 막 이사를 왔습니다. 그런데, 그 이웃이 재활용 통에 일반 쓰레기를 버리고 있어요. 이에 대해 다른 주민들은 몹시 화가 나 있습니다. 새 이웃에게 가서 상황을 설명하고 재활용 규정에 대해 자세히 설명해 주세요.

질문을 들을 때, 꼭 해야 하는 것! ☆질문은 꼭! 2번 들으세요.

✌ **질문을 두 번 듣는 동안 생각하기:** 어떤 상황인지 그리고 2가지 제안 간단히 생각해 보기

✌ **질문을 두 번 듣는 동안 생각하기**

어떤 상황인가? ______________________

2가지 제안? ______________________

오픽노잼의 예시

✌ **질문을 두 번 듣는 동안 생각하기**

- 어떤 상황인가? *recycling*
- 2가지 제안? ⑯ *separate the recycling,* ㉘ *do the recycling, and I'll take you to a bar*

오픽노잼의 답변

답변 듣기

Chap06_49A

STEP 1 General Explanation	1 Hey, good morning! 2 You're the new resident here, right? 3 Oh, you moved in last week? 4 Awesome. 5 Hey, I'm Sam. 6 Jennifer? 7 Ah, very nice to meet you, Jennifer. 8 Listen, I'm not trying to make you feel uncomfortable or anything. 9 But the other residences here... 10 They're telling me that you are mixing the recycling with the garbage. 11 Is that true? 12 Yeah, that's true? 13 Ah, you must be from Canada. 14 Anyhow, you're supposed to be separating everything here.
STEP 2 First Suggestion	15 So, I'm just wondering, from now on... 16 If you could separate the recycling from the garbage? 17 No, you can't? 18 You think that's ridiculous? 19 Well, why do you think so? 20 **Oh, you're joking.** 21 Oh, you're gonna try your best from now on. 22 Oh, goodness, I thought you were being serious. 23 Whoo, you nearly got me there. 24 Um, but you know what? 25 I have a better proposal. 26 I have a better idea.
STEP 3 Second Suggestion	27 Why don't you, instead of just trying your best... 28 Why don't you actually do it, and um, I'll, uh, take you to a very nice bar? 29 You know, I'll get the first round. 30 How about that? 31 Yeah? You think that's a great deal? 32 Alright, then. 33 Let's do it. 34 Let me get your number now, and uh, I'll call you up later tonight. 35 Perfect! 36 See ya later, Jennifer.

1 안녕하세요, 좋은 아침이네요! 2 새로 이사 오신 분 맞죠? 3 아, 지난주에 이사 오셨다고요? 4 좋네요. 5 안녕하세요, 저는 샘이라고 해요. 6 제니퍼? 7 아, 만나서 반가워요, 제니퍼. 8 다름이 아니라, 저는 당신을 불편하게 만들거나 그러고 싶진 않은데요. 9 그런데 여기 사는 다른 주민들이… 10 당신이 재활용 쓰레기와 일반 쓰레기를 같이 버린다고 하더라고요. 11 혹시 사실인가요? 12 네, 사실이에요? 13 아, 캐나다에서 오셨구나. 14 아무튼, 여기서는 다 구분해서 버려야 해요. 15 그래서 그냥 궁금해서 그러는데, 혹시 이제부터라도… 16 일반 쓰레기랑 재활용 쓰레기를 구분해서 버려줄 수 있나요? 17 아니, 못하겠다고요? 18 그건 말도 안 된다고요? 19 어, 왜 그렇게 생각하시죠? 20 아, 장난이었다고요. 21 이제부터 최선을 다하겠다고요. 22 와, 진짜, 진지하게 얘기하는 줄 알았잖아요. 23 휴, 완전 깜빡 속을 뻔했네요. 24 아, 근데 그거 아세요? 25 더 좋은 제안이 있어요. 26 더 좋은 아이디어가 있어요. 27 최선을 다한다고 말만 하는 대신… 28 실제로 한번 해보면 어떠세요? 그럼 제가 멋진 술집에 데려갈게요. 29 음, 제가 한 잔 살게요. 30 어때요? 31 네? 마음에 드시나요? 32 좋아요, 그럼. 33 우리 그렇게 해요. 34 연락처를 주시면, 음, 제가 이따 밤에 전화할게요. 35 완벽해요! 36 나중에 만나요, 제니퍼.

Useful Expressions

- 3 move in 이사 오다
- 15 from now on 지금부터
- 18 ridiculous 말도 안 되는
- 21 try one's best 최선을 다하다
- 23 You (nearly) got me (there). (당신에게) 깜빡 속을 뻔했네요. *상황에 따라 다르게 해석할 수 있어요.
- 29 get the first round (술) 한 잔 사다

IMPORTANT LESSON

⑳ **Oh, you're joking.**
㉑ Oh, you're gonna try your best from now on.
㉒ Oh, goodness, I thought you were being serious.
㉓ Whoo, you nearly got me there.

잊지 마세요. 롤플레이는 꼭 현실적으로 말이 되어야 하는 것은 아닙니다. 이것은 실제가 아닌 꾸며낸 상황이기 때문에 여러분은 그냥 상황을 즐기기만 하세요. 너무 진지할 필요는 없습니다. 너무 현실적일 필요도 없어요. 그냥 즐기세요!

이 답변에서, 저는 누구나 당연히 동의할 법한 제안을 합니다. 하지만 상대방은 거절하죠. 약간 놀랍기도 하고 동시에 말이 안 되기도 해요. 답변에 나오지는 않았지만, 저는 상대방이 "Just joking."이라고 했다고 가정했습니다. 그러고 나서 "Oh, you're joking."이라고 반복함으로써 대응했죠. 이 전략은 어떤 상황에서도 사용할 수 있어요. 상대방의 대답이 확실히 예상되는 제안을 하고 예상 밖의 대답을 듣는 상황을 만들어 보세요. 한 번 연습해 보고 자연스럽게 할 자신이 없다면, 이 전략은 그냥 신경 쓰지 마세요! 모두를 위한 전략은 아닙니다. 하지만 자연스럽게 해낼 수 있다면, 정말 부드럽게 들릴 거예요!

AL 학생이 직접 만든 예시 상대방의 대답이 확실히 예상되는 질문을 하고, 예상 밖의 대답을 듣는 상황 만들어 보기

Hiking 하이킹

Alright, I think we only have two choices here. The first... we kill him. Or the second... we just wait for him. What do you guys think? Say, what? Let's just kill him? Seriously? **Oh, you guys are just joking.** You just wanna wait for him. My goodness, I thought you were all being serious.

좋아요. 제 생각에 우린 두 가지 선택지밖에 없는 것 같아요. 첫 번째는… 그 사람을 죽이는 거예요. 아니면 두 번째는… 그냥 조금 기다려 주는 거죠. 어떻게들 생각하세요? 네, 뭐라고요? 그냥 죽여버리자고요? 진지하게 말씀하시는 거예요? 아, 농담하시는 거였구나. 그냥 조금 기다려 주자고요. 아이고, 다들 진지하게 말씀하시는 줄 알았네요.

Restaurants 식당

Um, then could you just leave it there? I'll drop by after work. Would that be okay? No? That's not okay? **Oh, you're just joking.** Oh wow, you got me pretty good.

음, 그럼 그거 그냥 거기 놔둬 주실 수 있나요? 제가 퇴근하고 들를게요. 괜찮을까요? 안 된다고요? 안 괜찮다고요? 아, 농담하시는 거였구나. 와, 거의 속을 뻔했잖아요.

50 Restaurants 식당

QUESTION

문제 듣기

Chap06_50Q

I'm sorry, but there is a problem I need you to resolve. You have found out that you left your wallet behind at the restaurant. Call the restaurant and explain your situation. Make several suggestions to get your wallet back.

죄송하지만, 당신이 해결해야 할 문제가 있습니다. 당신은 식당에 지갑을 두고 온 것을 알았습니다. 식당에 전화해서 상황을 설명하세요. 지갑을 찾기 위한 몇 가지 제안을 해보세요.

질문을 들을 때, 꼭 해야 하는 것!

☆질문은 꼭! 2번 들으세요.

✌ **질문을 두 번 듣는 동안 생각하기:** 어떤 상황인지 그리고 2가지 제안 간단히 생각해 보기

✌ **질문을 두 번 듣는 동안 생각하기**

어떤 상황인가? ______________________

2가지 제안? ______________________

오픽노잼의 예시

✌ **질문을 두 번 듣는 동안 생각하기**

- 어떤 상황인가? *restaurant (wallet)*
- 2가지 제안? ⑬ *come to my place,* ㉑ *I'll pick up later tonight*

CHAPTER 06 RP 12

오픽노잼의 답변

답변 듣기

Chap06_50A

STEP 1 General Explanation	1 Oh, hi there. 2 This is McDonald's, right? 3 OK, so... I believe earlier today, I left my wallet there. 4 It's a Louis Vuitton wallet. 5 And um... okay, I don't know why I told you that. 6 Sorry about that. 7 Uh, it's fake though. 8 It's fake. 9 Anyways, I was just wondering if someone has found it. 10 Oh, you found it? 11 Oh, that's great!
STEP 2 First Suggestion	12 OK, so, um, could you do me a big favor? 13 ... by coming over to my place? 14 ... and dropping it off? 15 No? 16 That is absolutely unacceptable? 17 Of course, of course. 18 Listen, I was just joking. 19 Sorry about that, okay?
STEP 3 Second Suggestion	20 Um, alright what about this? 21 Could I just pick it up later tonight? 22 Maybe around 8 p.m.? 23 Would that be okay? 24 Yeah? 25 8 p.m. is fine? 26 You'll leave it, uh, with the manager? 27 Perfect, thank you so much. 28 And um, **my last question is,** uh... 29 **Would I be able to get your number?** *click* 30 Uh, hello? Hello? 31 Wow, she hates me.

1 네, 여보세요. 2 거기 맥도날드 맞죠? 3 아… 제가 좀 전에 지갑을 거기에 두고 온 것 같아요. 4 루이비통 지갑이에요. 5 아… 이런 걸 왜 말했지. 6 죄송합니다. 7 어, 근데 어차피 가짜거든요. 8 가짜예요. 9 어쨌든, 혹시 누가 제 지갑을 찾았나 궁금해서요. 10 아, 당신이 찾으셨다고요? 11 정말 다행이네요! 12 그럼 혹시, 큰 부탁 하나만 들어주실 수 있을까요? 13 그게… 저희 집 쪽으로 와주실 수 있나요? 14 지갑만 주고 가시면 안 될까요? 15 안 된다고요? 16 절대로 들어줄 수 없으시다고요? 17 아 당연하죠, 당연히 안 되죠. 18 그냥 해본 말이에요. 19 죄송합니다. 20 아, 그럼 이건 어떨까요? 21 제가 오늘 밤에 좀 늦게 찾으러 가도 될까요? 22 한 오후 8시쯤? 23 괜찮을까요? 24 네? 25 아, 오후 8시 괜찮다고요? 26 매니저에게 전달해 놓겠다고요? 27 완벽해요, 정말 감사합니다. 28 아, 마지막으로 뭐 하나만 더 여쭤볼게요, 어… 29 혹시 번호 좀 알 수 있을까요? *딸깍* 30 어? 여보세요? 여보세요? 31 우와, 나 진짜 싫어하나 봐.

Useful Expressions

- 3 earlier today 좀 전에, 아까 전에
- 5 I don't know why I told you that. 내가 왜 그런 말을 했는지 모르겠다.
- 12 Could you do me a favor? 부탁 좀 들어주실 수 있나요?
- 13 come over 들르다
- 14 drop off (가는 길에) 데려다주다, 떨어뜨려 주다, 내려 주다
- 20 What about this? 이건 어때요?

IMPORTANT LESSON

㉘ And um, **my last question is,** uh...
㉙ **Would I be able to get your number?** *click*
㉚ Uh, hello? Hello?
㉛ Wow, she hates me.

롤플레이에서 누군가에게 찝쩍대는 것은 여러분의 유머 감각을 보여 줄 수 있는 좋은 방법입니다. 현실에서는 당연히 이런 짓은 절대 하지 않겠죠. 하지만 롤플레이에서는 상상력을 마음껏 발휘해 보세요.

이 답변에서 사용된 전략은 ㊺와 비슷합니다. 두 번째 제안이 끝난 다음, 무엇을 물어볼지 잊었다는 말 대신 그냥 전화번호를 물어보는 거예요. 정말 재밌는 전략입니다. 제대로만 쓴다면, 확실히 보너스 점수를 받을 거예요.

이건 꼭 기억하세요. 제 말을 그대로 따라 하지 말고 자기 스타일대로 말하세요! 이건 아무리 강조해도 지나치지 않아요. 마음에 드는 사람에게 번호를 묻는 방법은 정말 많잖아요. 제가 여기 나온 스크립트를 절대 외우지 말라고 하는데도, 틀림없이 귀담아듣지 않는 사람이 어딘가에 있을 겁니다. 이 말을 안 듣는 학생들이 점점 늘어나면, 채점자는 결국 스크립트라는 것을 알게 될 거예요. 그럼 정말 처참한 점수를 주겠죠!

AL 학생이 직접 만든 예시 롤플레이에서 전화번호 물어보기 전략 사용해 보기

Recycling 재활용

Second Suggestion 다음 And uh, my last question is... **Can I get your number?** I think you're cute. Huh? You want to give me your address as well? Wow, just my style.

그리고, 어, 마지막 질문은요… 번호 좀 알 수 있을까요? 그쪽 좀 귀여운 것 같아요. 네? 주소도 알려주고 싶다고요? 와우, 완전 내 스타일.

Clothes 옷

Second Suggestion 다음 I think that's all. No, no, no, I have one last question. Um, you know, I like your voice. **Can we just... keep in touch**? *CLICK* Whoa, he just hung up.

그게 다인 것 같아요. 아니다, 아니다, 아니다, 마지막으로 하나 더 물어볼 게 있어요. 음, 있잖아요, 목소리가 진짜 좋으시네요. 우리 계속… 연락할 수 있을까요? *딸깍* 와, 얘 그냥 끊어버렸네.

RP 13
롤플레이 13

51 **Family & Friends** 가족 & 친구

52 **Food Stores** 식품점

53 **Product or Service** 제품 또는 서비스

54 **Trips 1** 여행 1

55 **Trips 2** 여행 2

RP 13 이란?

RP 12와 비슷한 문제를 극복했던 자신의 과거 경험에 대해 설명해야 하는 질문 카테고리로, Past Experience 카테고리로 분류됩니다.

› 권장 답변 시간: 1분 30초 정도

중요! 2분을 넘기지 말 것!

› 난이도: 고급

고급 수준의 질문에 답변을 잘하면 AL 등급을 받을 수 있는 확률이 높아집니다. 그렇기 때문에 고급 수준의 질문에 대한 답변을 연습하는 데 많은 시간을 투자해야 합니다. RP 13에서 가장 중요한 핵심은 Past Experience와 마찬가지로 **'과거 시제 문법 틀리지 않기'**입니다.

› RP 13 질문 미리보기

51 Family & Friends	That's the end of the situation. Have you ever been in a situation where you agreed to do something for friends or family members but then couldn't do it? Give me all the details about what you agreed to do, what happened, and how the situation was resolved.
52 Food Stores	That's the end of the situation. Talk about the food store you go to. When did you first go there? What was special about that place?
53 Product or Service	That's the end of the situation. Have you ever been unhappy with something that you bought or some service you received? What was the problem? How did you deal with the situation? Tell me everything in detail.
54 Trips 1	That's the end of the situation. You may have had problems while you were planning for trips. Talk about a problem you had while you were planning a trip. What was the problem and how did you deal with the situation?
55 Trips 2	That's the end of the situation. There are times when something out of the ordinary happens while traveling. I wonder if you have ever experienced anything surprising, unexpected, or unusual during a trip. Tell me the story of that experience in detail. Start by telling me when and where you were traveling. And then, tell me all the details of that experience, especially about what made it so unforgettable.

› RP 13 Strategy

STEP 1 **초초반** **+** **MP**	**초초반이란?** • 답변을 시작하는 부분 • 질문을 듣고 자연스럽게 반응해야 합니다. • 질문은 여러 가지에서 한 가지로 좁혀야 합니다. **MP** • 이야기의 **클라이맥스 부분**을 MP로 할 것 • 클라이맥스를 먼저 이야기하는 것이 훨씬 전달력이 좋고 채점자의 관심을 쉽게 끌어낼 수 있습니다. **중요!** STEP 1은 처음 30초 안에 끝내는 것이 좋아요. 연습할 때 계속 30초를 넘긴다면, MP를 먼저 간단명료하게 말한 다음 초초반으로 넘어가는 연습을 해보세요.
STEP 2 **Body** **(본론)**	STEP 1에서 언급한 MP가 어떻게 일어나게 된 일인지 이야기합니다. **중요!** 반드시 한 가지 MP와 관련된 이야기만 해야 합니다. ▷ **Direct Quotation '직접 화법'** 이야기의 등장인물이나 자신이 했던 말을 그대로 인용함으로써 답변에 현장감을 더해줄 수 있습니다. 답변 퀄리티 up! Direct Quotation을 무조건 넣어야 하는 것은 아니지만 연습할 때는 꼭 해보세요. **중요!** 큰따옴표(" ") 안의 대사는 현재 시제로 합니다. 짧게 하는 연습을 하세요. 길게 하면 실수할 확률이 높아집니다.
STEP 3 **Conclusion** **(결론)**	농담 섞인 결론, 교훈적인 결론, 일반적인 결론 등 자기 스타일대로 답변을 마무리 지으면 됩니다. **중요!** 답변을 끝내고 That's it./That's all./Thank you.와 같은 말은 하지 마세요. 자연스럽게 마무리 짓는 것이 중요합니다. 고급 수준의 질문에서는 독특하고 재밌는 결론을 연습해 보는 것을 추천합니다.

51 Family & Friends 가족 & 친구

QUESTION

문제 듣기

Chap07_51Q

That's the end of the situation. Have you ever been in a situation where you agreed to do something for friends or family members but then couldn't do it? Give me all the details about what you agreed to do, what happened, and how the situation was resolved.

상황극이 종료되었습니다. 당신은 친구나 가족을 위해 무언가를 해주기로 했으나 결국 하지 못했던 상황에 처한 적이 있나요? 무엇을 해주기로 했는지, 무슨 일이 있었는지, 그리고 상황이 어떻게 해결되었는지 자세히 설명해 주세요.

질문을 들을 때, 꼭 해야 하는 것! ☆질문은 꼭! 2번 들으세요.

질문을 처음 들을 때: 무엇을 물어보는 질문인지, 어떤 카테고리인지 생각해 보기

질문을 두 번째 들을 때: 나의 MP는 무엇인지 키워드로 생각해 보기 (What, Feeling, 그렇게 느끼는 Why)

질문을 처음 들을 때

무엇을 물어보는 질문인가? ______

이 질문은 어떤 카테고리인가? ______

질문을 두 번째 들을 때

What? ______

Feeling? ______

Why? ______

오픽노잼의 예시

질문을 처음 들을 때

- 무엇을 물어보는 질문인가? *family & friends*
- 이 질문은 어떤 카테고리인가? *past experience*

질문을 두 번째 들을 때

- What? ❶ *cockroach problems*
- Feeling? ❸ *unacceptable,* ❻ *I felt so small,* ❼ *didn't feel like a man*
- Why? ❺ *but I couldn't (kill the cockroaches)*

오픽노잼의 답변

답변 듣기

Chap07_51A

초초반 + MP	1 So, we started to have cockroach problems in our home. 2 My wife and I. 3 And, of course, this is unacceptable, right? 4 And so, I promised my wife I was gonna kill every single one of them. 5 But I couldn't. 6 I felt so small... 7 Didn't feel like a man. 8 You wanna know more? 9 Alright, so this is what happened.
Body	10 Basically, for some reason, **I mean,** we are very clean people. 11 But for some reason, we started to see cockroaches. 12 My wife was freaked out. 13 And I also was so freaked out... out of my mind. 14 And let me tell you, I have a little bit of a... bug phobia. 15 Let's put it that way. 16 But I couldn't show my wife that I was weak, right? 17 I mean, come on, I'm a man, right? Direct Quotation 18 And so, I told her, "Don't worry, I'm gonna kill every single one of these darn little bastards." 19 If I may say that. 다시 녹음할 기회가 있었다면, disgusting little creatures라고 말했을 거예요. 20 And, my gosh, I tried to kill them, but I couldn't. 21 I wrapped my hand full of toilet paper. 22 I tried to grab 'em, but I just couldn't do it. 오타가 아닙니다! them의 줄임말이에요. 문장 중간에 쓰인 them을 빨리 말하다 보면 th를 생략하고 em만 발음하는 경우가 있답니다. 책에 정확히 grab them이라고 쓸 수도 있었지만, 원어민이 자연스럽게 줄임말을 쓰는 모습을 보여주기 위해 발음 그대로 남겨두었습니다. 23 I was shaking. 24 I was shivering. Direct Quotation 25 And my wife was looking at me like, "Who did I marry?" 26 "Are you even a man?" 27 Oh, that was tough. 28 That stare... 29 That glare... 30 Was so tough to accept. 31 But I couldn't blame her.
Conclusion	32 And so, long story short, she's the one who killed the cockroaches. 33 I'm still ashamed till this moment. 여기서는 문맥상 to this day가 확실히 더 자연스러워요!

1 그러니까, 저희 집에 바퀴벌레가 나와서 문제가 발생하기 시작했어요. 2 아내와 저는요. 3 당연히, 이건 절대 용납할 수 없는 상황이에요, 맞죠? 4 그래서, 저는 아내에게 바퀴벌레를 모두 잡아서 죽인다고 약속했어요. 5 근데 그럴 수가 없더라고요. 6 스스로 너무 부족하다고 느꼈어요··· 7 저는 남자도 아닌 것 같았어요. 8 더 듣고 싶죠? 9 자, 일이 이렇게 된 거였어요. 10 일단, 왠지 저희 부부는 깨끗한 걸 좋아하는 사람들이거든요. 11 그런데 어째서인지, 어느 날부터인가 바퀴벌레가 보이기 시작했어요. 12 아내는 깜짝 놀라서 완전 뒤집어졌죠. 13 물론 저도 놀랐어요··· 정신이 나갈 것 같았어요. 14 하나 말씀드리자면, 저는 약간··· 벌레 공포증 같은 게 있어요. 15 그냥 그렇다고 칩시다. 16 그래도 아내에게 약한 모습을 보여줄 수는 없잖아요? 17 아니, 이래 봬도 남자인데, 그렇죠? 18 그래서, 아내에게 말했어요, "걱정하지 마, 내가 이 망할 벌레들 다 잡아 죽일게." 19 말하자면요. 20 그런데요, 세상에, 걔네를 잡아서 죽이려고 했는데, 그럴 수가 없었어요. 21 제 손을 휴지로 둘둘 감았는데도요. 22 잡으려고 했지만, 그럴 수가 없었어요. 23 몸이 막 떨리더라고요. 24 진짜 무서워서 벌벌 떨었어요. 25 그러니까 아내가 저를 보면서 하는 말이 "나 누구랑 결혼했니?" 26 "남자가 맞긴 해?" 27 아, 진짜 힘들었어요. 28 그 눈빛··· 29 따가운 시선··· 30 받아들이기 너무 힘들었어요. 31 하지만 아내 탓을 할 수는 없죠. 32 그러니까, 간단히 말하자면, 아내가 바퀴벌레를 다 잡았어요. 33 지금까지도 아직 부끄럽게 생각해요.

Useful Expressions

- 3 unacceptable 용납할 수 없는, 받아들일 수 없는
- 6 feel so small 작아지는 기분이 들다, 초라해지는 기분이 들다
- 13 be out of one's mind 정신이 나가다
- 15 Let's put it that way. 그냥 그렇다고 칩시다.
- 12 be freaked out 깜짝 놀라다
- 14 bug phobia 벌레 공포증
- 33 ashamed 부끄러운

IMPORTANT LESSON

⑩ Basically, for some reason, **I mean**, we are very clean people.
⑪ But for some reason, we started to see cockroaches.

자, 제가 무슨 짓을 했는지 봅시다. 만약 말하기 능력이 완벽했다면, 이런 실수를 하지 않았을 거예요. 혹시 찾았나요? for some reason을 두 번 말했습니다. 일부러 두 번 말한 게 아니에요. 그러니까 이건 분명히 Repetition '반복' 전략이 아닙니다. 제가 원래 하고 싶었던 말은 이거였어요. "Basically, for some reason, we started to see cockroaches."

하지만 "Basically, for some reason..."이라고 하자마자 '우리는 깨끗한 사람들이다'라는 중요한 사실을 덧붙여야 할 필요성을 느꼈습니다. 물론 제 핵심 문장 앞이나 뒤에 이 사실을 추가할 수도 있었죠. 근데 가끔 우리가 이야기를 하면서 마음이 급해지는 순간이 있잖아요? 저는 말하는 중간에 바로 이 사실을 추가하고 싶었어요! 그래서 I mean 필러를 사용해 좀 더 자세한 내용을 더했습니다.

생각해 보면, 이건 전혀 실수처럼 보이지 않아요. I mean 필러 때문에 모든 흐름이 자연스러워 보입니다. 하지만 만약 제가 추가적인 사실을 덧붙인 후에, 두 번째 for some reason을 다시 말하지 않았다면, 정말 이상했을 수도 있었어요. 따라서 적재적소에 필러 사용은 답변의 흐름과 구성을 좋게 만드는 중요한 요소입니다. 여기서 I mean 대신에 by the way를 쓸 수도 있어요.

EXAMPLES:

- Basically, for some reason, **by the way**, we are very clean people...
- Basically, for some reason, we are very clean people **by the way**...

AL 학생이 직접 만든 예시 I mean/by the way를 필러로 알맞게 사용해 보기

Food Stores 식품점

Basically, **there's only one... By the way**, I live in a very small city. And so, **there's only one** supermarket here.

일단, 딱 하나가 있어요… 아 참고로, 전 아주 작은 도시에 살거든요. 그래서, 여기는 마트가 딱 하나밖에 없어요.

Product or Service 제품 또는 서비스

Basically, **for some reason, I mean**, I read everything before I buy. But **for some reason**, the camera was totally different from what I expected.

그러니까, 어떤 이유에선지, 제 말은, 저는 원래 뭘 사기 전에 다 꼼꼼하게 읽어보거든요. 근데 어떤 이유에선지, 그 카메라는 제 예상과 완전히 달랐어요.

52 Food Stores 식품점

QUESTION

문제 듣기

Chap07_52Q

That's the end of the situation. Talk about the food store you go to. When did you first go there? What was special about that place?

상황극이 종료되었습니다. 당신이 가는 식품점에 대해 이야기해 주세요. 언제 그곳에 처음 가게 되었나요? 그곳의 특별한 점은 무엇이었나요?

질문을 들을 때, 꼭 해야 하는 것! ☆질문은 꼭! 2번 들으세요.

- **질문을 처음 들을 때:** 무엇을 물어보는 질문인지, 어떤 카테고리인지 생각해 보기
- **질문을 두 번째 들을 때:** 나의 MP는 무엇인지 키워드로 생각해 보기 (What, Feeling, 그렇게 느끼는 Why)

질문을 처음 들을 때

무엇을 물어보는 질문인가? ______________________

이 질문은 어떤 카테고리인가? ______________________

질문을 두 번째 들을 때

What? ______________________

Feeling? ______________________

Why? ______________________

오픽노잼의 예시

질문을 처음 들을 때

- 무엇을 물어보는 질문인가? *food stores*
- 이 질문은 어떤 카테고리인가? *past experience*

질문을 두 번째 들을 때

- What? ❶ *supermarkets*, ❸ *E-mart*
- Feeling? ❹ *really love*, ❻ *perfect*
- Why? ❺ *they literally have everything*, ❻ *one-stop shop*

CHAPTER 07 RP 13

오픽노잼의 답변

답변 듣기
Chap07_52A

초초반 + MP	❶ OK, so, grocery stores... supermarkets... ❷ I guess they're all the same thing, right? ❸ Anyhow, I go to this particular place called E-mart... ❹ And I really love this place. ❺ Simply because they literally have everything. ❻ It's the perfect one-stop shop.
Body	❼ The thing is before I started going here, I went to other random grocery stores nearby my home. (↳ 문맥상 there가 정확합니다.) ❽ And the problem with that was that, well, they were always missing items that I needed. ❾ I go to one grocery store, they're missing an item. ❿ I go to a different grocery store, they're missing other items. ⓫ And I found this very, very annoying. ⓬ Quite frustrating, you know? ⓭ And... like, I just didn't like the fact that I was wasting my time, you know, going to multiple places. Direct Quotation ⓮ And so, **I decided**, "You know what? Let's give E-mart a go." ⓯ Yes, it was a little bit further away from my home... ⓰ But as soon as I entered this wonderful place, I realized that I was wasting my time all along. ⓱ Previously, you know? ⓲ Because E-mart literally has everything. ⓳ It's huge... ⓴ They're not missing any items... ㉑ Right? ㉒ It's just perfect. Direct Quotation ㉓ And so, **I realized**, "Wow, I gotta keep coming here for all my grocery needs."
Conclusion	㉔ So, thank you E-mart for literally changing the way I grocery shop.

❶ 음, 식품점… 슈퍼마켓… ❷ 둘 다 똑같은 것 같은데요, 안 그래요? ❸ 어쨌든, 저는 이마트라고 하는 곳에 가요… ❹ 저는 이 곳을 정말 좋아해요. ❺ 말 그대로 모든 것이 있기 때문이죠. ❻ 완벽한 종합 마트라고 할 수 있어요. ❼ 이곳에 다니기 시작하기 전에는, 그냥 집에서 가까운 아무 마트나 다녔어요. ❽ 근데 문제가 뭐였냐면, 제가 필요한 물건은 항상 없더라고요. ❾ 이 마트에 가면, 이 물건이 없고, ❿ 저 마트에 가면, 또 다른 물건이 없고. ⓫ 너무 짜증 나더라고요. ⓬ 꽤 답답하기도 했고요, 뭔지 알죠? ⓭ 그래서… 막, 이 마트, 저 마트 옮겨 다니며 시간 낭비하고 있다는 사실이 너무 싫었어요. ⓮ 그래서 이렇게 결심했죠, "이렇게 해 볼까? 이마트에 한번 가보자." ⓯ 네, 이마트는 집에서 조금 거리가 있었어요… ⓰ 그런데 이 멋진 마트에 들어가자마자, 제가 그동안 쭉 시간 낭비하고 있었다는 걸 알겠더라고요. ⓱ 여기 오기 전까지 말이에요. ⓲ 왜냐면 이마트에는 진짜 말 그대로 모든 것이 있거든요. ⓳ 매우 크고… ⓴ 없는 물건이 없어요… ㉑ 동의하죠? ㉒ 그냥 완벽해요. ㉓ 그래서 저는 깨달았죠, "우와, 앞으로 어떤 식재료가 필요하든지 간에 여기 오면 되겠구나." ㉔ 이마트 선생님, 저의 장 보는 방식을 완전히 바꿔주셔서 감사합니다.

Useful Expressions

- ❺ literally 말 그대로
- ❻ one-stop 한곳에서 다 해결할 수 있는
- ⓮ give something a go ~에게 허락 사인을 주다
  *Let's give E-mart a go.는 '이마트에 한번 가 보자'로 자연스럽게 해석할 수 있어요.
- ⓰ all along 그동안 쭉, 내내
- ⓱ previously 이전에

IMPORTANT LESSON

⑭ And so, **I decided**, "You know what? Let's give E-mart a go."
㉓ And so, **I realized**, "Wow, I gotta keep coming here for all my grocery needs."

Direct Quotation을 연습할 때는 다음의 기본적인 패턴으로 시작해 보세요.

– I was like, "Direct Quotation."

익숙해지면, 여기서 조금씩 변화를 주면서 연습해 보세요. 저는 두 가지 다른 스타일(I decided와 I realized)로 사용해 봤습니다.

Direct Quotation은 Past Experience 카테고리에서 매우 중요합니다. 그러니 다양한 방법으로 쓰는 연습을 해보세요. 이 전략을 잘 사용하면 여러분이 영어로 의사소통을 얼마나 잘하는지를 보여줄 수 있을 거예요.

AL 학생이 직접 만든 예시 I decided와 같은 표현으로 Direct Quotation 전략 사용해 보기

Product or Service 제품 또는 서비스

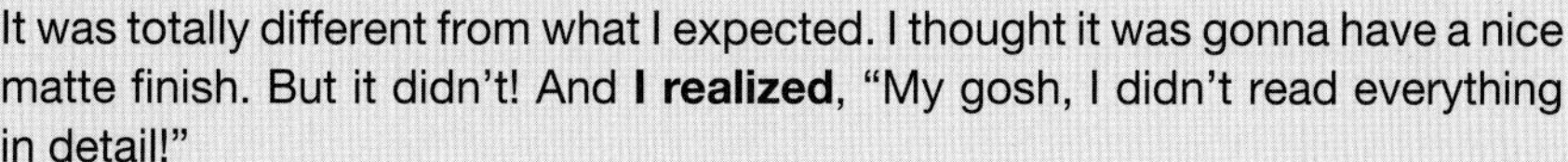

It was totally different from what I expected. I thought it was gonna have a nice matte finish. But it didn't! And **I realized**, "My gosh, I didn't read everything in detail!"

그건 제가 예상했던 것과는 완전히 달랐어요. 저는 그게 멋진 매트 마감이 되어있을 줄 알았거든요. 근데 그렇지 않았어요! 그리고 전 깨달았죠, "아이고, 내가 전부 다 자세히 안 읽어봤네!"

Trips 여행

So, basically, it was the last night of my journey. And all of a sudden, I got an e-mail. It said that my flight was canceled! I was a little bit shocked at first. But soon, **I decided**, "You know what? Let's just stay here one more month!"

그러니까, 일단, 그날은 여행 마지막 날 밤이었어요. 갑자기, 이메일을 하나 받았어요. 제 비행기가 취소됐다는 내용이었죠! 처음엔 조금 충격받았어요. 하지만 곧, 저는 결정했어요. "알 게 뭐야? 그냥 여기에 한 달 더 있자!"

53 Product or Service 제품 또는 서비스

QUESTION

문제 듣기

Chap07_53Q

That's the end of the situation. Have you ever been unhappy with something that you bought or some service you received? What was the problem? How did you deal with the situation? Tell me everything in detail.

상황극이 종료되었습니다. 구매한 제품이나 받았던 서비스에 대해 불만족스러웠던 경험이 있나요? 무슨 문제가 있었나요? 그 상황을 어떻게 해결했나요? 모든 걸 자세히 설명해 주세요.

질문을 들을 때, 꼭 해야 하는 것! ☆질문은 꼭! 2번 들으세요.

- **질문을 처음 들을 때:** 무엇을 물어보는 질문인지, 어떤 카테고리인지 생각해 보기
- **질문을 두 번째 들을 때:** 나의 MP는 무엇인지 키워드로 생각해 보기 (What, Feeling, 그렇게 느끼는 Why)

질문을 처음 들을 때

무엇을 물어보는 질문인가? ______________________

이 질문은 어떤 카테고리인가? ______________________

질문을 두 번째 들을 때

What? ______________________

Feeling? ______________________

Why? ______________________

오픽노잼의 예시

질문을 처음 들을 때

- 무엇을 물어보는 질문인가? *product or service*
- 이 질문은 어떤 카테고리인가? *past experience*

질문을 두 번째 들을 때

- What? ❶ *camera*
- Feeling? ❷ *greatly disappointed*
- Why? ❹ *video feature absolutely sucks*

오픽노잼의 답변

답변 듣기

Chap07_53A

초초반 + MP	❶ I once bought a camera, and it was for YouTube. ❷ But as soon as I started using it, I was greatly disappointed. ❸ Why? ❹ Because its video feature absolutely sucks.
Body	❺ What do I mean by that? ❻ Am I talking about its video quality? ❼ No, the quality's actually quite good. ❽ Am I talking about video storage? ❾ I am not, you could have multiple SD cards. ❿ What I'm talking about is how you cannot video record for more than 15 minutes at a time. ⓫ That right there is extremely frustrating... ⓬ And so, as soon as I started using this thing... ⓭ And when I found that out... ⓮ I really wanted to return this thing. ⓯ But **long story short, I couldn't.** ⓰ And so, I was stuck in using this thing in a very annoying way... ⓱ Record every 15 minutes and start again. ⓲ Ugh, absolutely criminal how they made such a terrible camera. 여기서는 stuck이 맞는 표현입니다. 제가 무의식적으로 stuck in으로 말한 것 같아요. stuck in을 사용한 예시를 보면 문맥상 stuck in이 어울리지 않는다는 것을 알 수 있을 거예요. - stuck in mud 진흙에서 못 빠져나온다 - stuck in a meeting 회의에서 못 빠져나온다
Conclusion	⓳ Anyways, I found a workaround to this problem. ⓴ All I did was increase my patience. ㉑ I am now the world's most patient man.

❶ 한번은 제가 카메라를 구매한 적이 있어요, 그리고 그건 유튜브 (영상 촬영)용이었죠. ❷ 근데 카메라를 사용하기 시작하자마자, 크게 실망했어요. ❸ 왜냐고요? ❹ 동영상 기능이 형편없었거든요. ❺ 이게 무슨 뜻이냐 하면요? ❻ 동영상 화질을 말하는 걸까요? ❼ 아니요, 사실 동영상 화질은 상당히 좋은 편이었어요. ❽ 동영상 저장 공간을 말하는 걸까요? ❾ 아니에요, 그냥 SD 카드를 여러 개 사용하면 되죠. ❿ 제 말은, 동영상 녹화를 한 번에 15분 이상 할 수 없었다는 거예요. ⓫ 이게 정말 답답하고 열 받더라고요… ⓬ 그래서, 카메라를 사용하기 시작하자마자… ⓭ 그리고 이걸 알았을 때는… ⓮ 그냥 바로 환불해버리고 싶었어요. ⓯ 하지만 긴 이야기는 생략하고, 그럴 수는 없었어요. ⓰ 그래서 결국, 저는 매우 화가 났지만 이걸 사용할 수밖에 없었어요… ⓱ 15분마다 녹화하고 다시 시작하고. ⓲ 어휴, 어떻게 이런 형편없는 카메라를 만들었는지, 완전 범죄 행위죠. ⓳ 아무튼, 저는 이 문제에 대한 해결 방법을 터득했습니다. ⓴ 인내심을 키우는 것뿐이었죠. ㉑ 이제 저는 세상에서 가장 인내심이 강한 사람입니다.

CHAPTER 07 RP 13

Useful Expressions

- ❺ What do I mean by that? 이게 무슨 뜻이냐 하면요?
- ❿ at a time 한 번에
- ⓬ as soon as ~하자마자
- ⓳ workaround (일시적인) 대처 방안, 해결책
- ㉑ the world's most patient man 세상에서 가장 인내심이 강한 사람(= The most patient man in the world)

IMPORTANT LESSON

⑮ But long story short, I couldn't.

Long story short, 이 표현은 요점을 바로 말하고 싶을 때 쓰면 정말 좋습니다. 우리는 모든 세부 내용을 설명할 시간이 없어요. 제한 시간이 40분밖에 되지 않습니다. 그렇기 때문에 특정 질문에 시간을 얼마나 쓸지 계획을 세울 필요가 있어요. RP 13이나 다른 고급 수준 질문의 경우 약 1분 30초 정도로 답변하는 것이 좋습니다. 2분이 넘으면 너무 길게 느껴질 거예요. 정말 좋은 이야기가 떠올랐고 자신 있게 이야기할 수 있다면, 당연히 2분이 넘을 수도 있죠. 하지만 그럴 일은 드물 거예요! 답변이 길어질수록 문법적인 실수를 하게 될 확률도 높아집니다. 만약 이야기의 흐름과 문법에 자신이 없다면, 2분 이상 답변하는 것을 추천하지 않습니다.

어쨌든, long story short는 이야기를 요약할 때 쓰면 좋은 표현이에요. 기억하세요, 저라면 오픽에서 이 표현을 한두 번만 사용할 거예요. 그 이상 사용하면 스크립트를 외워서 말하는 것처럼 들릴 수도 있거든요.

AL 학생이 직접 만든 예시 long story short 표현 사용해 보기

Product or Service 제품 또는 서비스

I once bought a new camera. **Long story short**, it was a huge waste of money. I felt so dumb.

한번은 새 카메라를 산 적이 있어요. 긴 이야기는 생략하고, 그건 엄청난 돈 낭비였어요. 제 자신이 너무 멍청이 같았어요.

Trips 여행

I was like, "Hey sis, it says that our flight has been canceled." It was a terrible situation, let me tell you. But **long story short**, we decided to stay a week longer!

저는 이랬어요, "야 동생, (이메일에서) 우리가 예약한 비행기가 취소됐대." 끔찍한 상황이었죠, 진짜로요. 근데 긴 이야기는 생략하고, 우리는 일주일 더 있기로 결정했어요!

54 Trips 1 여행 1

QUESTION

문제 듣기

Chap07_54Q

That's the end of the situation. You may have had problems while you were planning for trips. Talk about a problem you had while you were planning a trip. What was the problem and how did you deal with the situation?

상황극이 종료되었습니다. 당신은 여행을 계획하면서 문제를 겪었을지도 모릅니다. 여행을 계획하면서 생긴 문제에 대해 말해 주세요. 어떤 문제였고 어떻게 그 상황을 해결했나요?

질문을 들을 때, 꼭 해야 하는 것!

☆질문은 꼭! 2번 들으세요.

질문을 처음 들을 때: 무엇을 물어보는 질문인지, 어떤 카테고리인지 생각해 보기

질문을 두 번째 들을 때: 나의 MP는 무엇인지 키워드로 생각해 보기
(What, Feeling, 그렇게 느끼는 Why)

질문을 처음 들을 때

무엇을 물어보는 질문인가? ______

이 질문은 어떤 카테고리인가? ______

질문을 두 번째 들을 때

What? ______

Feeling? ______

Why? ______

오픽노잼의 예시

질문을 처음 들을 때

- 무엇을 물어보는 질문인가? *trips*
- 이 질문은 어떤 카테고리인가? *past experience*

질문을 두 번째 들을 때

- What? ❶ *not to go to Canada*
- Feeling? ❷ *the best decision of our lives*
- Why? ❸ *ended up being the solution to our problem (mom)*

CHAPTER 07 RP 13

오픽노잼의 답변

답변 듣기
Chap07_54A

초초반 + MP	(1) Okay, so... there was a time when my wife and I decided not to go to Canada. ❷ And that was the best decision of our lives... ❸ Because that ended up being the solution to our problem. ❹ The problem being my mom. (5) Yeah, that's right. ❻ That's the general outline of my story here. ❼ Let me fill in the details, alright?
Body	(8) So, how was my mom the problem? ❾ Well, my wife and I were living in Korea at the time. ❿ And we decided to get married. (11) My mom was living in Canada. ⓬ And so, she demanded that we get married in Canada. ⓭ And that if we did get married in Canada, my mom offered to pay for everything. ⓮ You know, the trip there... ⓯ Uh, the wedding itself... (16) Even the wedding rings and the dress... ⓱ Literally everything. Direct Quotation ⓲ And so, I was like, "Mom, thank you!" ⓳ You know, like, who wouldn't be happy with such an offer, right? ⓴ But who knew **that that** was actually a hindrance to our wedding. ㉑ Because my mom took control of everything. ㉒ She wanted to pick out the wedding dress... ㉓ She wanted to pick out the wedding rings... ㉔ And the reception hall... ㉕ It was crazy. ㉖ And so, long story short, my wife and I decided to reject my mom's offer. ㉗ Decided not to go to Canada... ㉘ And instead, get married in Korea. ㉙ Let me tell you, my mom did not take that lightly. ㉚ She was extremely angry. ㉛ So angry to the point where she did not even come to our own wedding in Korea.
Conclusion	㉜ But it's all good, you know, because as long as my wife was happy. ㉝ And you know what they say. ㉞ Happy wife, happy life.

제가 여기서 정말 큰 실수를 했습니다. 아래 두 가지 옵션 중 하나로 고칠 수 있어요.
- But it's all good, you know, because my wife was happy.
- But it's all good, you know, as long as my wife was happy.

한 문장에 because 또는 as long as 둘 중 하나만 사용해야 해요. 만약 한 문장 안에 because와 as long as를 함께 쓰려면, 아래와 같이 쓸 수 있습니다.
- But it's all good, you know, because as long as my wife is happy, I'm happy.

❶ 좋아요, 음… 저와 아내가 캐나다에 가지 않기로 결정한 때가 있었어요. ❷ 그리고 그건 저희 부부 인생에서 제일 잘한 결정이었어요… ❸ 왜냐하면 그 결정으로 인해 결국 문제가 해결되었거든요. ❹ 저희 엄마와 생긴 문제 말이에요. ❺ 네, 맞아요. (6) 대충 이런 내용이고요. (7) 디테일 좀 채워 넣을게요, 알겠죠? ❽ 그러니까, 저희 엄마가 왜 문제였냐 하면요? (9) 음, 그 당시에 저와 아내는 한국에서 살고 있었어요. ❿ 그리고 결혼을 하기로 했죠. ⓫ 저희 엄마는 캐나다에 살고 계셨어요. ⓬ 그래서, 저희가 캐나다에서 결혼해야 한다고 다그치셨죠. (13) 만약 저희가 캐나다에서 결혼식을 한다면, 모든 비용은 엄마가 지불하겠다고 하셨어요. ⓮ 캐나다로 가는 경비나… (15) 어, 결혼식에 드는 비용… (16) 심지어는 결혼반지랑 웨딩드레스까지… (17) 말 그대로 모든 것을요. ⓲ 그래서, 저는 막 이랬죠, "엄마, 진짜 고마워!" (19) 아니, 누가 이런 제안을 마다하겠어요, 그렇잖아요? ⓴ 하지만 그게 결국 저희 결혼식의 장애물이 될 줄 누가 알았겠어요. ㉑ 왜냐하면 엄마는 저희 결혼식의 모든 것을 통제하셨거든요. ㉒ 웨딩드레스도 직접 고르고 싶어 하시고… ㉓ 결혼반지도 직접 고르고 싶어 하시고… ㉔ 웨딩 홀까지 말이에요… ㉕ 진짜 그건 좀 아니었어요. ㉖ 그러니까 간단히 말해서, 저와 아내는 엄마의 제안을 거절하기로 했죠. ㉗ 캐나다에 가지 않고… ㉘ 대신 한국에서 결혼식을 하기로 했죠. ㉙ 근데 중요한 건, 저희 엄마는 그걸 매우 심각하게 받아들이셨습니다. ㉚ 엄청 화를 내셨어요. ㉛ 얼마나 화가 많이 나셨는지, 한국에서의 저희 결혼식에도 참석하지 않으셨어요. ㉜ 하지만 괜찮아요, 제 아내가 행복했으니 그걸로 됐어요. ㉝ 그리고 이런 말이 있잖아요. ㉞ 아내가 행복하다면, 삶이 행복해진다.

Useful Expressions

- (3) end up 결국 ~이 되다
- ❼ fill in the details 디테일을 채워 넣다
- ⓴ hindrance 장애물, 방해물
- ㉛ to the point where ~ ~할 정도로
- ❻ the general outline 대략적인 내용
- ⓳ Who wouldn't be happy? 어느 누가 행복하지 않을 수 있겠어요?
- ㉙ take something lightly ~를 심각하지 않게(가볍게) 받아들이다

IMPORTANT LESSON

⑳ But who knew **that that** was actually a hindrance to our wedding.

답변에서 that that을 보고 오타라고 생각하신 분들이 있을 거예요. 가끔 제가 실수를 하기도 하지만, 이번에는 실수가 아닙니다. 특정 상황에서는 that that을 사용할 수밖에 없어요. 이상하다고 생각할 수도 있겠지만, 원어민에게는 아주 자연스럽게 들립니다. 그 이유를 알고 싶나요? 그럼 여러분이 알고 싶지 않은 복잡한 문법 설명이 필요합니다. 그러니 그냥 받아들이소!

62에서도 **that that**을 쓴 걸 발견했어요.

⑩ Because that'll only mean **that that** particular bar will have a long line up just to get in.

제 답변은 너무 고급 수준이어서 여러분에게는 도움이 되지 않을 수도 있어요. 단지, 저 같은 교포가 that that을 무의식적으로 자연스럽게 사용하는 모습을 보여주고 싶었답니다.

영어 회화 실력을 향상시키고 싶다면, 간단한 패턴인 I don't think that을 써보는 것을 추천합니다.

이 표현은 사용하기도 훨씬 쉽고 that that 전략을 더 쉽게 이해하도록 도와줄 거예요! 고급 수준의 전략이지만, 마스터한다면 문법 실력이 상당한 것처럼 보일 거예요. 그렇기 때문에, 최소한 IH 등급을 보유하고 있지 않다면 이 전략을 추천하지 않습니다. 만약 문법이 서툰데 느닷없이 고급 수준의 문법을 쓴다면, 스크립트처럼 들릴 수 있어요!

EXAMPLES:

- I don't think **that that** was actually a hindrance to our wedding.
  저는 그것이 실제로 우리 결혼에 장애물이 되었다고 생각하지 않아요.
- I don't think **that that**'s hard to do, but it's still annoying.
  그게 힘들다고 생각하지는 않지만, 그래도 짜증 나요.
- I don't think **that that**'s the best, but it's certainly not the worst.
  그게 최선이라고 생각하지는 않지만, 확실히 최악은 아닙니다.
- I didn't think **that that** was going to be a big problem, but it was.
  그게 큰 문제가 될 줄은 생각지도 못했는데, 큰 문제였어요.
- I didn't think **that that** would make me so angry, but it did!
  저는 그것이 저를 그렇게 화나게 할 것이라고 생각하지 않았지만, 화나게 했어요!

AL 학생이 직접 만든 예시 that that 전략 사용해 보기

Product or Service 제품 또는 서비스

You know, it was too good of a deal to pass up. But who knew **that that** was actually a sign not to buy? It turned out the quality was terrible.

있잖아요. 그건 그냥 놓쳐버리기엔 너무 좋은 딜이었어요. (너무 쌌어요.) 근데 그게(너무 싸다는 게) 사실은 사지 말라는 신호였다는 걸 누가 알았겠어요? 알고 보니까 질이 너무 별로였어요.

Family & Friends 가족 & 친구

One cockroach? Alright, I can take care of that. No sweat. But who knew **that that** actually meant there were 1,000 more hiding? They kept reappearing!

바퀴벌레 한 마리? 좋아요. 제가 처리할 수 있어요. 문제없죠. 근데 그게(바퀴벌레 한 마리) 사실은 1,000마리가 더 숨어있다는 의미란 걸 누가 알았겠어요? 계속 계속 나오더라고요!

Trips 2 여행 2

QUESTION

문제 듣기

Chap07_55Q

That's the end of the situation. There are times when something out of the ordinary happens while traveling. I wonder if you have ever experienced anything surprising, unexpected, or unusual during a trip. Tell me the story of that experience in detail. Start by telling me when and where you were traveling. And then, tell me all the details of that experience, especially about what made it so unforgettable.

상황극이 종료되었습니다. 여행을 하다 보면 뜻밖의 일이 생길 때가 있습니다. 여행 중에 놀랐거나, 예상치 못했거나 또는 특이한 경험을 해본 적이 있는지 궁금합니다. 그 경험의 일화에 관해 자세히 설명해 주세요. 언제 어디를 여행하고 있었는지부터 말해 주세요. 그리고 왜 잊을 수 없었는지 그 경험을 자세히 말해 주세요.

질문을 들을 때, 꼭 해야 하는 것! ☆질문은 꼭! 2번 들으세요.

질문을 처음 들을 때: 무엇을 물어보는 질문인지, 어떤 카테고리인지 생각해 보기

질문을 두 번째 들을 때: 나의 MP는 무엇인지 키워드로 생각해 보기 (What, Feeling, 그렇게 느끼는 Why)

질문을 처음 들을 때

무엇을 물어보는 질문인가? ____________________

이 질문은 어떤 카테고리인가? ____________________

질문을 두 번째 들을 때

What? ____________________

Feeling? ____________________

Why? ____________________

오픽노잼의 예시

질문을 처음 들을 때

- 무엇을 물어보는 질문인가? *trips*
- 이 질문은 어떤 카테고리인가? *past experience*

질문을 두 번째 들을 때

- What? ❶ *Vietnam*
- Feeling? ❻ *shocked*
- Why? ❸ *saw an entire family (riding a motorcycle)*

CHAPTER 07 RP 13

오픽노잼의 답변

답변 듣기

Chap07_55A

초초반 + MP	❶ All right, so, my wife and I... we once went to Vietnam. ❷ And... I kid you not. ❸ We saw an entire family... ❹ A family of four... ❺ Riding a single motorcycle. ❻ You can imagine how shocked we were.
Body	❼ And honestly, like, we didn't know how to react to this. ❽ It was just a very **jaw-dropping** moment. ❾ Our jaws were literally just dropped right to the ground. Direct Quotation ❿ Because when we witnessed this, we were thinking to ourselves, "What in the world are we looking at here?" ⓫ "Should we be smiling?" ⓬ "Should we be taking a picture?" ⓭ "Should we call the cops?" ⓮ We were just confused and amazed all at the same time, you know? ⓯ I mean, honestly, Vietnam itself was a very, very awesome experience. ⓰ I'm talking, like, their culture... ⓱ Their people... ⓲ Their restaurants... ⓳ Everything was amazing but when we saw... a whole family... on a single motorcycle... ⓴ We thought that that was very dangerous, you know?
Conclusion	㉑ And so, you know what? ㉒ I hope that... the family that we saw that day... ㉓ I hope that they will win the lottery or something. ㉔ If there's a family that deserves a car, it's them. ㉕ Good luck, family.

❶ 좋아요, 저와 제 아내는… 베트남에 한 번 간 적이 있어요. ❷ 그리고… 장난치는 거 아니고요. ❸ 어떤 가족을 봤는데요… ❹ 4인 가족이… ❺ 오토바이 한 대에 다 같이 타고 다니더라고요. ❻ 저희가 얼마나 충격 받았을지 상상이 되죠? ❼ 솔직히 말하면, 그걸 보고 어떻게 반응해야 할지 몰랐어요. ❽ 그냥 입이 떡 벌어지는 순간이었습니다. ❾ 말 그대로 입이 떡 벌어져서 턱이 땅에 닿는 줄 알았어요. ❿ 왜냐하면 그 광경을 목격했을 때, 우리는 속으로 생각했죠, "도대체 우리가 지금 뭘 보고 있는 거지?" ⓫ "웃어야 하나?" ⓬ "사진 찍어도 괜찮으려나?" ⓭ "경찰을 부르는 게 좋을까?" ⓮ 저희는 혼란스러웠고 동시에 놀랍기도 했어요. ⓯ 아니, 솔직히 말해서 베트남 (여행) 자체는 아주 멋진 경험이었거든요. ⓰ 어, 그러니까… 베트남 문화는 말이죠. ⓱ 사람들… ⓲ 식당들… ⓳ 모든 게 너무 훌륭했어요, 근데… 온 가족이… 한 오토바이를 타는 그 모습은요… ⓴ 그건 너무 위험하다고 생각했습니다. 무슨 말인지 알죠? ㉑ 그리고, 그거 아세요? ㉒ 바라건대… 그날 우리가 본 그 가족들이… ㉓ 복권이라도 당첨됐으면 좋겠어요. ㉔ 차를 받을 만한 가족이 있다면, 그건 바로 그분들일 거예요. ㉕ 그 가족들의 행운을 빕니다.

Useful Expressions

- ❷ I kid you not. 장난치는 거 아니에요., 농담 아니에요.
- ❻ how shocked 얼마나 충격적이었는지
- ❿ think to oneself 속으로 생각하다
- ㉓ win the lottery 복권에 당첨되다
- ❸ entire 전체의
- ❿ witness 목격하다
- ⓭ the cops 경찰
- ㉔ deserve ~할 자격이 있다

IMPORTANT LESSON

❽ It was just a very **jaw-dropping** moment.
❾ Our jaws were literally just dropped right to the ground.

jaw-dropping, 애니메이션에서 어떤 캐릭터가 입이 떡 벌어져서 턱이 땅에 떨어지는 장면을 본 적이 있을 거예요. 무언가에 놀랐다는 것을 시각적으로 표현한 거죠. 저는 이 표현이 눈앞에 그려져서 정말 재밌더라고요. 하지만 다른 시각적인 표현들과 마찬가지로, 이 표현도 기껏해야 한두 번 정도만 사용해야 해요.

자, 제가 이 표현을 어떻게 썼는지 보세요. 일단 jaw-dropping이라고 말하고, 다음 문장에서 jaws와 dropped를 사용해 다시 묘사했습니다. 한국말로 하면 '입이 떡 벌어지는'이라고 말한 뒤, '입이 벌어져서' '땅에 닿는다'라고 다시 설명한 거죠. 이것은 내가 '시각적이고 비유적인 표현의 의미를 정확히 알고 사용하고 있다'는 것을 채점자에게 보여줄 수 있기 때문에 아주 강력한 전략이라고 말할 수 있습니다. 여러분이 어려운 표현을 쓰려고 할 때, 그것을 다음 문장에서 다시 설명해 보세요. 여러분의 어휘력 수준이 높다는 것을 보여줄 수 있습니다.

AL 학생이 직접 만든 예시 시각적이고 비유적인 표현을 완전히 이해하고 있다는 것을 보여 주기

Product or Service 제품 또는 서비스

I once happened to see this gym ad while I was surfing the Internet. It said, "Grab this chance! Ten pilates lessons for only $100 for the first ten people!" And I was like, "Holy moly! What a steal!" I pulled the trigger, like, immediately. And I was **smiling from ear to ear**. **My mouth literally stretched open that wide!**

한번은 제가 인터넷 서핑 중이었는데 어떤 헬스장 광고를 우연히 봤어요. 이런 내용이었어요. "이 찬스를 놓치지 마세요! 선착순 10명에게 필라테스 강습 10회가 단돈 100달러!" 그리고 저는 이랬죠. "와, 거의 공짜네!" 저는 막, 바로 결재했죠. 그리고 입이 귀에 걸리도록 웃었어요. 진짜 말 그대로 입을 그만큼 크게 벌리고 웃었다니까요!

CHAPTER 07 RP 13

Trips 여행

Someone stole my bag. It literally contained everything, you know? I'm talking my phone, wallet, money... Literally everything! All of a sudden, I was broke. And to make things worse, I was starving. **My stomach was eating itself. Like, it was literally eating itself inside out!**

누가 제 가방을 훔쳐 간 거예요. 거긴 진짜 말 그대로 제 모든 짐이 다 들어 있었거든요. 무슨 말인지 알죠? 핸드폰, 지갑, 돈… 말 그대로 전부 다요! 저는 갑자기 빈털터리가 됐어요. 그리고 설상가상으로, 전 너무 배고팠어요. 제 위장이 막 자기 자신을 잡아먹고 있을 정도였어요. 그러니까, 진짜 말 그대로 위장이 안과 밖이 뒤집어졌어요!

IHU 14 (time)

56 **Bars** 술집/바

57 **Cafés** 카페

58 **Restaurants** 식당

IHU 14 (time) 이란?

14, 15번 질문에는 한국말로도 답변하기 어려운 고급 수준의 질문이 출제됩니다. 그래서 IHU(I Hate You) 세트라고 부르기로 했어요. 14번은 두 가지 유형으로 나뉩니다.

- 과거와 현재가 어떻게 다른지 비교하는 질문
- A와 B가 어떻게 다른지 비교하는 질문

이번 챕터에서는 '과거와 현재가 어떻게 다른지 비교하는 질문'을 다룹니다. 이것은 Comparison (time) 카테고리로 분류됩니다(CHAPTER 04 Comparison과 동일). 질문에서 '과거와 현재를 비교'하라고 분명하게 언급하는 경우도 있지만, 그렇지 않은 경우에도 과거와 현재를 비교하면 됩니다. (ex. 최근 몇 년간 달라진 점을 비교하는 질문)

권장 답변 시간: 1분 30초 정도 중요! 2분을 넘기지 말 것!

난이도: 고급

고급 수준의 질문에 답변을 잘하면 AL 등급을 받을 수 있는 확률이 높아집니다. 그렇기 때문에 고급 수준의 질문에 대한 답변을 연습하는 데 많은 시간을 투자해야 합니다. Comparison (time)에서 가장 중요한 핵심은 **'과거와 현재의 분명한 대조를 보여 주기'**입니다.

IHU14 (time) 질문 미리보기

56 Bars	Many people say that bars have changed a lot in recent years. How are current bars different from bars five or ten years ago?
57 Cafés	What were cafés and coffee houses like in your childhood? Were they really popular? Describe what you remember in detail.
58 Restaurants	Many fast-food, take-out, or delivery restaurants are now offering healthy choices. Why do you think this change has come about in recent years? Was it a result of consumer pressure, market forces, or something else? Discuss about these changes.

› IHU 14 (time) Strategy

STEP 1 **초초반** + MP	**초초반이란?** • 답변을 시작하는 부분 • 질문을 듣고 자연스럽게 반응해야 합니다. • 질문을 여러 가지에서 한 가지로 또는 사람들에서 나로 좁혀야 합니다. MP • '현재'에만 집중한 MP • STEP 1에서는 현재에만 집중해서 이야기합니다. 채점자가 헷갈려 할 수도 있으니, 과거 이야기는 절대 섞지 마세요. **중요!** STEP 1은 처음 30초 안에 끝내는 것이 좋아요. 연습할 때 계속 30초를 넘긴다면, MP를 먼저 간단명료하게 말한 다음 초초반으로 넘어가는 연습을 해보세요.
STEP 2 Past (과거)	과거에 대해서만 이야기합니다. 채점자가 헷갈려 할 수도 있으니, 현재 이야기는 절대 섞지 마세요. **중요!** MP에서 언급한 현재 내용과 분명한 대조를 보여 주어야 합니다.
STEP 3 Present (현재)	현재로 돌아와서, MP에서 언급한 현재에 대해 다시 이야기합니다. **중요!** MP를 한 번 더 언급함으로써 답변의 전달력 up! up! 마찬가지로 과거 내용과 분명한 대조를 보여 주어야 합니다.
STEP 4 Conclusion (결론)	농담 섞인 결론, 교훈적인 결론, 일반적인 결론 등 자기 스타일대로 답변을 마무리 지으면 됩니다. **중요!** 답변을 끝내고 That's it./That's all./Thank you.와 같은 말은 하지 마세요. 자연스럽게 마무리 짓는 것이 중요합니다. 고급 수준의 질문에서는 독특하고 재미있는 결론을 연습해 보는 것을 추천합니다.

Bars 술집/바

QUESTION

Chap08_56Q

Many people say that bars have changed a lot in recent years. How are current bars different from bars five or ten years ago?

많은 사람들은 최근 몇 년간 술집이 많이 바뀌었다고 말합니다. 현재의 술집들은 5~10년 전 술집들과 어떻게 다른가요?

질문을 들을 때, 꼭 해야 하는 것! ☆질문은 꼭! 2번 들으세요.

- **질문을 처음 들을 때:** 무엇을 물어보는 질문인지, 어떤 카테고리인지 생각해 보기
- **질문을 두 번째 들을 때:** 나의 MP는 무엇인지 키워드로 생각해 보기 (What, Feeling, 그렇게 느끼는 Why)

질문을 처음 들을 때

무엇을 물어보는 질문인가? ______________________

이 질문은 어떤 카테고리인가? ______________________

질문을 두 번째 들을 때

What? ______________________

Feeling? ______________________

Why? ______________________

오픽노잼의 예시

질문을 처음 들을 때

- 무엇을 물어보는 질문인가? *bars*
- 이 질문은 어떤 카테고리인가? *comparison (time)*

질문을 두 번째 들을 때

- What? ❹ *bars*
- Feeling? ❺ *like*
- Why? ❹ *kind of like clubs,* ❻ *not just about the drinks*

오픽노잼의 답변

답변 듣기

Chap08_56A

초초반 + MP	❶ Are they any different these days? ❷ I mean, OK, you know what? ❸ **On second thought,** yeah, I guess they're a little bit different, huh? ❹ I mean, bars these days... they are kind of like clubs. ❺ And I really do like that. ❻ It's not just about the drinks, you know?
Past	❼ You see, back in the days, like 5-10 years ago, bars were just bars. ❽ You went there because you wanted to have a drink or two... or ten even. ❾ And that's pretty much it. ❿ That was the goal. ⓫ You wanted to get wasted... drunk, you know? ⓬ And I guess that was a good thing. ⓭ I mean, people enjoyed that.
Present	⓮ But these days, yeah, everything is different. ⓯ People are changing and also the bars are adapting to that change. ⓰ It's not just about drinking. ⓱ We want to kind of dance a little bit as well when we're feeling good. ⓲ But we don't wanna go all the way to a club. ⓳ And so, bars, you know, they have these designated areas where you can just dance if you want to. ⓴ While feeling drunk or tipsy or whatever. ㉑ And I really like that. ㉒ I really love how they give you that option. ㉓ It's amazing.
Conclusion	㉔ I think in the future... probably these bars or clubs... ㉕ There's gonna be a bit of a fusion going on and maybe the name will change to a "blub". ㉖ You know what I mean? ㉗ BAR + CLUB. B-LUB. ㉘ I don't know. ㉙ Just my thinking.

❶ 요즘 술집이 다르긴 한가요? ❷ 제 말은요, 아, 그거 알아요? ❸ 다시 생각해 보니까, 어, 조금 다른 것 같긴 하네요, 그렇죠? ❹ 그러니까, 요즘 술집들은 뭐랄까… 약간 클럽 같아요. ❺ 저는 그게 너무 마음에 들어요. ❻ 그냥 술만 마실 수 있는 곳이 아니에요, 그렇죠? ❼ 봐 봐요, 예전에, 한 5~10년 전에 술집은 그냥 술집이었어요. ❽ 그냥 술 한두 잔 마시러 가던 곳이었죠, 가끔 10잔도 마시긴 했지만. ❾ 딱 그 정도였어요. ❿ 그게 술집의 역할이었죠. ⓫ 술에 거하게… 그냥 취하게… 그냥 취하고 싶을 때 가는 곳이었죠, 그렇죠? ⓬ 그건 좋은 점이었다고 생각해요. ⓭ 제 말은, 사람들이 그걸 즐거워했으니까요. ⓮ 하지만 요즘은, 네, 모든 게 달라졌어요. ⓯ 사람들도 변하고 술집들도 그 변화에 적응하고 있죠. ⓰ 더 이상 술만 마시는 곳이 아니에요. ⓱ 우리는 기분 좋을 때 조금씩 춤을 추고 싶기도 해요. ⓲ 그렇다고 해서 막 클럽까지 가고 싶지는 않아요. ⓳ 그래서 그런지, 요즘 술집은 원하면 춤출 수 있는 공간이 따로 있더라고요. ⓴ 조금 취하거나 알딸딸하거나 뭐 그럴 때. ㉑ 저는 그게 정말 좋아요. ㉒ 선택권을 주는 게 마음에 들어요. ㉓ 진짜 최고죠. ㉔ 나중에… 아마 술집이나 클럽들이… ㉕ 합쳐지고 아마 이름도 '술럽' 같은 걸로 바뀔 것 같아요. ㉖ 무슨 말인지 아시겠죠? ㉗ 술집 + 클럽. 술럽. ㉘ 모르겠어요. ㉙ 그냥 제 생각이에요.

Useful Expressions

- ⓫ get wasted 술에 아주 많이 취하다
- ⓯ adapt 적응하다
- ⓳ designated area (어떤 용도로) 지정된 장소
- ⓴ tipsy 알딸딸한, 약간 취한
- ㉔ in the future 미래에
- ㉙ Just my thinking. 그냥 제 생각이에요.

IMPORTANT LESSON

❶ Are they any different these days?
❷ I mean, OK, you know what?
❸ **On second thought**, yeah, I guess they're a little bit different, huh?

on second thought, 이 표현은 무언가에 대한 생각이 갑자기 바뀌었을 때 사용하기 아주 좋습니다. 그리고 일상 대화에서도 자연스럽게 써요. 오픽에서는 특히 초초반에 이 on second thought 전략을 사용하기 쉽습니다. 연습할 때 한번 해보세요. 질문에 의견 차이가 있다는 것을 보여준 뒤, 이 전략을 사용해서 답변을 계속 이어가 보세요. 하지만 두 번 이상 사용하는 것은 추천하지 않습니다. 몇 가지 예를 더 알려줄게요.

EXAMPLES:

- On second thought...
- Now that I think about it (again)...
- The more I think about it actually...
- I was wrong...
- What am I talking about...

AL 학생이 직접 만든 예시 초초반에 on second thought와 같은 표현 사용해 보기

Cafés 카페

Cafés in my childhood... I think they were just like these days... Um... wait, you know what? **I was wrong.** They were totally different, actually.

어린 시절 카페라… 제 생각에 지금이랑 그냥 똑같았던 것 같은데요… 음… 잠깐만요. 그거 알아요? 잘못 말했어요. 예전 카페는 (지금이랑) 완전히 달랐어요, 사실.

Restaurants 식당

Um... are they offering healthy choices these days? I beg to differ. Nah, nah, nah. **On second thought**, they do offer healthy alternatives. And I think the reason is "consumer pressure."

음… 요즘 식당에서 건강식을 제공하나요? 제 생각은 조금 달라요. 아, 아니다, 아니다. 다시 생각해 보니까, 요즘 식당에서 건강식(대체식)을 제공해요. 그리고 제 생각에 그 이유는 '소비자 압박'인 것 같아요.

Cafés 카페

QUESTION

Chap08_57Q

What were cafés and coffee houses like in your childhood? Were they really popular? Describe what you remember in detail.

당신의 어린 시절 카페나 커피 하우스는 어땠나요? 실제로 인기가 많았나요? 기억나는 대로 자세히 설명해 주세요.

질문을 들을 때, 꼭 해야 하는 것! ☆질문은 꼭! 2번 들으세요.

질문을 처음 들을 때: 무엇을 물어보는 질문인지, 어떤 카테고리인지 생각해 보기

질문을 두 번째 들을 때: 나의 MP는 무엇인지 키워드로 생각해 보기 (What, Feeling, 그렇게 느끼는 Why)

질문을 처음 들을 때

무엇을 물어보는 질문인가? ____________________

이 질문은 어떤 카테고리인가? ____________________

질문을 두 번째 들을 때

What? ____________________

Feeling? ____________________

Why? ____________________

오픽노잼의 예시

질문을 처음 들을 때

- 무엇을 물어보는 질문인가? *cafés*
- 이 질문은 어떤 카테고리인가? *comparison (time)*

질문을 두 번째 들을 때

- What? ❷ *cafés*
- Feeling? ❷ *amazing,* ❹ *cool*
- Why? ❸ *can stay there for long hours*

CHAPTER 08 IHU 14 (time)

오픽노잼의 답변

답변 듣기

Chap08_57A

초초반 + MP	❶ Alright, okay, let me start off by saying this. ❷ I think these days cafés are, well, just so amazing. ❸ Simply because you can stay there for long hours and no one's gonna say anything to you. ❹ I think that's really cool, right?
Past	❺ Because, like, back in the days, it wasn't quite like this. ❻ I mean, if you were to stay there for like three hours or so... ❼ If the boss were to be there, they'd give you the cut-eye. ❽ And that wouldn't be a great feeling at all. ❾ And so you'd feel burdened... ❿ You'd feel forced... ⓫ To buy a lot more things so that you could stay there longer. ⓬ Yeah, that completely sucked.
Present	⓭ But these days, wow, what **a completely different story.** ⓮ You can pretty much go to any café... ⓯ Just order a single cup of coffee and that gives you the right to stay there for many hours. ⓰ And I think that's awesome. ⓱ I mean, you could study... ⓲ You could have long conversations with a friend. ⓳ Whatever you want. ⓴ Just by one cup of coffee can let you stay there. ㉑ And that wouldn't be considered loitering. ㉒ It would just be normal.
Conclusion	㉓ And so, you know what? ㉔ Thank you cafés for being so cool these days.

❶ 좋아요, 이렇게 시작할게요. ❷ 요즘 카페들은요, 글쎄요, 진짜 놀라운 것 같아요. ❸ 긴 시간 동안 앉아 있어도 되고 아무도 뭐라고 하지 않기 때문이에요. ❹ 이거 진짜 좋은 것 같아요, 그렇죠? ❺ 왜냐하면 예전에는, 지금처럼 이렇지 않았거든요. ❻ 제 말은, 만약 한 세 시간 정도 카페에 앉아 있으면요… ❼ 카페 주인이 있었으면, 엄청 눈치를 줬을 거예요. ❽ 좋은 느낌은 분명 아니죠. ❾ 그리고 엄청 부담스럽고… ❿ 무언의 압박이 느껴질 거예요… ⓫ 더 오래 앉아 있으려면, 뭘 더 많이 사야 한다는 압박이요. ⓬ 네, 완전 별로였죠. ⓭ 하지만 요즘은, 와 진짜, 완전히 다른 상황이 되었죠. ⓮ 거의 뭐, 아무 카페나 가서… ⓯ 커피 딱 한 잔만 주문하면 몇 시간이고 머물 수 있는 권리가 생기죠. ⓰ 저는 이게 진짜 멋지다고 생각해요. ⓱ 예를 들면, 공부도 할 수 있고… ⓲ 친구와 오랫동안 수다 떨기도 가능하죠. ⓳ 하고 싶은 건 다 할 수 있어요. ⓴ 그냥 커피 단 한 잔만 있으면 그곳에 머무를 수 있죠. ㉑ 이런 걸 진상이라고 생각하지 않을 거예요. ㉒ 그냥 당연한 거죠. ㉓ 있잖아요? ㉔ 카페들아, 요즘 이렇게 좋은 서비스를 제공해 줘서 너무 고맙다!

Useful Expressions

- ❶ start off by saying ~에 관해 말하면서 시작하다
- ❼ cut-eye 째려보는 눈빛
- ❾ be/feel burdened 부담을 갖다
- ⓯ the right to ~할 권리
- ⓳ whatever you want 하고 싶은 건 뭐든
- ㉑ That wouldn't be considered ~ ~라고 간주되지 않을 것이다, ~라고 생각하는 사람은 없을 것이다

IMPORTANT LESSON

⑬ But these days, wow, what a completely different story.

저는 특히 Comparison 질문에서 a completely different story 표현을 많이 사용합니다. IHU 14이지만, 대부분의 IHU 14 질문은 Comparison이거든요! IHU라고 하면 어려울 것이라고 생각하겠지만, 실제로 IHU 14 질문은 오픽에서 가장 쉬운 질문 중 하나입니다. 왜냐하면 어떤 카테고리인지 미리 알고 있기 때문이에요! 시간 비교 질문의 경우 전략은 다음과 같습니다.

MP → Past → Present → Conclusion

Past에서 Present로 넘어가는 그 지점에 a completely different story 표현을 사용하세요. 그러면 Past와 Present에서 했던 이야기가 서로 대조되는 느낌을 주기 때문에 아주 효과적이에요.

EXAMPLES:

- It's a completely different story.
- It's a night and day difference.
- It's way different.
- It's undeniably different.
- It's totally opposite.

AL 학생이 직접 만든 예시 Present로 갈 때 a completely different story와 같은 표현 사용해 보기

Bars 술집/바

The bars were so bland. I mean, they were just so unsexy. But these days, my gosh, **it's a night and day difference**.

술집들은 너무 재미없었어요. (평범했어요.) 제 말은, 술집들은 좀 별로였어요. 근데 요즘은, 세상에, 완전히 다르죠.

Cafés 카페

Even if you didn't feel like coffee, you had no choice. I mean, their menu was very limited. But these days, wow, **it's way different**.

커피를 별로 마시고 싶지 않아도, 선택권이 없었죠. 제 말은, 메뉴가 되게 한정적이었어요. 근데 요즘은, 우와, 정말 다르죠.

58 Restaurants 식당

QUESTION

문제 듣기

Chap08_58Q

Many fast-food, take-out, or delivery restaurants are now offering healthy choices. Why do you think this change has come about in recent years? Was it a result of consumer pressure, market forces, or something else? Discuss about these changes.

많은 패스트푸드, 테이크 아웃 또는 배달 전문점들이 이제 건강식 메뉴를 제공하고 있습니다. 최근 몇 년간 이러한 변화가 일어난 이유는 무엇이라고 생각하나요? 소비자의 압박이나 시장 원리 또는 다른 요인에 따른 결과였나요? 이러한 변화에 대해 이야기해 주세요.

질문을 들을 때, 꼭 해야 하는 것! ☆질문은 꼭! 2번 들으세요.

질문을 처음 들을 때: 무엇을 물어보는 질문인지, 어떤 카테고리인지 생각해 보기

질문을 두 번째 들을 때: 나의 MP는 무엇인지 키워드로 생각해 보기 (What, Feeling, 그렇게 느끼는 Why)

질문을 처음 들을 때

무엇을 물어보는 질문인가? ______

이 질문은 어떤 카테고리인가? ______

질문을 두 번째 들을 때

What? ______

Feeling? ______

Why? ______

오픽노잼의 예시

질문을 처음 들을 때

- 무엇을 물어보는 질문인가? *restaurants*
- 이 질문은 어떤 카테고리인가? *comparison (time)*

질문을 두 번째 들을 때

- What? ❶ *consumer pressure (restaurants)*
- Feeling? ❷ *no doubt*
- Why? ❸ *forced to give us healthier alternatives*

오픽노잼의 답변

답변 듣기

Chap08_58A

초초반 + MP	❶ Consumer pressure. ❷ No doubt that's the reason. ❸ I mean, restaurants... they're kind of forced to give us these healthier alternatives. ❹ Because if they don't, then we're gonna look elsewhere. ❺ I mean, it's that simple.
Past	❻ I could give you the best example, actually. ❼ When I was younger, I always went to McDonald's. ❽ And they only offered the fattiest of burgers and French fries **and what have you.** ❾ And I never complained. ❿ I didn't care.
Present	⓫ But these days, I noticed that McDonald's... wow... ⓬ They're offering healthy meals like salads. ⓭ A salad from McDonald's! ⓮ Like, I thought I would never see something like that. ⓯ But I do see it and I also appreciate it. ⓰ Because, you know, I'm in my mid-30s now and I'm kind of mindful of what I eat these days. ⓱ I wanna look good at the beach. ⓲ For my wife... ⓳ For myself... ⓴ And so, I realized that I need to eat healthier. ㉑ And when I see places like McDonald's follow trends and give (us) what we want, I appreciate that and I continue to go. ㉒ So, I think that is why restaurants are offering healthier alternatives. ㉓ Because they kind of have no choice. ㉔ In order to survive... ㉕ In this life... ㉖ In this world... ㉗ Well, you have to adapt to change.
Conclusion	㉘ And I think it's not just restaurants. ㉙ It's just for everyone. ㉚ That's life. ㉛ If you can't adapt to change, you better just die out. ㉜ It's as simple as that. ㉝ Ba da, ba, ba, ba, I'm loving it.

❶ 소비자 압박이요. ❷ 반박 불가, 이게 정답입니다. ❸ 쉽게 말해, 식당들이… 손님에게 이러한 건강식 메뉴를 제공해야만 하는 구조가 되어 버렸거든요. ❹ 만약 그런 메뉴가 없다면, 손님이 그냥 다른 식당으로 가버릴 테니까요. ❺ 뭐, 간단한 이치예요. ❻ 실은, 제가 가장 좋은 예시를 들어 드릴게요. ❼ 어렸을 때는, 전 항상 맥도날드에 갔었어요. ❽ 거기선 매우 기름진 햄버거와 감자튀김, 뭐 이런 메뉴들만 있었어요. ❾ 그리고 전 (그에 대해) 불평한 적은 없었어요. ❿ 전혀 신경 쓰지 않았거든요. ⓫ 하지만 요즘은, 맥도날드가… 와우… ⓬ 샐러드 같은 건강식 메뉴를 제공하더라고요. ⓭ 맥도날드 샐러드라니! ⓮ 아니, (생전에) 이런 광경을 볼 수 있을 거라고는 상상도 못 했다니까요. ⓯ 근데 이런 일이 실제로 일어났고 감사하고 있습니다. ⓰ 왜냐면 제가 이제 30대 중반이라 요즘 먹는 것에 꽤 신경을 쓰고 있기 때문이죠. ⓱ 해변에서 멋지게 보이고 싶거든요. ⓲ 아내한테요… ⓳ 제 자신에게도요… ⓴ 그래서, 더 건강한 음식을 먹어야겠다고 생각했어요. ㉑ 맥도날드 같은 곳에서 이런 추세를 따르고 소비자가 원하는 것을 제공하는 모습을 보면, 저는 참 감사하다고 생각하고 재방문할 의향이 있습니다. ㉒ 따라서, 이게 바로 식당들이 건강식 메뉴를 제공하는 이유인 것 같아요. ㉓ 왜냐하면 다른 선택의 여지가 없거든요. ㉔ 살아남기 위해서 말이죠… ㉕ 이런 생활에서는… ㉖ 이런 세상에서는… ㉗ 맞아요, 변화에 적응해야만 합니다. ㉘ 그리고 식당뿐만이 아니에요. ㉙ 모두들 변화에 적응해야만 해요. ㉚ 그게 인생이거든요. ㉛ 변화에 적응하지 못한다면, 그냥 죽는 게 나을 걸요. ㉜ 그만큼 간단해요. ㉝ (맥도날드 로고송) 바라바라빰, 지금 즐겨봐요.

Useful Expressions

- ❷ no doubt 의심의 여지가 없다, 반박 불가
- ❸ alternative 대안
- ❹ elsewhere 다른 곳으로
- ⓮ I thought I would never ~ ~할 거라고는 생각하지 않았다
- ⓰ be mindful of ~를 신경 쓰다, 주의하다
- ㉑ follow trends 추세를 따르다, 트렌드를 따르다
- ㉔ in order to ~하기 위해서
- ㉛ die out 다 죽어서 멸종되다

CHAPTER 08 IHU 14 (time)

IMPORTANT LESSON

❽ And they only offered the fattiest of burgers and French fries **and what have you.**

and what have you, 이 표현은 etc.와 매우 비슷합니다. 종종 예시를 나열하고 싶은 상황이 있잖아요. 보통 여러 가지 예시를 말하지만, 저는 두 가지 예시(burgers, French fries)를 보여줍니다.

그리고 마지막에 and what have you로 끝냅니다. 한국말로 정확히 같은 표현은 없지만 '더 말 안 해도 알겠지' 같은 느낌이에요. 겁먹지 마세요. 말씀드렸듯이, etc.와 거의 비슷합니다.

EXAMPLES:

- and what have you
- etc.
- and so on
- whatever
- and so forth
- and so on and so forth

AL 학생이 직접 만든 예시 예시를 나열할 때 what have you와 같은 표현 사용해 보기

Cafés 카페

Back then, we didn't have too many choices. They only offered americanos... lattés... **what have you.**

예전에는, 그렇게 많은 선택지가 없었어요. 그저 이런 것들만 제공했잖아요. 아메리카노… 라떼… 더 말 안 해도 알겠죠.

Housing 거주지

My sister and I have a completely different standard of cleanness (cleanliness). I think she's obviously dirty, but she doesn't think that she's dirty at all. She simply doesn't care. Like, she doesn't care about her laundry... She doesn't care about cleaning her room... **What have you.**

제 동생과 저는 전혀 다른 깨끗함의 기준을 가지고 있어요. 제 생각에 걔는 분명히 더러운데, 걘 자기가 전혀 더럽다고 생각 안 해요. 그냥 신경을 전혀 안 쓰더라고요. 막, 빨래도 신경 안 쓰고… 방 청소도 신경 안 쓰고… 더 말 안 해도 알겠죠.

MEMO

IHU 14 (non-time)

59 **Housing 1** 거주지 1

60 **Housing 2** 거주지 2

61 **Parks** 공원

IHU 14 (non-time) 이란?

14, 15번 질문에는 한국말로도 답변하기 어려운 고급 수준의 질문이 출제됩니다. 그래서 IHU (I Hate You) 세트라고 부르기로 했어요. 14번은 두 가지 유형으로 나뉩니다.

- 과거와 현재가 어떻게 다른지 비교하는 질문
- A와 B가 어떻게 다른지 비교하는 질문

이번 챕터에서는 'A와 B가 어떻게 다른지 비교하는 질문'을 다룹니다. 이것은 Comparison (non-time) 카테고리로 분류됩니다. 질문에서 'A와 B, 두 가지를 비교'하라고 분명하게 언급하는 경우도 있지만, 그렇지 않은 경우에도 A와 B, 두 가지를 비교하면 됩니다.

› 권장 답변 시간: 1분 30초 정도 중요! 2분을 넘기지 말 것!

› 난이도: 고급

고급 수준의 질문에 답변을 잘하면 AL 등급을 받을 수 있는 확률이 높아집니다. 그렇기 때문에 고급 수준의 질문에 대한 답변을 연습하는 데 많은 시간을 투자해야 합니다. Comparison (non-time)에서 가장 중요한 핵심은 **'A와 B의 분명한 대조를 보여 주기'**입니다.

› IHU 14 (non-time) 질문 미리보기

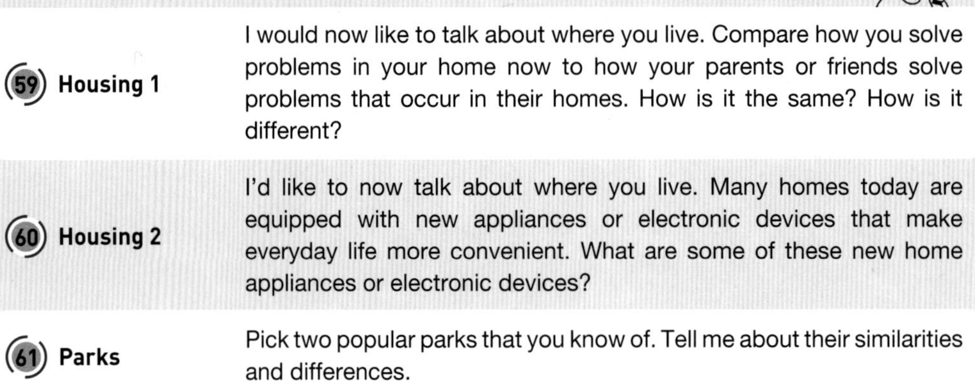

59 Housing 1	I would now like to talk about where you live. Compare how you solve problems in your home now to how your parents or friends solve problems that occur in their homes. How is it the same? How is it different?
60 Housing 2	I'd like to now talk about where you live. Many homes today are equipped with new appliances or electronic devices that make everyday life more convenient. What are some of these new home appliances or electronic devices?
61 Parks	Pick two popular parks that you know of. Tell me about their similarities and differences.

➤ IHU 14 (non-time) Strategy

STEP 1 **초초반** **+** **General MP**	**초초반이란?** • 답변을 시작하는 부분 • 질문을 듣고 자연스럽게 반응해야 합니다. • 질문은 여러 가지에서 한 가지로 또는 사람들에서 나로 좁혀야 합니다. **General MP란?** • 일반적인 MP • 비교할 A와 B를 분명히 말하세요. • General MP는 **무엇, 감정, 그렇게 느끼는 이유** 이 세 가지가 **모두** 포함되어 있지 않아도 됩니다. **감정, 그렇게 느끼는 이유**는 선택 사항입니다. **중요!** STEP 1은 처음 30초 안에 끝내는 것이 좋아요. 연습할 때 계속 30초를 넘긴다면, MP를 먼저 간단명료하게 말한 다음 초초반으로 넘어가는 연습을 해보세요.
STEP 2 **A**	A에 대해서만 말해야 합니다. 채점자가 헷갈려 할 수도 있으니, B 이야기는 절대 섞지 마세요.
STEP 3 **B**	B에 대해서 말해야 합니다. A와 살짝 비교해도 좋습니다. **중요!** A와 분명한 대조를 보여주어야 합니다.
STEP 4 **Conclusion** **(결론)**	농담 섞인 결론, 교훈적인 결론, 일반적인 결론 등 자기 스타일대로 답변을 마무리 지으면 됩니다. **중요!** 답변을 끝내고 That's it./That's all./Thank you.와 같은 말은 하지 마세요. 자연스럽게 마무리 짓는 것이 중요합니다. 고급 수준의 질문에서는 똑똑하고 재미있는 결론을 연습해 보는 것을 추천합니다.

59 Housing 1 거주지 1

QUESTION

문제 듣기

Chap09_59Q

I would now like to talk about where you live. Compare how you solve problems in your home now to how your parents or friends solve problems that occur in their homes. How is it the same? How is it different?

이번에는 당신이 사는 곳에 대해 이야기하고 싶습니다. 당신이 당신의 집에서 현재 문제를 해결하는 방법과 부모님이나 친구들이 그들의 집에서 생기는 문제를 해결하는 방법을 비교해 보세요. 어떻게 같은가요? 어떻게 다른가요?

질문을 들을 때, 꼭 해야 하는 것! ☆질문은 꼭! 2번 들으세요.

- **질문을 처음 들을 때:** 무엇을 물어보는 질문인지, 어떤 카테고리인지 생각해 보기
- **질문을 두 번째 들을 때:** 나의 General MP는 무엇인지 비교하고자 하는 두 가지를 생각해 보기

질문을 처음 들을 때

무엇을 물어보는 질문인가? ______________________

이 질문은 어떤 카테고리인가? ______________________

질문을 두 번째 들을 때

General MP? ______________________

오픽노잼의 예시

IHU 14 (non-time)은 Habit의 General MP와는 약간 다릅니다. Habit은 행동 단어에 초점을 맞췄다면, IHU 14 (non-time)은 비교하고자 하는 두 가지에 초점을 맞추면 됩니다. General MP 부분에 분명하게 이 두 가지를 언급하세요!

질문을 처음 들을 때

- 무엇을 물어보는 질문인가? *housing*
- 이 질문은 어떤 카테고리인가? *comparison(non-time)*

질문을 두 번째 들을 때

- General MP? ❶ *my mom*, ❷ *I*

오픽노잼의 답변

답변 듣기

Chap09_59A

초초반 + General MP	❶ Well, the thing is, I could be talking about so many different kinds of problems here. ❷ But let me just focus on cleaning. ❸ Okay? ❹ And my mom and I... we're just so different in that regard. ❺ When it comes to cleaning the home. ❻ Because a dirty home is a big problem in our eyes. ❼ But the thing is my mom is so fast and I'm so slow. ❽ That's **the biggest difference** between us. ❾ Let me elaborate.
A(Mom)	❿ Basically, my mom will clean something if something is dirty right away. ⓫ I guess you can say she's kind of like a rabbit, you know? ⓬ She'll get things done immediately. ⓭ And I don't know how she can do that. ⓮ It's pretty impressive, actually. ⓯ But literally, like, if she's watching her favorite TV show for instance... ⓰ She will just turn off the TV. ⓱ And then, get to vacuuming or doing the dishes. ⓲ Like literally right away without even a moment's thought.
B(Me)	⓳ While... I'm just so different, right? ⓴ If I'm in that same situation... ㉑ And I feel like I need to vacuum or do the dishes while I'm watching my favorite TV show... ㉒ No, no, no, no, I'm gonna finish my TV show first and then clean. ㉓ I mean, I'll definitely clean. ㉔ I want to clean. ㉕ I feel I need to clean. ㉖ But let me just enjoy my TV show first.
Conclusion	㉗ So, that's what I'm trying to say here. ㉘ We will both get the job done. ㉙ Just at different times. ㉚ I don't know who's better. ㉛ But I hope that you think that I'm more sane than my mom. ㉜ I hope.

❶ 글쎄요, 분명한 건, 여러 가지 문제에 대해 이야기할 수 있다는 건데요. ❷ 저는 청소 한 가지에 집중하겠습니다. ❸ 알겠죠? ❹ 저희 엄마와 저는요… 이 문제에 관해서는 너무나 다릅니다. ❺ 집을 청소하는 문제에 대해서는 말이죠. ❻ 왜냐하면 더러운 집은 저희 둘 모두에게 큰 문제예요. ❼ 하지만 중요한 건, 엄마는 너무 빠르고 저는 너무 느리다는 거예요. ❽ 이게 저희가 가장 다른 점이에요. ❾ 좀 더 설명할게요. ❿ 일단, 저희 엄마는 뭔가 더러워지면 바로 청소를 해요. ⓫ 꼭 토끼 같다고 말할 수 있을 것 같아요, 알겠죠? ⓬ 바로바로 일을 처리하지요. ⓭ 어떻게 그렇게 하는지 모르겠어요. ⓮ 사실, 꽤 신기해요. ⓯ 예를 들어, 그러니까, 엄마가 좋아하는 TV 쇼를 보고 있잖아요… ⓰ 바로 TV를 끄십니다. ⓱ 그러고 나서, 청소기를 돌리거나 설거지를 시작해요. ⓲ 진짜 말 그대로 1초의 망설임도 없이 말이죠. ⓳ 근데… 저는 너무 달라요. ⓴ 만약 제가 같은 상황에 있다고 해요… ㉑ 제가 좋아하는 TV 쇼를 보는 동안 청소기를 돌리거나 설거지를 해야 할 것 같은 느낌을 받잖아요… ㉒ 어우, 안 돼요 안 돼요, 무조건 TV 쇼가 끝난 다음에 청소를 할 거예요. ㉓ 제 말은, 청소는 꼭 하긴 할 거예요. ㉔ 청소를 하고 싶어요. ㉕ 청소해야 한다는 느낌은 받거든요. ㉖ 그래도 TV 쇼를 먼저 볼래요. ㉗ 아무튼, 이게 제가 하고 싶은 말입니다. ㉘ 저희 둘 다 꼭 해야 하는 일은 해요. ㉙ 그냥 타이밍만 다른 거죠. ㉚ 누가 더 나은지는 모르겠어요. ㉛ 그래도 당신은 제가 엄마보단 정상적이라고 생각했으면 좋겠네요. ㉜ 그러길 바랍니다.

Useful Expressions

- ❹ in that regard 그 점에 관해서는
- ⓬ immediately 즉시
- ⓲ without a moment's thought 바로, 1초의 망설임도 없이
- ❾ elaborate 자세히 설명하다
- ⓯ for instance 예를 들어(=for example)
- ㉛ sane 제정신인

IMPORTANT LESSON

❼ But the thing is my mom is so fast and I'm so slow.
❽ That's **the biggest difference** between us.

IHU 14 (non-time) 전략은 다음과 같습니다.

General MP → A → B → conclusion

non-time comparison은 서로 다른 두 가지(A, B)를 비교하는 것입니다. 참고로 non-time 질문에서 두 가지를 분명하게 요구하지 않더라도 두 가지를 비교하세요! 저를 믿으소!

자, 깔끔하게 말하기 어렵다면, 제 답변에 있는 표현 the biggest difference를 사용해 보세요. 이 표현을 쓰면 자기 자신에게 '지금 A와 B의 가장 큰 차이가 무엇인지 분명하게 보여줘야 한다'라고 상기시킬 수 있습니다. 그러면 A에서 B로 가는 것이 쉬워질 거예요. 기억하세요! MP가 분명하고 나머지 내용이 MP와 잘 연결되어 있으면 답변 전체가 훨씬 깔끔해질 거예요!

AL 학생이 직접 만든 예시 IHU 14 (non-time) 질문에서 the biggest difference 표현 사용해 보기

Housing 2 거주지 2

Alright, let me just focus on my refrigerators. Basically, there're two in my place. They are the same model, actually. But the thing is one is for groceries and the other is only for cat food. That's **the biggest difference** between the two.

좋아요, 그냥 제 냉장고에만 집중해 볼게요. 일단, 저희 집에는 냉장고가 두 대 있습니다. 사실은 같은 모델이에요. 근데 실은 하나는 식재료 보관용이고 하나는 고양이 음식용이에요. 그게 이 둘의 가장 큰 차이점이에요.

Parks 공원

Let me talk about two different parks that I know of. Both are my go-tos, by the way. And I'll just call them Park A and Park B. These two parks seem almost the same. But if you take a closer look, you'll notice they're actually quite different. Basically, you're allowed to walk your dog in Park A but not in Park B. I'd say that's **the biggest difference** between them.

제가 아는 두 공원에 대해 얘기해 볼게요. 참고로, 둘 다 제가 자주 가는 곳들이에요. 그리고 그냥 그 둘을 A 공원, B 공원이라고 부를게요. 이 공원들은 거의 똑같아 보여요. 근데 좀 더 자세히 보면, 이 둘이 꽤 다르다는 걸 알게 될 거예요. 일단, A 공원에서는 강아지를 산책시킬 수 있고 B 공원에서는 못 해요. 그게 이 둘의 가장 큰 차이점이라고 말할 수 있겠네요.

60 Housing 2 거주지 2

QUESTION

문제 듣기

Chap09_60Q

I'd like to now talk about where you live. Many homes today are equipped with new appliances or electronic devices that make everyday life more convenient. What are some of these new home appliances or electronic devices?

당신이 사는 곳에 대해 이제 이야기 나누고 싶습니다. 요즘 많은 가정집에는 일상생활을 편리하게 해주는 새로운 가전제품 및 전자제품들이 갖춰져 있죠. 새로운 가전제품 또는 전자제품에는 어떤 것들이 있나요?

질문을 들을 때, 꼭 해야 하는 것!

☆질문은 꼭! 2번 들으세요.

- **질문을 처음 들을 때:** 무엇을 물어보는 질문인지, 어떤 카테고리인지 생각해 보기
- **질문을 두 번째 들을 때:** 나의 General MP는 무엇인지 비교하고자 하는 두 가지를 생각해 보기

질문을 처음 들을 때

무엇을 물어보는 질문인가? ____________________

이 질문은 어떤 카테고리인가? ____________________

질문을 두 번째 들을 때

General MP? ____________________

오픽노잼의 예시

IHU 14 (non-time)은 Habit의 General MP와는 약간 다릅니다. Habit은 행동 단어에 초점을 맞췄다면, IHU 14 (non-time)은 비교하고자 하는 두 가지에 초점을 맞추면 됩니다. General MP 부분에 분명하게 이 두 가지를 언급하세요!

질문을 처음 들을 때

- 무엇을 물어보는 질문인가? *housing*
- 이 질문은 어떤 카테고리인가? *comparison (non-time)*

질문을 두 번째 들을 때

- General MP? ❶ *air purifiers*, ❷ *vacuum cleaners*

CHAPTER 09 IHU 14 (non-time)

오픽노잼의 답변

↪ 답변 듣기

Chap09_60A

초초반 + General MP	❶ Alright, let me get straight to the point. ❷ Air purifiers and vacuum cleaners.
A (Air Purifier)	❸ You know, honestly, I think a lot of people these days have air purifiers in their homes. ❹ At least I do, anyway. ❺ And let me tell you... it's making me smile every single day. ❻ My air is super clean. ❼ Maybe too clean, you know? ❽ And... I was a huge skeptic at first, I'll be the first to admit... ❾ But as soon as I got one? ❿ I realized I need one for every single room. ⓫ So... I have literally like 6 of them. ⓬ No joke. ⓭ I'm that satisfied with this relatively new technology.
B (Vacuum Cleaner)	⓮ Now, **on the flip side**, vacuum cleaners... ⓯ It's older technology, of course. ⓰ But they're coming out with some advanced vacuum cleaners, so to speak... ⓱ That feels like new technology. ⓲ These vacuum cleaners, at least the one I have anyway... ⓳ Basically, not only does it clean like nobody's business, okay? ⓴ But it has such a convenient portion to it. ㉑ You push a button, it collects all the dust into this little container, and you just throw that container away. ㉒ There's no mess. ㉓ There's no fuss. ㉔ The older vacuum cleaners... you'd have to, like, kind of dump it in the trash... ㉕ And then the dust comes out again... ㉖ And, you know, it's kind of messy... ㉗ It's annoying, you know? ㉘ But these ones, my goodness, it's clean from beginning to end.
Conclusion	㉙ Basically, what I'm trying to say is this. ㉚ A home is not a home without these two items. ㉛ Air purifiers and vacuum cleaners!

❶ 자, 바로 본론으로 들어갈게요. ❷ 공기 청정기와 진공청소기요. ❸ 솔직히, 요즘, 집에 공기청정기를 많이들 가지고 있죠. ❹ 일단, 저희 집에는 있거든요. ❺ 혹시 그거 아시나요… 공기청정기가 매일 저를 웃게 해준답니다. ❻ 저희 집 공기가 엄청 깨끗하거든요. ❼ 이래도 되나 싶을 정도로 깨끗해요. ❽ 사실 처음에는… 약간 회의적이긴 했어요, 이건 인정… ❾ 근데 이걸 구매하고 나자마자? ❿ 방마다 하나씩 필요하다는 것을 깨달았어요. ⓫ 그래서 (지금은)… 말 그대로 방마다 하나씩, 6대가 있습니다. ⓬ 과장이 아니라, 진짜로요. ⓭ 비교적 새로 나온 편인 이 기술에 그만큼 만족하고 있어요. ⓮ 이번엔, 그와는 다르게 진공청소기 얘기를 해볼게요… ⓯ 이 기술은 물론 좀 더 오래된 거죠. ⓰ 그런데 요즘 진공청소기들은 약간, 말하자면… 고급 기능들이 들어 있어요. ⓱ 그래서 꼭 새로운 기술인 것처럼 느껴져요. ⓲ 적어도 제가 가지고 있는 진공청소기는 그렇더라고요… ⓳ 일단, 기본적인 청소 기능은 당연히 좋고요, 그렇죠? ⓴ 다른 편리한 기능도 있습니다. ㉑ 버튼을 누르면, 작은 용기에 모든 먼지가 모이고, 그 용기만 버리면 돼요. ㉒ 지저분하지도 않고요. ㉓ 귀찮지도 않아요. ㉔ 예전의 진공청소기는… 먼지 통을 비우려면 그걸 직접 쓰레기통에 버려야 했었잖아요… ㉕ 그럴 때 막, 먼지가 다시 튀어나오기도 하고… ㉖ 막, 엄청 지저분해지죠… ㉗ 진짜 화나잖아요, 그렇죠? ㉘ 근데 요즘 새로 나온 청소기는, 처음부터 끝까지 깔끔해요. ㉙ 그래서, 제가 하고 싶은 말은 이거예요. ㉚ 이 두 제품이 없는 집은 집이라고 할 수 없습니다. ㉛ 공기 청정기와 진공청소기!

Useful Expressions

- ❶ Let me get straight to the point. 바로 본론으로 들어갈게요. [초초반 꿀표현]
- ❷ air purifier 공기 청정기
- ❽ skeptic 회의론자
- ⓬ No joke. 진짜로요., 장난 아니에요.
- ⓭ relatively 비교적
- ⓳ like nobody's business (이런 것쯤은 아무 일도 아닌 것처럼) 아주 잘, 훌륭하게, 아주 빠르게
- ㉓ There's no fuss. 귀찮지 않아요., 어려울 것 없어요.
- ㉚ A home is not a home without ~. ~가 없는 집은 집이라고 할 수 없어요.

IMPORTANT LESSON

⓮ Now, on the flip side, vacuum cleaners...

이 질문이 non-time comparison이라는 것을 감안하면 ㊼에서 배웠던 내용인 a completely different story와 같은 표현을 사용할 수 없습니다. a completely different "story"는 comparison (time)에는 어울리지만, comparison (non-time)에는 어색하기 때문입니다. 따라서, '시간'에 대한 표현을 사용하지 않고 대조를 보여주어야 해요. 저는 제가 좋아하는 표현 중 하나인 on the flip side를 사용했습니다. 이것은 정말 재밌고 멋진 표현이에요. on the flip side를 대신해서 쓸 수 있는 표현들을 알려드릴게요.

EXAMPLES:

- Now, **on the flip side**, vacuum cleaners...
- Now, **on the other hand**, vacuum cleaners...
- Now, **moving on to** vacuum cleaners...
- Now, **transitioning to** vacuum cleaners...
- Now, **let's talk about** vacuum cleaners...

AL 학생이 직접 만든 예시 non-time comparison 질문에서 on the flip side와 같은 표현을 사용해서 대조 보여 주기

Housing 2 거주지 2

So that's fridge number 1. Now, **moving on to** fridge number 2, like I mentioned before, it's only for my cat!

네, 1번 냉장고에 대한 내용이었습니다. 그럼 이제, 2번 냉장고로 넘어가면, 좀 전에 이야기했던 것처럼, 이건 제 고양이만을 위한 냉장고예요!

Parks 공원

So yeah, that's pretty much Park A. Now, **let's talk about** Park B. This is a completely different park.

네, 대충 A 공원에 대한 내용이었고요. 이제, B 공원에 대해 이야기해 봅시다. 여기는 완전히 다른 공원이에요.

61 Parks 공원

QUESTION

문제 듣기

Chap09_61Q

Pick two popular parks that you know of. Tell me about their similarities and differences.

당신이 알고 있는 두 개의 유명한 공원을 고르세요. 그 공원들의 공통점과 차이점에 관해 말해 주세요.

질문을 들을 때, 꼭 해야 하는 것!

☆질문은 꼭! 2번 들으세요.

- **질문을 처음 들을 때:** 무엇을 물어보는 질문인지, 어떤 카테고리인지 생각해 보기
- **질문을 두 번째 들을 때:** 나의 General MP는 무엇인지 비교하고자 하는 두 가지를 생각해 보기

질문을 처음 들을 때

무엇을 물어보는 질문인가? ______________________

이 질문은 어떤 카테고리인가? ______________________

질문을 두 번째 들을 때

General MP? ______________________

오픽노잼의 예시

IHU 14 (non-time)은 Habit의 General MP와는 약간 다릅니다. Habit은 행동 단어에 초점을 맞췄다면, IHU 14 (non-time)은 비교하고자 하는 두 가지에 초점을 맞추면 됩니다. General MP 부분에 분명하게 이 두 가지를 언급하세요!

질문을 처음 들을 때

- 무엇을 물어보는 질문인가? *parks*
- 이 질문은 어떤 카테고리인가? *comparison (non-time)*

질문을 두 번째 들을 때

- General MP? ❶ *park A*, ❷ *park B*

오픽노잼의 답변

답변 듣기

Chap09_61A

초초반 + General MP	❶ OK, let me be completely honest with you. ❷ I know these two parks but I don't really know what they're called. ❸ I know, it's crazy, right? ❹ I go there like all the time... ❺ But anyways, I'll just call them park A and park B. ❻ And both are amazing for different reasons. ❼ But I love both of them.
A(PARK A)	❽ So, okay, park A... ❾ I really love this park. ❿ Because it has a really nice promenade... ⓫ You know, where you could go for a nice walk... ⓬ Or you could even go for a jog... ⓭ Doesn't matter. ⓮ But what's really awesome though is that this little walkway. ⓯ This path... ⓰ Is right along this really long river. ⓱ It's really beautiful. ⓲ And there are a lot of trees surrounding it. ⓳ The air... absolutely crisp. ⓴ Just perfect. ㉑ And so, there's really no complaints. ㉒ I love going to this park, like, all the time.
B(PARK B)	㉓ And then, of course, we have park B. ㉔ Similar to park A... ㉕ But it has a promenade along a small lake. ㉖ So, it's **similar but different** at the same time. ㉗ The scenery is also **similar but different** as well. ㉘ And the smell is a little bit different, you know? ㉙ And so, it's also very, very relaxing. ㉚ And I like to go here... ㉛ Because I feel there are a lot more benches... ㉜ And so, whenever I want to kind of sit down more... ㉝ And just think about nothing... ㉞ park B is where it's at.
Conclusion	㉟ Anyways, both are amazing parks, but I'm really looking for park C... ㊱ Because I can never have enough, you know? ㊲ That's right.

❶ 음, 정말 솔직하게 말할게요. ❷ 공원 두 개를 알긴 아는데, 정확한 이름을 잘 모르겠어요. ❸ 저도 알아요, 바보 같죠? ❹ 늘 가는 곳들인데… ❺ 근데 아무튼, 그냥 A 공원, B 공원이라고 할게요. ❻ 둘 다 다른 이유로 정말 놀라워요. ❼ 두 군데 다 너무 좋아요. ❽ 자, 좋아요. A 공원… ❾ 저는 이 공원이 정말 좋아요. ❿ 왜냐하면 산책로가 정말 잘 되어 있거든요… ⓫ 산책하기 정말 좋아요… ⓬ 아니면 조깅을 해도 좋고요… ⓭ 상관없어요. ⓮ 근데요, 진짜 놀라운 건, 이 작은 산책길이에요. ⓯ 코스가 어떻게 되어 있냐면… ⓰ 긴 강을 따라 있거든요. ⓱ 정말 아름다워요. ⓲ 길가에 나무도 엄청 많거든요. ⓳ 그래서 공기가… 정말 상쾌해요. ⓴ 완벽 그 자체죠. ㉑ 그래서 불평할 게 정말 하나도 없어요. ㉒ 저는 항상 이 공원에 가는 것을 좋아합니다. ㉓ 그리고, 물론, B 공원도 있죠. ㉔ A 공원이랑 비슷하긴 해요… ㉕ 그런데 여긴 작은 호수를 따라 산책로가 있어요. ㉖ 그래서, 산책로가 비슷하지만 그래도 조금 달라요. ㉗ 풍경도 비슷하지만 약간 다릅니다. ㉘ 그리고 냄새도 조금 다른 것 같아요. ㉙ 그리고 이 공원도 매우 매우 한적해요. ㉚ 그래서 여기 가는 것을 좋아한답니다… ㉛ 왜냐하면 벤치가 많거든요… ㉜ 그래서, 앉아서 좀 쉬고 싶을 때마다… ㉝ 아무 생각 없이 있을 수 있죠. ㉞ B 공원은 최고예요. ㉟ 어쨌든, 둘 다 멋진 공원이지만, 저는 또 다른 새로운 공원(park C)을 찾고 있어요… ㊱ 왜냐하면 전 만족을 모르거든요, 알겠죠? ㊲ 맞습니다.

Useful Expressions

- ❿ promenade 산책로
- ⓬ go for a jog 조깅하러 가다
- ⓮ What's really awesome though… 근데 진짜 놀라운 건…
- ⓰ along ~를 따라
- ⓳ crisp (공기가) 상쾌한
- ㉞ where it's at 최고인 곳(것), 아주 인기 있는 곳(것) (슬랭)
- ㊱ I can never have enough. 만족할 수 없어요.

IMPORTANT LESSON

㉖ So, it's **similar but different** at the same time.

㉗ The scenery is also **similar but different** as well.

높은 점수를 받고 싶다면, 이 전략을 꼭 알아두세요. 대조해서 설명하는 것은 어렵지만, 연습하면 확실히 마스터할 수 있습니다. 저는 similar but different를 사용했어요. 정반대 의미의 두 단어를 but으로 연결하고 있죠. 이 similar but different 전략은 설명하기 어려운 것들을 설명할 때 사용하면 좋습니다.

EXAMPLES:

- They're **similar but different** at the same time.
- They're **similar**, that's true... **but** they're also **different** at the same time.
- They're **similar**, I know... **but** still, they're somewhat **different**.
- They're **similar**, no doubt... **but** in a small way, they're still **different**.
- They're **similar** in many ways... **but** somehow, they're still very **different**.

AL 학생이 직접 만든 예시 similar but different **전략 사용해 보기**

Housing 1 거주지 1

Um, I have a lot of things that I want to talk about here. But let me just focus on the dishes, alright? My sister and I... we have very **similar**... **but** somehow, very **different** opinions on dishes. Let me explain.

음, 여기서 얘기하고 싶은 게 정말 정말 많은데요. 근데 그냥 설거지에 대해서만 집중해 볼게요. 알겠죠? 제 동생과 저는… 우리는 설거지에 관해서 매우 비슷하면서도… 어떤 면에서는 또 매우 다른 의견을 가지고 있어요. 설명할게요.

Housing 2 거주지 2

Alright, let me get straight to the point. My fridge number 1 and fridge number 2. They're **similar**, **but** still, they're also quite **different** at the same time.

좋아요. 바로 핵심으로 들어갈게요. 저의 1번 냉장고와 2번 냉장고요. 그것들은 비슷해요. 근데 또, 동시에 꽤 다르기도 해요.

MEMO

IHU 15

62 **Bars** 술집/바

63 **Gatherings** 모임

64 **Industries** 산업

65 **Music** 음악

66 **Phones** 전화기

IHU 15 이란?

14, 15번 질문에는 한국말로도 답변하기 어려운 고급 수준의 질문이 출제됩니다. 그래서 IHU (I Hate You) 세트라고 부르기로 했어요. 15번은 두 가지 유형으로 나뉩니다.

- 사람들에 관해 물어보는 질문
- 뉴스, 기사, 사회 이슈에 대해 물어보는 질문

› 권장 답변 시간: 1분 30초 정도 중요! 2분을 넘기지 말 것!

› 난이도: 고급

고급 수준의 질문에 답변을 잘하면 AL 등급을 받을 수 있는 확률이 높아집니다. 그렇기 때문에 고급 수준의 질문에 대한 답변을 연습하는 데 많은 시간을 투자해야 합니다.

› IHU 15 질문 미리보기

62 Bars	Popular bars and pubs are often featured on TV or social media such as Facebook. Tell me about a special occasion you have heard of or read about regarding a well-known bar or club on TV or social media. Perhaps there was a celebrity visit or a special party there. Describe in detail what happened from beginning to end.
 63 Gatherings	Celebrations and gatherings are important to people living in a city or town. However, a lot of work, organization, and money go into putting one of these events together. Was there a discussion among people related to organizing an event recently? What was the issue or difficulty people were discussing?
 64 Industries	Tell me about an incident that occurred in the industry you follow. Perhaps a game company could have released a new game, but the public was disappointed about it. Or, a company could have released a new device but it did not meet people's expectations. What was the incident about, and how did your community react to the incident?
 65 Music	What new electronic gadgets or equipment are people, who like music, interested in these days? What are they talking about? What new products excite them and why?
 66 Phones	In some societies, there is a concern that young people are not developing face-to-face communication skills because they spend too much time on their phones. How do people in your country feel about the way young people use their phones?

› IHU 15 Strategy

사람들에 관해 물어보는 질문	Combo Set 질문과 똑같은 전략(Description, Habit, Past Experience, Comparison)을 사용하면 됩니다. 저의 예시 답변 전략을 참고해서 열심히 연습해 보세요!
뉴스, 기사, 사회 이슈 등에 관해 물어보는 질문	• 질문을 듣고, 말할 뉴스나 기사 등이 있어서 **'대답할 수 있겠다!'**라는 생각이 든다면? **Past Experience 전략**으로 답변하세요! • 질문을 듣고, 말할 뉴스나 기사 등이 없어서 **'대답할 수 없겠다!'**라는 생각이 든다면? **Habit 전략**으로 답변하거나 그냥 **스킵**하세요. 아무 말도 하지 않고 스킵하는 것도 전략입니다!

62 Bars 술집/바

QUESTION

문제 듣기

Chap10_62Q

Popular bars and pubs are often featured on TV or social media such as Facebook. Tell me about a special occasion you have heard of or read about regarding a well-known bar or club on TV or social media. Perhaps there was a celebrity visit or a special party there. Describe in detail what happened from beginning to end.

유명한 술집이나 펍은 종종 TV나 페이스북 같은 소셜 미디어에 등장합니다. TV나 소셜 미디어를 통해 듣거나 읽은 유명한 술집, 클럽에 관해 말해 주세요. 아마 그곳에 유명인이 방문하거나 특별한 파티가 열렸을 수도 있습니다. 어떤 일이 있었는지 처음부터 끝까지 자세히 설명해 주세요.

질문을 들을 때, 꼭 해야 하는 것! ☆질문은 꼭! 2번 들으세요.

- **질문을 처음 들을 때:** 무엇을 물어보는 질문인지, 어떤 카테고리인지 생각해 보기
- **질문을 두 번째 들을 때:** IHU 15 전략 잘 생각해 보기 (General MP, 행동 단어)

질문을 처음 들을 때

무엇을 물어보는 질문인가? ______________________

이 질문은 어떤 카테고리인가? ______________________

질문을 두 번째 들을 때

General MP? ______________________

행동 단어? ______________________

오픽노잼의 예시

질문을 처음 들을 때

- 무엇을 물어보는 질문인가? *bars*
- 이 질문은 어떤 카테고리인가? *past experience*

이 질문의 카테고리는 Past Experience지만, 저는 알고 있는 뉴스가 없어서 Habit 전략으로 답변했어요. 혹시 말할 이야기가 있다면, Past Experience 전략을 이용해서 답변하면 됩니다.

질문을 두 번째 들을 때

- General MP? ❹ *I mean, I go to a bar to **have** a good time and to **get** some booze in my system.*
- 행동 단어? *have, get*

오픽노잼의 답변

답변 듣기

Chap10_62A

초초반 + MP	❶ Wow, all right, here's the thing... ❷ I don't think I can ever recall watching an ad regarding a bar. ❸ That's the honest truth here. ❹ I mean, I go to a bar to have a good time and to get some booze in my system. ❺ Those are the only reasons I go.
Body	❻ I honestly don't care how popular or unpopular it is. ❼ OK, maybe this is the married man speaking within me... ❽ But let me put it this way... ❾ Even if I did watch an ad on Facebook or even on Instagram, I don't think I'd be all that attracted to go... ❿ Because that'll only mean that that particular bar will have a long line up just to get in. ⓫ And once you do get in, you're probably gonna be greeted with terrible service... ⓬ Because they'll likely be understaffed.
Conclusion	⓭ So, this is pretty much all I gotta say about this. ⓮ I go to a bar to say **hi** to my friends and also **hi** to my whiskey.

❶ 흠, 알겠어요, 들어보세요… ❷ 술집 관련 광고를 본 기억이 안 나요. ❸ 솔직하게 말하면 그래요. ❹ 제 말은, 저는 그냥 좋은 시간을 보내면서 위장(몸)에 알코올을 좀 넣으려고 술집에 가거든요. ❺ 그냥 그러려고 술집에 가요. ❻ 솔직히 그 술집이 얼마나 유명한지 유명하지 않은지는 전혀 신경 안 써요. ❼ 뭐, 아마 제 안에 있는 유부남 인격이 이런 말을 하는 걸 수도 있겠네요… ❽ 근데, 이렇게 생각해 봅시다… ❾ 페이스북이나 인스타그램에서 (술집) 광고 글을 본다 해도 별로 끌릴 것 같진 않아요… ❿ 왜냐면 그런 술집에는 들어가기 전부터 줄을 오래 서서 기다려야 하거든요. ⓫ 그리고 일단 들어간다 쳐도, 서비스가 끔찍할 거예요… ⓬ 그런 곳은 보통 직원이 부족할 거거든요. ⓭ 자, 대충 여기까지가 제가 하고 싶은 말이에요. ⓮ 저는 그냥 친구도 만나고 위스키도 만나러 술집에 가요.

Useful Expressions

- ❷ I don't think I can ever recall ~ ~한 기억이 안 나요
- ❷ regarding ~에 관해
- ❹ system 사람의 몸
- ❾ not all that 그렇게까지 ~하지 않은
- ⓫ get in ~에 들어가다
- ⓫ greet with ~로 (손님을) 맞이하다
- ⓬ understaffed 직원 수가 부족한

IMPORTANT LESSON

⑭ I go to a bar to say **hi** to my friends and also **hi** to my whiskey.

hi 전략은 personification(의인화)에 최적화된 전략입니다. 솔직히 말해서 의인화는 매우 고급 수준의 영어 실력을 필요로 해요. 하지만 사람이 아닌 것에 hi라고 말함으로써 자동으로 의인화를 사용하게 되는 거예요. 저는 whiskey에게 hi라고 말합니다. '창의성과 고급 수준의 실력', 이 두 가지는 높은 점수를 받을 수 있는 훌륭한 요소입니다! 기억하세요, 항상 hi일 필요는 없습니다. 상황에 따라 다른 비슷한 표현들을 사용할 수 있어요.

EXAMPLES:

- hi
- bye
- thanks
- sorry
- please

AL 학생이 직접 만든 예시 의인화 전략 사용해 보기

Industries 산업

Thank you, Amazon. You saved my life tons of times!

고마워, 아마존. 네가 내 목숨을 여러 번 살렸다!

Gatherings 모임

Hey, corona, could you please go away? I'd really appreciate it.

야, 코로나, 제발 좀 사라져 주지 않을래? 그래주면 진짜 고맙겠다.

63 Gatherings 모임

QUESTION

문제 듣기

Chap10_63Q

Celebrations and gatherings are important to people living in a city or town. However, a lot of work, organization, and money go into putting one of these events together. Was there a discussion among people related to organizing an event recently? What was the issue or difficulty people were discussing?

축하 행사나 모임은 도시나 마을에 사는 사람들에게 있어 중요한 역할을 합니다. 하지만, 이런 행사를 기획하고 개최하려면 많은 일, 조직, 그리고 예산이 투입됩니다. 최근 행사 개최에 대해서 사람들 사이에 논의가 있었나요? 사람들이 논의했던 문제나 어려움은 무엇이었나요?

질문을 들을 때, 꼭 해야 하는 것! ☆질문은 꼭! 2번 들으세요.

질문을 처음 들을 때: 무엇을 물어보는 질문인지, 어떤 카테고리인지 생각해 보기
질문을 두 번째 들을 때: IHU 15 전략 잘 생각해 보기
(What, Feeling, 그렇게 느끼는 Why)

질문을 처음 들을 때

무엇을 물어보는 질문인가? ______________________

이 질문은 어떤 카테고리인가? ______________________

질문을 두 번째 들을 때

What? ______________________

Feeling? ______________________

Why? ______________________

오픽노잼의 예시

질문을 처음 들을 때

- 무엇을 물어보는 질문인가? *gatherings*
- 이 질문은 어떤 카테고리인가? *past experience*

질문을 두 번째 들을 때

- What? ❶ *COVID-19*
- Feeling? ❹ *frustrating*
- Why? ❸ *couldn't gather in large numbers*

CHAPTER 10 IHU 15

오픽노잼의 답변

답변 듣기

Chap10_63A

초초반 + MP	❶ I can answer this question so easily with just one word: COVID-19. ❷ That's right. ❸ In the past, we had this huge pandemic problem where we couldn't gather in large numbers. ❹ And that made it very frustrating for all of us.
Body	❺ You see, back then, Korea, well, they made this really weird law where we were not allowed to gather in numbers of more than four people. ❻ It was highly illegal. ❼ And that annoyed pretty much all of us. ❽ So... events... gatherings... simply impossible. ❾ I mean, come on. ❿ Four people max? ⓫ What the heck is that? ⓬ That's not a party. ⓭ That's a "nothing," you know? ⓮ The thing is, having said all this, we couldn't really blame the government either. ⓯ Because they were simply trying to do their jobs, you know? ⓰ And it's much easier to complain than to find a solution to the problem. ⓱ And so, hats off to them for trying at least. ⓲ But that was the situation. ⓳ People were hating it.
Conclusion	⓴ And you know what? ㉑ You know what? ㉒ You know what really sucks? ㉓ We are still in that crazy situation. ㉔ I really hate you COVID-19.

❶ 정말 쉽게 한 단어로 이 질문에 대답할 수 있습니다: 코로나19. ❷ 맞아요. ❸ 예전에, 이 팬데믹 때문에 많은 인원이 모일 수가 없었어요. ❹ 그리고 그 사실은 저희 모두를 힘들게 했지요. ❺ 그때, 한국에서는 네 명 이상 모이는 것을 금지하는 희한한 법안을 만들었습니다. ❻ 위반할 수 없는 법이었죠. ❼ 거의 모두가 그 규정 때문에 화가 났어요. ❽ 행사… 모임… 전부 다 한마디로 불가능했죠. ❾ 아니, 이게 실화인가요? ❿ 최대 네 명이요? ⓫ 도대체 이게 말이나 되는 일입니까? ⓬ 그건 파티라고 할 수 없어요. ⓭ 그냥 '파탄'이라고요! ⓮ 말은 그렇게 했지만, 중요한 건, 정부 탓을 할 수 없었다는 거예요. ⓯ 정부는 그저 해야 하는 일을 하려고 했던 거니까요, 그렇죠? ⓰ 그리고 문제에 대한 해결책을 찾는 것보다 불평하는 게 훨씬 더 쉽잖아요. ⓱ 그래서, 최소한 그들이 노력했다는 사실에는 경의를 표하고 싶어요. ⓲ 그래도 현실은 가혹했습니다. ⓳ 사람들은 그 법을 정말 싫어했거든요. ⓴ 그리고 그거 알아요? ㉑ 그거 아시냐고요? ㉒ 진짜 어이없는 게 뭔지 아시나요? ㉓ 우리는 아직 그 어이없는 상황에서 벗어나지 못했습니다. ㉔ 코로나19, 너 진짜 싫어.

Useful Expressions

- ❸ gather in large numbers 많은 인원이 모이다
- ❻ highly illegal 위법인
- ⓮ having said all this 그렇긴 해도, 말은 그렇게 했지만
- ⓱ hats off to somebody ~에게 경의를 표하다 *모자를 벗고 허리 숙여 인사하는 모습을 상상하면 이해하기 쉬울 거예요.
- ㉒ You know what really sucks? 진짜 별로인 게 뭔지 아시나요?, 진짜 어이없는 게 뭔지 아시나요?

IMPORTANT LESSON

❾ I mean, come on.
❿ Four people max?
⓫ What the heck is that?

come on, 이 표현을 사용하면 여러분이 로봇이 아닌 '인간'임을 보여줄 수 있습니다. 무언가에 전혀 동의하지 않을 때나 어떤 상황이 말도 안 되고 어이없다고 생각될 때, come on을 사용하면 완벽합니다!

EXAMPLES:

- Come on...
- Are you serious?
- Let's be real.
- What the heck/hell?
- What in the world?

어이없는 상황에서 come on과 같은 표현 사용해 보기

Gatherings 모임

When this pandemic started, we thought it was gonna last for only a year at the longest. Didn't we? But, like, **what the heck?** We're still in this ridiculous situation. I just can't believe it!

이 팬데믹이 시작됐을 때, 우리는 길어 봤자 1년 정도 가겠지 생각했어요. 그랬지 않나요? 근데, 아니, 이게 무슨 일입니까? 우리는 아직도 이 말도 안 되는 상황에 놓여 있어요. 그냥 믿을 수가 없어요!

Bars 술집/바

I once decided to go to this new bar. Because they were offering a huge promotion, and yeah, I was quite enticed by it. But as soon as I got there, I realized that it wasn't a good decision whatsoever. Why? Well, there was a long, long line-up. Hundreds of people were waiting in line just to get in. Like, **are you serious?** Three hours just to get in... Like, **what in the world...**

한번은 새로 생긴 술집에 가기로 했어요. 왜냐면, 큰 프로모션 이벤트 중이었거든요. 그래서 네, 뭐, 꽤 혹했죠. 근데 거기 도착하자마자, 그건 결코 좋은 결정이 아니었다는 걸 깨달았습니다. 왜냐고요? 어, 줄이 진짜, 진짜 길더라고요. 들어가려고 하는 데만 해도 엄청 많은 사람들이 줄을 서서 기다리고 있었어요. 아니, 이게 말이 됩니까? 그냥 입장하는 데만 세 시간이요… 아니, 이게 무슨 일이냐고요…

Industries 산업

QUESTION

문제 듣기

Chap10_64Q

Tell me about an incident that occurred in the industry you follow. Perhaps a game company could have released a new game, but the public was disappointed about it. Or, a company could have released a new device but it did not meet people's expectations. What was the incident about, and how did your community react to the incident?

당신이 관심 있는 산업 분야에서 일어난 사건에 대해 말해 주세요. 아마 게임 회사에서 새 게임을 출시했는데 대중이 실망했을 겁니다. 또는, 어떤 회사에서 새로운 전자제품을 출시했는데 고객의 기대에 부응하지 못했을 겁니다. 무엇에 관한 사건이었고, 그 사건에 대한 대중의 반응은 어땠나요?

질문을 들을 때, 꼭 해야 하는 것! ☆질문은 꼭! 2번 들으세요.

- **질문을 처음 들을 때:** 무엇을 물어보는 질문인지, 어떤 카테고리인지 생각해 보기
- **질문을 두 번째 들을 때:** IHU 15 전략 잘 생각해 보기 (What, Feeling, 그렇게 느끼는 Why)

질문을 처음 들을 때

무엇을 물어보는 질문인가? ______

이 질문은 어떤 카테고리인가? ______

질문을 두 번째 들을 때

What? ______

Feeling? ______

Why? ______

오픽노잼의 예시

질문을 처음 들을 때

- 무엇을 물어보는 질문인가? *industries*
- 이 질문은 어떤 카테고리인가? *past experience*

질문을 두 번째 들을 때

- What? ❶ *LG wing (phone)*
- Feeling? ❸ *sucks*
- Why? ❷ *supposed to succeed but it greatly failed*

오픽노잼의 답변

답변 듣기

Chap10_64A

초초반 + MP	❶ Okay, let me talk about the LG Wing. ❷ It was a phone that, well, it was supposed to succeed but it greatly failed. ❸ And that kind of sucks. ❹ Let me tell you why it failed.
Body	❺ You see, LG... ❻ They were suffering with their smartphone line. ❼ I mean, they're competing with the big boys: Samsung and Apple. ❽ And so, they needed to come out with a product that would blow people's minds. ❾ And you know what? ❿ I believe LG Wing... ⓫ Their newest phone did exactly that. ⓬ If you don't know what it is, you should **just look it up.** ⓭ Because it's very difficult to explain what this phone is. ⓮ It's... I mean, it has like a dual screen? ⓯ And it kind of rotates? ⓰ Very difficult to describe, okay? ⓱ But it's really cool. ⓲ Very innovative. ⓳ Very unique. ⓴ But for some reason, it still failed because I guess the LG brand is not strong enough in people's minds. ㉑ And so, even though it was probably the most unique thing that I have ever seen. ㉒ It's just my opinion, by the way. ㉓ But still, Samsung and Apple... ㉔ Because they're dominating the market, LG couldn't succeed. ㉕ In fact, to my surprise, they will stop making smartphones from now on. ㉖ Very sad to see. ㉗ It just means that Samsung and Apple... ㉘ Their prices will increase. ㉙ It is what it is, I guess.
Conclusion	㉚ LG, you tried. ㉛ All right, I'm so sorry that you failed, but you tried.

❶ 자, LG 윙에 대해 이야기해 볼게요. ❷ 이건 어떤 핸드폰인데, 음, 성공할 거라 생각했지만 완전히 실패했어요. ❸ 좀 안됐어요. ❹ 왜 실패했는지 설명할게요. ❺ LG는 말이죠… ❻ 스마트폰 제품 때문에 고생하고 있었어요. ❼ 그러니까, 이런 대기업들과 경쟁 중이었거든요: 삼성과 애플. ❽ 그래서, LG는 고객의 마음을 사로잡을 제품 개발이 시급했습니다. ❾ 그거 아세요? ❿ 제가 알기로 LG 윙… ⓫ 그러니까 LG의 최신 핸드폰이 바로 그런 제품이었어요. ⓬ 어떤 제품인지 모르신다면, 한번 찾아보세요. ⓭ 왜냐하면 이 핸드폰에 대해 설명하기가 좀 어렵거든요. ⓮ 음… 그러니까, 듀얼 스크린 같은 게 있거든요? ⓯ 그게 돌아간다고 해야 하나? ⓰ 설명하기가 참 어렵네요. ⓱ 근데 진짜 멋있게 생겼어요. ⓲ 되게 혁신적이에요. ⓳ 아주 독특하죠. ⓴ 그런데 어째서인지, 완전히 망해버렸는데, 그건 아마 소비자들 생각에 LG 브랜드 가치가 그렇게 높지 않아서인 것 같아요. ㉑ 제가 살면서 본 핸드폰 중에 가장 독특한 디자인을 가졌다 하더라도 말이죠. ㉒ 그나저나 이건 그냥 제 개인적인 생각일 뿐이에요. ㉓ 그래도, 삼성과 애플… ㉔ 이런 대기업들이 핸드폰 시장을 장악하고 있기 때문에 LG가 성공할 수가 없었어요. ㉕ 그리고 놀랍게도, LG가 이제부터 스마트폰 생산을 중단할 거래요. ㉖ 너무 슬픈 소식이에요. ㉗ 결국 삼성과 애플의 핸드폰이… ㉘ 더 비싸질 것이라는 걸 의미하죠. ㉙ 뭐, 어쩔 수 없는 일입니다. ㉚ LG, 너 충분히 노력했어. ㉛ 안타깝지만, 정말 수고 많았다.

Useful Expressions

- ❹ let me tell you why 이유를 설명할게요
- ❻ suffer with ~로 고생하다, 고통받다
- ❼ compete with ~과 경쟁하다
- ❽ blow one's mind ~의 마음을 사로잡다
- ⓯ rotate 회전하다
- ⓰ describe 설명하다
- ⓲ innovative 혁신적인, 획기적인
- ㉔ dominate the market 시장을 장악하다
- ㉕ to my surprise 놀랍게도

IMPORTANT LESSON

⑫ If you don't know what it is, you should **just look it up.**

⑬ Because it's very difficult to explain what this phone is.

무언가를 설명하기 어려울 때가 가끔 있죠. 그것이 무엇인지 정확히 알고는 있지만, 짧은 시간 안에 확실하게 설명하기 어려울 때가 있습니다. 이럴 때, Ava에게 just look it up이라고 해보세요! 하지만 절대로 "Naver에서 찾아봐!"라고 하면 안 됩니다! 대부분의 채점자들은 Naver를 모르기 때문에 아주 혼란스러울 거예요. 특정 검색엔진의 이름을 꼭 말하고 싶다면, Google이라고 하세요!

EXAMPLES:

- Just look it up.
- Just look it up on Google. / Just google it.
- Look it up when you have (the) time.
- Consider researching it yourself.
- Maybe you could YouTube it.

AL 학생이 직접 만든 예시 설명하기 어려울 때, just look it up과 같은 표현 사용해 보기

Music 음악

I think people are really into wireless earbuds these days. Of course, myself included. I have AirPods, by the way. I think they're just so innovative. Because they have this small... what's it called? A power container? If you can't picture it, **just google it** later.

제 생각에 사람들이 요즘 무선 이어폰을 정말 좋아하는 것 같아요. 물론, 저 포함해서요. 저는 에어팟을 가지고 있어요, 참고로요. 저는 이게 그냥 너무 혁신적이라고 생각해요. 왜냐면 그 작은… 그걸 뭐라 그러더라? 배터리 용기? 상상이 안 되면, 그냥 나중에 구글에서 찾아봐요.

Industries 산업

I'm pretty sure you've heard of "metaverse." If not, **look it up when you have time**.

'메타버스'에 대해 들어보셨을 거라고 거의 확신해요. 못 들어보셨다면, 시간 되실 때 한번 찾아보세요.

Music 음악

QUESTION

문제 듣기

Chap10_65Q

What new electronic gadgets or equipment are people, who like music, interested in these days? What are they talking about? What new products excite them and why?

음악을 좋아하는 사람들이 요즘 관심을 갖는 최신 전자제품에는 어떤 것들이 있나요? 무엇에 대해 이야기하나요? 어떤 새로운 제품이 사람들의 관심을 불러일으키고 그 이유는 무엇인가요?

- **질문을 처음 들을 때:** 무엇을 물어보는 질문인지, 어떤 카테고리인지 생각해 보기
- **질문을 두 번째 들을 때:** IHU 15 전략 잘 생각해 보기 (What, Feeling, 그렇게 느끼는 Why)

질문을 처음 들을 때

무엇을 물어보는 질문인가? ______________________

이 질문은 어떤 카테고리인가? ______________________

질문을 두 번째 들을 때

What? ______________________

Feeling? ______________________

Why? ______________________

오픽노잼의 예시

질문을 처음 들을 때

- 무엇을 물어보는 질문인가? *music*
- 이 질문은 어떤 카테고리인가? *description*

질문을 두 번째 들을 때

- What? ❶ *wireless earbuds*
- Feeling? ❷ *all the craze,* ❸ *convenient*
- Why? ❷ *listening to music is just that much easier*

CHAPTER 10 IHU 15

오픽노잼의 답변

답변 듣기

Chap10_65A

초초반 + MP	❶ I think, well, in my honest opinion, people are just so into wireless earbuds these days. ❷ I mean, they're all the craze because listening to music is just that much easier. ❸ Just so convenient, you know?
Body	❹ I mean, for me, I just can't go back to wired earbuds. ❺ Just can't. ❻ It's so easy just to pop on these wireless earbuds, turn on your phone, and boom! ❼ Music is playing magically. ❽ It's just... I can't believe it sometimes. ❾ Technology is just definitely on the rise... ❿ And I just can't catch up to it. → 여기서는 keep up with it이 훨씬 부드럽습니다. ⓫ **I can't believe** I'm living in such a world, you know? ⓬ And it's just amazing because I could be listening to it while commuting to work or while in the washroom, you know? ⓭ Just doesn't matter. ⓮ It's just so easy. ⓯ And this makes me want to listen to music even more. **Quick Comparison Strategy** ⓰ I mean, back in the days, like, I'm sure you can relate. ⓱ Tangled wires... ⓲ Oh, they were just so annoying. ⓳ But these days, we don't have to worry about any wire issues. ⓴ And it doesn't matter what brand you get. ㉑ They're all relatively good, you know?
Conclusion	㉒ And so... Samsung... Apple... I have both of you. ㉓ Thank you for making my music life that much better!

❶ 제 생각엔, 솔직히, 사람들이 무선 이어폰에 열광하는 것 같아요. ❷ 제 말은, 음악 듣는 것이 훨씬 쉬워지니까 무선 이어폰이 큰 인기를 끌고 있어요. ❸ 그냥 너무 편리하거든요, 그렇죠? ❹ 일단, 저는 다시 유선 이어폰으로 못 돌아가요. ❺ 진짜 못 돌아가요. ❻ 그냥 간단하게 무선 이어폰을 귀에 꽂고, 핸드폰을 켜기만 하면, 짜잔! ❼ 마법처럼 음악이 흘러나와요. ❽ 뭐랄까… 가끔 믿기지가 않아요. ❾ 확실히 기술은 빠르게 발전하는 것 같아요… ❿ 그리고 전 그 속도를 따라잡을 수가 없어요. ⓫ 이런 세상에 살고 있다는 게 믿기지가 않아요, 알겠죠? ⓬ 너무 신기해요, 왜냐하면 출퇴근할 때, 심지어는 화장실에서도 음악을 들을 수 있잖아요. ⓭ (언제 어디서든) 상관없죠. ⓮ 그냥 너무 쉬워요. ⓯ 무선 이어폰 때문에 음악을 더 많이 듣고 싶어져요. ⓰ 그러니까, 예전에는요, 당신도 동의할걸요? ⓱ 항상 엉켜 있는 이어폰 줄… ⓲ 으, 엄청 짜증 났잖아요. ⓳ 하지만 요즘은, 이어폰 줄 때문에 화날 일이 없죠. ⓴ 어느 브랜드를 구매하든지 상관없어요. ㉑ 비교적 다 괜찮은 편이에요, 그렇죠? ㉒ 그리고 삼성… 애플… 나 너희 제품 둘 다 가지고 있어. ㉓ 내 음악 라이프를 훨씬 더 좋게 만들어줘서 너무 고맙다!

Useful Expressions

- ❷ all the craze 크게 유행하는 것, 아주 인기 있는 것
- ❻ pop on ~를 입다, 걸치다, 끼다, (전자기기 등을) 켜다
- ⓬ commute to work 통근하다
- ⓰ I'm sure you can relate. 당신도 동의할 거라고 확신해요.
- ⓱ tangled 엉킨, 헝클어진
- ㉑ relatively 비교적

IMPORTANT LESSON

⑪ I can't believe I'm living in such a world, you know?

I can't believe, 이 표현은 정말 유용합니다. 무언가를 이해하거나 가늠하기 힘들 때, 또는 무언가를 믿을 수 없을 때 쓰면 좋아요. 또, 긍정적인 상황과 부정적인 상황 모두에 사용할 수 있기 때문에 유용해요.

EXAMPLES:

- **I can't believe** it's just so perfect. 그렇게 완벽하다니 믿을 수가 없어.
- **I can't believe** it's just so horrendous. 이렇게 끔찍하다니 믿을 수가 없어.
- **I couldn't believe** it tasted so amazingly good. 저는 그것이 그렇게 놀라울 정도로 맛있다는 것을 믿을 수 없었어요.
- **I couldn't believe** it was that ridiculously bad. 그렇게 어이없을 정도로 형편없다니 믿을 수가 없었어요.

AL 학생이 직접 만든 예시 I can't believe 표현 사용해 보기

Gatherings 모임

I can't believe the fact that we're still in this ridiculous situation. I just don't want to believe it.

우리가 아직도 이런 말도 안 되는 상황에 놓여 있다는 사실이 정말 믿기지가 않아요. 그냥 믿고 싶지가 않아요.

Music 음악

Even though AirPods are so tiny... **I can't believe** how long the battery lasts. It's quite impressive!

에어팟이 이렇게 작은 데도… 어떻게 그렇게 배터리가 오래갈 수 있는지 믿을 수가 없어요. 꽤 인상적이죠!

CHAPTER 10 IHU 15

Phones 전화기

QUESTION

↪ 문제 듣기

Chap10_66Q

In some societies, there is a concern that young people are not developing face-to-face communication skills because they spend too much time on their phones. How do people in your country feel about the way young people use their phones?

어떤 나라에서는, 젊은 사람들이 핸드폰에 너무 많은 시간을 쏟기 때문에 실제 대화 기술을 발달시키지 못하고 있다는 우려를 하기도 합니다. 당신의 나라 사람들은 젊은 사람들의 핸드폰 사용에 대해 어떻게 생각하나요?

질문을 들을 때, 꼭 해야 하는 것! ☆질문은 꼭! 2번 들으세요.

질문을 처음 들을 때: 무엇을 물어보는 질문인지, 어떤 카테고리인지 생각해 보기

질문을 두 번째 들을 때: IHU 15 전략 잘 생각해 보기 (What, Feeling, 그렇게 느끼는 Why)

질문을 처음 들을 때

무엇을 물어보는 질문인가? ______________________

이 질문은 어떤 카테고리인가? ______________________

질문을 두 번째 들을 때

What? ______________________

Feeling? ______________________

Why? ______________________

오픽노잼의 예시

질문을 처음 들을 때

- 무엇을 물어보는 질문인가? *phones*
- 이 질문은 어떤 카테고리인가? *description*

질문을 두 번째 들을 때

- What? ❹ *phones*
- Feeling? ❶ *not a good thing,* ❹ *addicted,* ❼ *what's worse*
- Why? ❺ *highly unproductive,* ❼ *they do not have people skills anymore,* ❽ *glued to their screen*

오픽노잼의 답변

답변 듣기

Chap10_66A

초초반 + MP	❶ Yeah, it's certainly not a good thing. ❷ I mean, young people... ❸ Alright, let's call them young adults. ❹ They are becoming highly addicted to their phones. ❺ And because of that, they're becoming highly unproductive. ❻ You know? ❼ And what's worse, they do not have people skills anymore... ❽ Because they're just glued to their screen.
Body	❾ I mean, technology... right? ❿ It's just out of this world. ⓫ And because of that, young adults, including myself... ⓬ We... just cannot let go of our phones. ⓭ Our phones are just too perfect. ⓮ It's like our personal secretary right in our pockets. ⓯ How amazing is that? ⓰ Why do I need to go out and meet friends? ⓱ Why do I need to talk to people? ⓲ I have my phone, you know? ⓳ So, because of that, I guess, face-to-face communication is kind of... almost unnecessary? ⓴ And, I mean, with the coronavirus, you know, looming around... ㉑ Like, that's certainly not helping either. ㉒ So, it almost forces us to just stay at home, use our phones all day, and that's pretty much it. ㉓ I know, this is certainly not good. ㉔ And will there ever be a solution to this? ㉕ Probably not.
Conclusion	㉖ And so, technology, I mean, you control our lives. ㉗ And... in a way, we accept it. ㉘ Thank you... I guess.

❶ 음, 좋지 않은 현상임은 확실하죠. ❷ 그러니까, 젊은 사람들은요… ❸ 아, 이제 젊은이라고 부르겠습니다. ❹ 젊은이들은 핸드폰 중독이 점점 심해지고 있어요. ❺ 그리고 이 때문에, 업무 생산성도 점점 떨어지고 있죠. ❻ 그렇죠? ❼ 그리고 더 최악인 건, 더 이상 사람을 대하는 능력이 없다는 거죠… ❽ 화면에서 눈을 떼질 않으니까요. ❾ 제 말은, 기술… 있잖아요? ❿ 정말 훌륭하죠. ⓫ 그래서 그것 때문에, 젊은이들은, 저 포함해서요… ⓬ 우리는 그냥… 핸드폰을 손에서 놓을 수가 없어요. ⓭ 요즘 핸드폰은 지나치게 완벽하거든요. ⓮ 주머니에 넣고 다니는 개인 비서 같다니까요. ⓯ 얼마나 멋집니까? ⓰ 왜 굳이 나가서 친구를 만나죠? ⓱ 왜 굳이 사람들과 직접 만나서 이야기하죠? ⓲ 핸드폰이 있는데, 그렇죠? ⓳ 그래서, 그것 때문에, 제 생각에 실제 대화는 거의 뭐… 불필요한 정도? ⓴ 그리고 요즘 코로나바이러스도 계속 퍼져서 언제 어디서 걸릴지도 모르고… ㉑ 그것도 (인간관계 개선에) 도움이 전혀 안 되고 있어요. ㉒ 그러니까, 거의 집에만 있고 하루 종일 핸드폰만 해야 합니다. 그게 다예요. ㉓ 이런 현상이 분명히 좋지 않다는 건 알고 있죠. ㉔ 그런데 이것에 대한 해결 방안이 있긴 할까요? ㉕ 아마 없을걸요. ㉖ 기술아, 너희가 우리의 삶을 쥐락펴락하고 있네. ㉗ 근데… 어쨌든, 받아들일게. ㉘ 고맙다… 어쨌든.

Useful Expressions

- ❺ unproductive 생산성이 낮은
- ❼ what's worse 더 심각한 건 뭐냐면
- ❼ people skills 사람을 대하는 능력, 기술
- ❽ be glued to ~에 딱 붙다
- ❿ out of this world 최고인
- ⓴ loom around (눈에 보이지는 않지만 어디에나 존재해서 곧 나에게도) 닥칠 것처럼 보이다
- ㉗ in a way 어느 정도는, 어떤 면에서는, 어쨌든

IMPORTANT LESSON

㉘ Thank you... I guess.

결론을 연습하는 것은 아주 중요합니다. 결론은 채점자의 기억에 가장 잘 남는 부분이에요. 따라서 Past Experience와 Comparison 질문에는 독특하거나 재미있는 결론을 만들도록 최선을 다해보세요. 물론 Description이나 Habit 질문에서도 이 전략을 사용할 수 있습니다. 하지만 이 전략이 자연스럽게 나올 때만 하세요. 사실 Description과 Habit은 중급 수준의 질문이니, 굳이 이 전략을 쓸 필요는 없습니다.

저는 ㉒에서 배운 의인화 전략을 사용해 technology에게 thank you라고 하면서 독특한 결론을 만들기 위해 노력했습니다. 하지만 많은 학생들이 답변 마지막에 thank you 또는 thank you for listening이라고 말하더라고요. 이는 정말 어색하게 들린답니다. Thank you 표현을 쓰고 싶을 땐, 의인화 전략을 사용하면 결론을 독특하게 만들 수 있습니다!

AL 학생이 직접 만든 예시 의인화 전략으로 독특한 결론 만들기

Music 음악

Thank you, airpods! Can't live without you!

고마워, 에어팟! 너 없인 못 살아!

Gatherings 모임

Thanks corona... Thanks for nothing!

고맙다 코로나야… 하나도 안 고맙다!

MEMO

MEMO